人として正しいことを

HOW

Why HOW We Do Anything Means Everything

by Dov Seidman

Japanese translation rights arranged
with John Wiley & Sons International Rights, Inc., New Jersey
through Tuttle-Mori Agency, Inc., Tokyo

ＨＯＷが大事だということを最初に教えてくれた母、サイデルに
ＨＯＷが何より大事だと教えてくれた妻、マリアに

「HOWの時代」を生きるあなたへ

アメリカ合衆国第四二代大統領
ビル・クリントン

私が政府にいたころ、誰もが論じていたのは「これから何をするか?」、そして「それにいくらかけるか?」だった。だが、大統領を退任してからは、何をやりたいにせよ、それにどれだけの金額がかかるにせよ、いちばん大切なのは「人々の善意を広げて変革を進めるために、どのようにするか」だと思うようになった。

私の友人であるダヴ・シードマンは、まさにそれを生涯の仕事としてきた。彼は一貫してビジネスと人生のあり方《ハウ》を追求している。

前例のない難題に満ちた二一世紀、そこに生きる私たちは、もはや成功をいちかばちかのゲームとみなすことはできなくなった。いちかばちかでは、あるグループが犠牲になれば別のグループが栄えるが、この新しい世紀では、世界中の人がともに栄えるか、ともに衰えるかしかない。今を生きる私たちの使命は、責任と利益と価値観を共有する地球社会《グローバルコミュニティ》を創り出すことにある。そして、この使命を果たすためには、私たち全員が「どのように」、すなわちＨＯＷの視点で考えなければならない。それができて初めて、ひとりでは解決できない地球規模の問題にも対応策を見出すことができるのだ。

以上のような認識のもと、私は二〇〇五年にクリントン・グローバル・イニシアティブ（ＣＧＩ）を立ちあげた。ＣＧＩでは、官民双方のリーダーを集めて、世界の緊急課題に対する解決策を考え、実行することをめざしている。つまりは「ＨＯＷ」の追求である。

ここでの活動は、長期的な改革に熱心な組織が分野を問わず手をつなぐ、横断型のパートナーシップに結実することが多い。

たとえば、医師、運送業者、医療系の非政府組織（ＮＧＯ）が力をあわせ、未使用の医療用品（ほうっておけば廃棄されるもの）を、それを必要とする地域に届ける、というように。

ニューヨーク市の無職の若者たちに、夏の仕事として屋根を白く塗ってもらうことで、冷房費を抑えて省エネに貢献すると同時に、雇用率をあげたこともある。

ＣＧＩは、現実の世界でＨＯＷを実践している。共通の価値観のもとに協力しあえば、プラスの影響が広がることを示している。

そんな私にとって、ダヴがこの本でＨＯＷの意味と意義をあますところなく明らかにしてくれたことはとてもうれしい。ここには、二一世紀に不可欠な価値観や、その価値観をビジネスやプライベートに根づかせるアイデアもある。

物事をどのようにやるかは、かつてないほど重要になっている。そのことを理解できた個人や組織は、これから確実に繁栄していくだろう。

「どのようにすればいいか」は、経歴も地域も分野も異なる人々が、助けあい精神のもとに結集し、もっとたくさん、もっとうまくとチャレンジすることで見つかっていく。そうやって生まれた答えはきっと、私たちをとりまく世界をよりよいものにし、子どもたちの未来をより明るくするにちがいない。

本書は、そんな未来を願い、実現しようとするすべての人のためにある。

本書を手にしたみなさんへ

増補版によせて

これはHOWの本であって、ハウツー本ではない。ハウツーとHOWとではまったく違う。ネットワーク化されたグローバル経済でいちばん大事なのは、何をやるかでも、何を知っているかでもない。もはや製品やサービスだけでは勝負できない時代だ。

今日《こんにち》の勝者たちのなかに、何かをつくったりやったりしただけで成功した例はほとんどない。何か新しいもの（もしくは、よりよい、より速い、より安いもの）をつくったとしても、競合他社がすかさずそれを改良し、同じかもっと安い価格で売る。消費者もすぐに、価格、特長、品質、サービスを比較する。その結果、ほぼすべての「もの＝WHAT」がコモディティ化されていく。それが今日の世界だ。

また、インターネットの発達によって、あらゆる情報が白日の下にさらされるようになった。よかれあしかれ、あらゆる出来事が転送され、ツイートされ、ブログに記される可能性がある。今の私たちは、フェンスを越えて壁を突き抜け、広報部を突っ切って組織の内部事情をのぞくことができる。

重役会議室の様子も、組織を構成する人や指導する人の性格も丸見えだ。彼らが何をやるかだけでなく、それをどのようにやるかも評価できるようになったのだ。

あらゆるものがコモディティ化され、すべてが透けて見える世界——そこでは、差別化はきわめて困難だ。本来、私たちには差別化への欲求がある。個人としても、職業上でも、組織としても、私たちは目立ちたい、大胆になりたい、他人に差をつけたい、ほかの人が真似できないことをしたい。独自の価値観を持って、意義のあることを成し遂げ、遺産を残したい。人としてのこうした思いは、今後も変わらないだろう。

そこで注目してほしいのが、「人間の行動」だ。人間の行動は、まだ分析も数量化も、組織化もコモディティ化もされていない。そもそも、多くがコモディティ化も真似もできない。人間の行動とはすなわち、どのようにやるか＝ＨＯＷである。

ＨＯＷには無数の違いがある。そして、違いが多数存在するところにはチャンスがある。人間の行動が織りなすタペストリーはじつに多様で、じつに豊かで、じつにグローバルだ。そこにはめったにないチャンスが眠っている。競争相手に行動で勝り、朽ちることのない価値をつくり出せるチャンスがある。

もちろん、「どのようにやるか」は昔から大事なことだった。だが今は、どのように行動し、消費し、信頼関係を築き、他者と関わるかが、かつてないほど重要になっている。日々私たちが目にしているとおり、二一世紀の価値あるイノベーションは、新しい製品やサービス、スキル、ビジネスモデル、公共政策プログラムにのみ現れるのではない。それは、個人でも組織でも、その行動を通じて差異を創り出すことからも生まれている——つまり、ＨＯＷのイノベーションによって。

「どのようにやるか」に無頓着な個人や組織は、すでに遅れをとっている。新しい世界状況のなかで成功し、意義あることを成し遂げるのに、最良で、いちばん確実で、もっとも長つづきする方法、それは行動のなかにある。

あなたのＨＯＷを正すときがきているのだ。

生き方を変える絶好のチャンス

二〇〇七年、本書の第一版が刊行されたときも、私は「行動の時代」に入りつつあると述べた。しかし、この四年間で、私たちは行動の時代に入っただけではなく、どっぷり浸かってしまった。行動のあり方は、私の予測よりはるかに重要になっている。

たとえば、私は本書の8章で、あるドーナツ売りが客につり銭の計算をまかせることで売上げを伸ばした話を紹介しているが、当時は、相手を信頼することがグローバルなビジネス戦略でも不可欠になるとは思わなかったし、インドネシアをはじめとする国々で、腐敗行為の予防策に採用されるとも思っていなかった。

インドネシアでは、群島一帯に一万軒以上の「オネスティ・カフェ」があり、学校でも「オネスティ・キャンティーン」が見られる。この売店《キャンティーン》にはレジ係がいない。生徒は好きなものを棚から取り、代金は箱に入れる。おつりがいるときは別の箱から取る。インドネシアの若者に誠実さを身につけさせ、今後の人生で不正行為に走ることを予防するのが目的だという。*1

8章ではまた、過去最大のポンジ型詐欺［訳注：先に投資した人に対して後に投資した人の資金を利益として渡し、運用が順調かのように装う詐欺」を紹介しているが、これについても当時の私は、信頼の悪用が世界規模でくり返されるとは思っていなかった。まだある。6章では、あるプロゴルファーが全英オープンで、自分のやり方＝ＨＯＷを貫くために自らを失格にした話を紹介している。これを書いたときも、まさかそのあとに、タイガー・ウッズほどの名ゴルファーが、私生活のあり方＝ＨＯＷを問われて失墜するとは思いもしなかった。

さらに私は本書で、通信技術によって人と人、国と国、文化と文化の距離が縮まり、世界は相互につながりつつあると述べているが、当時はまだ、私たちが道徳面でもどれだけ密接につながっているかを認識しきれていなかったと思う。その後、カリフォルニア州の住宅ローン（サブプライムローン）がもとになって、ノルウェーの地方の年金制度が破綻したり、携帯電話やゲーム機に対する世界規模の需要が、中央アフリカでの集団殺戮を助長したりしたことはご承知のとおりだ。

人々は世界を、道徳とは無関係な言葉で語る。たとえば、「フラットな」「つながった」「透明な」「複雑な」「不確かな」「リスクにあふれる」……。たしかに世界はそのどれにもあてはまる。だが、それがすべてではない。

次ページの図は、相互につながり、依存する世界の公式を示したものだ。この公式にはふたつの定数とふたつの変数がある。

定数のひとつめは、世界中をつないでいるテクノロジーだ。今後、世界はさらにつながり、さらにさらけ出される。もうプライバシーなどない。テクノロジーが前進を続けるかぎり、つながり、さらけ出されつづけるのだ。定数のふたつめは、進歩とよりよい生活に対する人間の情熱だ。テクノロジーと人間の情熱があわさると、その影響は飛躍的に増大する。

テクノロジー＋人間の情熱×（まちがった考え＋悪い価値観）＝過激主義と世界的機能不全

テクノロジー＋人間の情熱×（正しい考え＋よい価値観）＝世界の安定と持続可能な繁栄

一方、ふたつの変数とは、世界に対する「考え」と「価値観」だ。テクノロジーと情熱に、まちがった考えと悪い価値観を掛けあわせると、答えは世界的な機能不全と過激主義となる。危機から危機へ転がる世界だ。だが、同じ定数に正しい考えとよい価値観を掛けあわせると、世界の安定と長期的繁栄が得られる。

現実を見ると、正しい考えの公式を正しく適用することは、ますます困難になっている。密接につながった世界では、局地的な問題がたちまち地球規模の問題になる。金融システムの溶解、炉心溶融《メルトダウン》、氷河融解、流行病《パンデミック》、インターネットに助長されたテロリズム……、なんであれ、問題の規模の大きさと急激さとで、私たちはたびたび、この世の終わりに直面した感覚にとらわれる。まるで映画『メン・イン・ブラック』の秘密諜報員のように（彼は出勤するたびに、宇宙からの侵略者による人類滅亡の脅威に直面する）。ただし、私たちが直面する問題は、絶命《エンド・オブ・ライフ》の危機ではなく、生き方《ウェイ・オブ・ライフ》の危機であり、それを引き起こしているのは私たちと同じ人間だ。

私たちは、生き方の危機と絶命の危機を区別しなければならない。絶命の危機とは、たとえば巨大彗星が地球へ接近するような場合だ。そういうときはベッドの下にもぐり、どうかあの彗星が地球からそれて金星にぶつかってくれますようにと祈るしかない。私たちには手のほどこしようがないからだ。これに対して、社会や政治、環境に関する問題は、どれも人間の行動に原因があり、人間の行動を変えることで解決できる。

たとえば二〇〇八年の金融危機の際、多くの賢明な人たちが世界経済は全滅寸前だと本気で信じていた（「どん底を見る」が当時の流行語だった）。彼らは、身を潜めて風雨にさらされまいとし、嵐がすぎるのを待った。だがその一方では、金融システムの「再起動《リブート》」「リセット」あるいは「改革《リフォーム》」を求める声もやむことがなかった。

あのとき本当に必要だったのは、そして今なお必要なのは、そのシステムを支える人間関係の再考《リシンク》だ。アルバート・アインシュタインが言ったように、そもそも問題が生じたときと同じ考え方をしたのでは解決はおぼつかない。生き方の危機も、生き方を変えることでしか解決できないのだ。

私は国内外の行く先々で、ほとんどの人が変わりゆく世界をもっと深く理解したいと渇望し、どう前進するかを再考したいという大いなる意欲をいだいているのを痛感する。

これまでの私たちは、持続可能なやり方ではなく場当たり的につながりあうことがあまりにも多かった。たとえば住宅市場では、銀行が消費者に住宅ローンを提供し、分不相応な家でも買えるようにするのが習慣化していた。今ならとうてい無理があるとわかるが、当時は理にかなっていると思われた。人々は、住宅の価値は右肩上がりなのでローンの借り換えができるし、売却して利益をあげることもできると思いこんで気にしなかった。銀行も気にしなかった。すかさずローンを証券化して投資家に売っていたから。投資家たちも気にしなかった。購入した抵当証券が実際に債務不履行となることはまずないと決めてかかっていたからだ。

ほとんど誰もが、住宅市場はずっと上向きで下落することはないと思いこんでいた。そればかりか、もっと根本的なまちがいも犯した。「金融イノベーションのおかげでリスクとは無縁になった。

金融市場ではもはや、参入者のあいだに確実かつ持続可能な関係など必要ない」と決めつけたのだ。今ならわかるが、じつは、このイノベーションとやらが、かえってリスクの増大を招いてしまった。すべては、普遍的な価値観ではなく、短期的で場当たり的な利益に的を絞った結果だ。

「場当たり的な価値観」と「持続可能な価値観」には、重大な違いがある。場当たり的な価値観から生まれる関係には、今ここで何が手に入るかという計算が欠かせない。長期的な成功をもたらす原則を守るかわりに、短期的なチャンスをものにしようとする。どんな状況でも、何はしてもよくて、何はしてはいけないかを重視する。これに対して持続可能な価値観は、何をすべきで、何をすべきでないかを重視する。それは長きにわたる関係を持続させる。たとえば、誠実、正直、真実、謙虚、希望といった価値観は、人間としての私たちを深くつなぐ。大事なのはハウ・マッチではなくＨＯＷだ。

大手金融機関の崩壊で実証されたとおり、企業を持続可能にする要素は規模ではない。ビジネスのやり方——従業員、株主、顧客、サプライヤー、環境、社会、そして未来の世代との関わり方こそが、カギを握っているのだ。

今、世界の人々が考えていること

ここ数年、私はビジネスリーダーをはじめとする世界中の人々に、ＨＯＷの重要性を説明してきた。ときには意外な場所で、意外なＨＯＷを語りもした。

テレビ番組『グッド・モーニング・アメリカ』に招かれたときは、寝ぼけ気味の数百万人の前で、司会者のロビン・ロバーツに育児のＨＯＷを語った。キャリアや組織を築くのと同じく、子育てもひとつの旅だ。

昔は必要に応じて子どもを自分の部屋に行かせ、テレビを切ればまず安心だったが、今は子どもをソーシャルネットワークから完全に切り離すことはほぼ不可能だ。本書の第一版が刊行されてまもなく、私は父親になった。現在、息子は三歳だが、今後は成長していく息子の言うことなすことが、オンライン上で永遠に生きつづけることも考えられる。彼はどこに行っても、自分にまつわるすべての情報が一生ついてまわるかもしれないのだ。そんな奇妙にして刺激的な世界で、地に足をつけて生きていく道を指し示してくれるのは、持続可能な価値観だけだ。

別のテレビ番組では、番組ホストのチャーリー・ローズから、この本に書いてある考えは「道徳の黄金律」とどう違うのかと訊かれた。もっともな質問だ。自分がこう接してほしいと思うように他人に接するのは、昔から大事なことではある。ただし、今日重要になっているのは、それをどうやるかだ。今までよりずっと多くの人が、あなたがどう行動するかを見ているのだから。そこで私はこう言った。私たちは無数の人がクリックひとつで互いに「友達になる」「友達から削除する」「友達を拒否する」ことができ、一四〇文字以下で「フォロワー」を獲得できる世界に生きていて、そのなかで自分の価値を高めていかなくてはならない。今の若い世代の多くは、これ見よがしに札束を切ることで社会的地位をひけらかすより、表現や行動で認められるほうがいいと思っているが、それも偶然ではない——と。[*2]

こうした思いは、各地をまわるにつれ、ますます強くなっている。

北京の大学で土曜日の午前に講演したときは、「すべての質問に答えるまでずっといる」と学生たちに口をすべらせたせいで、四時間たっても帰れなくなった。私は彼らと、ＨＯＷの追求という考え方が古典的な中国哲学とどんな関係にあるかを論じあった（両者は非常に近い。たとえば儒教では、法はつまらない人間を律するが、正しい行ないは偉大な人間を律するという。「人間」を「会社」に置き換えれば、孔子は現代における組織経営の理論家と言える）。

ヨーロッパで開かれた国際的なビジネス会議で話をしたときも興味深かった。会場を埋める世界的CEOたちに向かって、もっとも業績優秀な社員の名前をすぐ言える人は挙手してほしいと頼むと、全員が手を挙げた。そこで今度は、もっとも原則に忠実な社員（会社の核となる価値観を誰よりも体現し、正しいことを正しいやり方で成し遂げる、最良の手本となる社員）の名前をすぐ言える人は、手を挙げたままにしてほしいと求めた。全員の手が下がった。

さらに質問した。では、もしもふたつめの質問にも最初の質問と同じように答えられたら、よりよい、より持続可能な会社を経営していることになるか？　CEOたちは手を突きあげた。最後に私はこう問うた。世界情勢からして、この持続可能性への対応を早急に練りあげ、業務に活かすよう求められていると思う人は手を挙げたままにしてほしい。彼らの手は高いままだった。

二〇〇八年には、アイデアズ・フェスティバルで、「行動で勝る（outbehave）」という新しい概念を提唱した。コロラド州アスペンで開催されるこのフェスティバルは、世界にとって重要と思われるアイデアの交換を目的としている。私がとくに強調したのは、「業績で勝る（outperform）」「計略で負かす（outfox）」「知恵で勝つ（outsmart）」「策略で勝つ（outmaneuver）」「生産力でしのぐ（outproduce）」などとは違って、「行動で勝る」という言葉が辞書に見つからないことだった。

行動で抜きん出る、原則に基づいた行動で優位に立つといった概念には、まだ専用の言葉がない。あたかも、腕と胴体を筋肉隆々にしながら、脚はないがしろにするボディビルダーのように、多くの人々はまだ、ライバルに費用で勝り、知恵で勝つ方法は知っていても、行動で勝る方法はさほど知らない。そろそろジムに行って、行動という脚を鍛え、もっと有意義で持続可能な生活への土台と推進力を手にする頃合だ。

私の敬愛する思想家やリーダーはすでに、HOWこそを人間の営みの柱とし、また不朽の価値を創出する拠りどころとしてとらえ、拡大させている。そして、私が提唱しているように、HOWを副詞（例：「どれだけ《ハウ・マッチ》市場シェアを奪えるか」）ではなく、名詞（例：「あなたのHOWを正す」「違いを生むのはHOWだ」）として使うようになっている。

クリントン元大統領も、今後の人生では「HOW（方法）」のビジネスに取り組み、「WHAT（もの）」はほかの人にまかせるつもりだと明言しているし、ニューヨーク・タイムズ紙のコラムニストであるトーマス・フリードマンも、著書『フラット化する世界』（日本経済新聞出版社）の改訂版で、フラットな世界の「ルール」にHOWを加えた。また、続く著書『グリーン革命』（日本経済新聞出版社）では、HOWは持続可能な世界の要石《キーストーン》だと述べている。

勝利するのは誰か？

ここ二年ほど、私は資本主義の長所について批評家たちと討論してきたが、彼らはたいてい、景気後退を欲の深い銀行家や愚かな規制当局、無能な自動車メーカーのせいにした。そんなとき、私は決まってこう切り出した。経済行動には必ず道徳的な側面がある。『国富論』の著者アダム・スミスだって本当は道徳哲学者で、経済学者としての教育は受けていなかった——。そして続けた。資本主義社会では、みな当然のように、経済成長は誰にとってもよいことだと考えがちだ。成長することは、雇用が増え、資金が増え、企業にとっても市民にとってもより安全になることに等しい、と。だが、本当にそうだろうか？

二〇世紀に私たちは、あらゆる産業が数少ない巨大企業に整理統合されていくのを目の当たりにした。そこでは、大企業は中小企業よりも強く、だから成長はよいことだという前提があった。すべての企業は「大きすぎてつぶれない《トゥー・ビッグ・トゥー・フェイル》」をめざしていたと言ってもいい（この言い方は、住宅ローン危機のさなかに、「大きすぎてつぶせない」というまったく別の意味を帯びるようになった）。

今でも、ビジネススクール、投資家、資本市場、ビジネス関連メディア、そして企業からなる世界では、この原則が成功の目安になっている。

ベンチャーキャピタリストは若い起業家たちに、どんなプランで新しい会社《スタートアップ》を大きくし、ホッケースティック型の成長（＝急成長）を生み出すのかと訊く。市場はいまだに急成長する企業に褒美をあたえ、そうでない企業を罰する。だが、大きいだけでは長期的存続は保証されない。それどころか、強引に規模を追い求めると、収入や利益や顧客や店舗の増加であれ、時価総額の拡大であれ、企業は真の持続可能性をもたらす価値観を見失いがちになる。

大衆文化も、こうした考えを強めるのに一役買っている。『ゴッドファーザー』に出てくるマフィアを思い浮かべてほしい。彼らは恐ろしい裏切り行為や暴力を正当化するために、ビジネスを非情なものとして定義する。「これはあくまでもビジネスだった。マイケルに伝えてくれ、ずっとおまえが好きだったと」

「欲は善だ」という言葉を有名にしたのは、オリバー・ストーン監督の『ウォール街』でマイケル・

ダグラスが扮する企業買収家だった。ストーン自身は、本当に欲が善だと思わせるつもりなどなかった。彼の父親は、昔かたぎの株式ブローカーで、顧客に立派に尽くすことを信条としていた。若いキャピタリストたちが、戒めの込められたストーンの物語を、さあ、世に出て貪欲になれ、という鬨《とき》の声と解釈したのはなんとも皮肉な話だ。

サブプライムローンも「あくまでもビジネス」だった。このローンに加担したエリートたちは、法を破らないかぎり、株主価値と利潤追求のみに責任を負えばいいと考えた。テクノロジーは、私たちを相互につなぐ一方で、道徳心を鈍化させる。それを見落としていた人は、あまりにも多い。

「欲は善だ」も「大きすぎてつぶれない」も、ビジネスと個人の生活が不可分になった今日の世界では最悪の戦略だ。それを証明するかのように、スイスのダボスで開催される世界経済フォーラム（ダボス会議）でも、二〇一一年のテーマは「新しい現実のために共有すべき規範」とされた。ビジネスや政治のリーダーが一堂に会すこの会議では、世界の経済状況を評価し、経済成長を推進させるアイデアを出し、世界情勢の改善をはかるのを常としてきたが、この年はパンフレットに、HOWに焦点を当てることが明記された。さらにはフォーチュン誌までも、「よいことをするのがビジネスによい理由」と題した記事でHOWの考え方を紹介した。

大きすぎてつぶせないという論法は、国家間では以前からよく見られた。規模とは力と安全を意味すると信じている国は、競いあうように兵力や準備通貨高を積みあげる。しかし、その考えにも限界が見えてきた。

二〇一一年の前半、アラブ諸国の大衆が立ちあがり「アラブの春」が訪れた。中東の政治は「大きすぎてつぶせない」風潮に長らく支配されていて、私たちも、権力と富を味方につけているアラブ世界の独裁政権はずっと続くと思いこんでいた。そしてその多くは米国の支援を受けていた。支援したのは、その国が米国の価値観に共感していたからではない。テロリストと戦い、石油を確保しつづけるためには、強力な独裁者がいると判断したからだ。

だが、チュニジアで、エジプトで、携帯電話のカメラで武装した平和なデモ隊が蜂起し、その様子はフェイスブックやツイッターで世界中に知れわたった。抗議する人々が求めたのは、正義であり、尊厳であり、自由だった。これからどうなってゆくかはわからない。ただ私たちは、人としてあるべき価値観に鼓舞された大衆が、暴力と抑圧に勝利できることを知った。大きすぎてつぶせない独裁者などいないのだ。

スポーツ界のリーダーを見ると……

「大きすぎてつぶせない」が、密接につながる世界にそぐわない戦略だとしたら、どうすれば持続可能な人生や組織を組み立てられるのか？　端的に答えるなら、そのカギを握るのはリーダーシップだ。今、求められているのは、人々を鼓舞して最大の力を引き出す、つながりと協力のリーダーシップにほかならない。

そのことを、どの産業よりもよく示しているのがプロスポーツの世界だ。お察しのとおり、かつて名を成したコーチたちには、選手をどなりつけることで結果を出した人が多かった。アメリカン・フットボールのビンス・ロンバルディやトム・コフリン、バスケットボールのボビー・ナイトなど、大勢の厳しいコーチが思い浮かぶ。

だが、サッカーのスペイン代表チームは違った。監督はビセンテ・デル・ボスケ。がなりたてる鬼軍曹とは正反対だった。このチームは二〇一〇年のワールドカップで、まさかのグループリーグ初戦敗退を喫したが、そのときも彼は、おしおき練習を課したりしなかった。かわりに、何度かの短いチームミーティングで、無私の精神とチームワークがあったからこそここまで来られたことを選手たちに思い出させた。そしてどうなったか？　デル・ボスケの静かなリーダーシップは、選手たちを団結させて奮い立たせた。彼らはワールドカップを制覇した。*3

とはいえ、ナショナル・フットボール・リーグ（NFL）のファンなら、デル・ボスケがとりたてて特殊ではないとわかるだろう。アメフトはおそらく究極の「力に支配される」世界だが、今日、大きな成功をおさめているコーチの多くは、協力型リーダーシップを採用している。そのひとりがトム・コフリンだ。彼が二〇〇七年のスーパーボウルでニューヨーク・ジャイアンツを番狂わせの勝利に導いたのは、リーダーシップの転換に負うところが大きい。

ベテランのコフリンはかつて、選手とのつながりを築けていないと評論家からよく批判されていた。「専制君主」とか「冷ややかな独裁者」と呼ばれ、あやうく解雇されそうにもなった。だが、あるときから方針を改めた。声高にどなりつけるかわりに、選手たちとの関係を築くことにしたのだ。コフリンは、一人ひとりと話をした。彼らの関心事を、あるいは家族やフットボール以外の生活を知ろうとした。

スーパーボウルで勝つという目標は変わらなかったが、方法＝HOWはがらりと変わった。コフリンは、チャンピオンになるという共通の信念と、どのようにチームワークを高めるかを示す価値観とで選手たちを引きこんだ。老犬が新しい芸をおぼえただけでなく、勇気をもって自己を改革し、ついにはチームを改革したのだ[*4]。

昔の上司は部下に、「やり方はどうでもいい。とにかく仕事を片づけろ」と命じるだけですんだ。もっと進歩的な上司は、枠にとらわれずに考えることを社員に求めた。それが部下に対する敬意とされた。だが私の考えでは、それも侮辱である。社員を信頼しているなら、そもそも枠などいらない。どこまでもつながりあったこの世界では、課題《タスク》ベースの仕事を価値観に基づいた使命《ミッション》へ置き換えていく必要がある。肝心なのは、物事をやり遂げる方法、ＨＯＷだ。

ヒマラヤ山脈にあるブータン王国では、経済や社会の成長を、国民総生産量（ＧＮＰ）ではなく、「国民総幸福量（ＧＮＨ）」で計っている。今日では、マサチューセッツ州サマビル、さらには英国やフランスの政策立案者たちも、公共の幸福や福祉を計測するにはどうすればよいかを議論している。幸福を物質的繁栄と同じように計ろうとする行政府が増えていることは、世界の流れもハウ・マッチからＨＯＷに移行しつつあることを物語っている。

私は最近、ラスベガス行きの機内で客室乗務員がいかにして乗客全員とつながりを築くかを目のあたりにした。私たちが降りる準備をしていると、スピーカーからこんな陽気なアナウンスが流れてきた。「お席のシートベルトを畳んでから機を降りられますと、カジノテーブルでの運気が上がるというのは、みなさまよくご存じのことと思います」。みんなが笑い、そして彼女が促したとおりのことをした。

連邦航空局（ＦＡＡ）の規則では、つぎの乗客を搭乗させる前にシートベルトを座席上に畳むことが義務づけられている。だが、彼女がそれを自分でやらずに乗客の協力を求めたのは、就業規則で課させられているとか、会社の報奨制度でインセンティブをあたえられているといった理由ではまったくない。全て彼女が考え、望んで、行動しているのだ。着陸先がロサンゼルスだったら、おそらく「カジノでの運気」を「有名人の目撃回数」に換えて同じジョークを口にするだろう。このようにして私たちとつながり、乗客を引き入れたことで、彼女は、規則を遵守し、飛行機の折り返し時間を短縮するという業務上の利点に加え（シートベルトを自分で畳めば六分かかる）、「実質本位、楽しい、安全、定時運航」というブランドの約束を守ることにも貢献している。

報われ、飛翔し、祝福される旅に出る

さて、増補版によせた文章の最後は自己紹介だ。私はＬＲＮの創設者にしてＣＥＯである。ＬＲＮは、あらゆる規模のグローバル企業が行動の仕方を通じて成功できるよう支援する会社だ。

私の起業の旅は、かなり慎ましく始まった。高校卒業時の成績は「優」がひと握りにも満たず、しかもそのうちのひとつは体育で、もうひとつは自動車整備だった。ＳＡＴ（大学進学適性試験）は九七〇点。もう一度受けたら九八〇点だった。子どものころは識字障害《ディスレクシア》で苦労した。持ち前の話術でどうにかカリフォルニア大学ロサンゼルス校（ＵＣＬＡ）に入れてもらったが、入学時期が大幅に遅れて大半の授業は定員に達していた。そのため、英語の補講と哲学を選択することになった。

そして、私は哲学に恋をした。とくに惹かれたのは道徳哲学だ。幸福の本質や善悪の違い、公正な社会のあり方といった、人生のきわめて深遠な問題について思索することに夢中になった。教授たちの激励もあって、哲学は私の識字障害を克服する助けとなった。ほかの学問は何冊もの本をこつこつ読み進める能力を求められるが、それは私には無理だった。しかし哲学では、ひとつの観念を熟考す

ることが求められた。結果として、私の障害は強みとなった。

わが社ＬＲＮの中心にも哲学がある。エンロンが破綻する何年も前、企業の不正行為が日々新聞の見出しとなる前から、ＬＲＮはビジネスに哲学を持ちこんだ。何百人ものビジネスリーダーに、原則に基づいた姿勢を組織全体で徹底できる方法を伝えてきた。何百万人もの従業員に正しい行ないをする方法を伝授してきた。私のビジネスは哲学の延長線上にある。

ビジネス界の醜聞が相次ぐようになってからのＬＲＮは、企業倫理をめぐる世界的議論のまっただなかに立ってきた。

私は母校のＵＣＬＡに招かれ、学位授与式でＨＯＷについてスピーチをした。米国連邦量刑委員会にも呼ばれて自説を述べた。電話やｅメールに問い合わせが殺到した。いずれも、広がる疫病にいつ感染してもおかしくないと気づいた企業からだった。私はテレビに出演し、全国を飛びまわり、世界最大規模の企業の取締役会や従業員グループに向けて講演をした。ＬＲＮの規模は四倍になった。

ついには、原則に基づくことが流行にさえなった。だが私は満足できなかった。原則に基づいたふるまいをする人が増えることは、たとえその動機が不純であっても（訴追を避けるため、責任を最小限にするため、ＰＲのため……）、社会にとってはよいことだ。ただ、多くの人々は、原則に基づかなくてはならない理由も、目標や関心の追求の仕方を重視すべき理由も、よくわかっていないようだった。その懸念は今も払拭《ふっしょく》されてはいない。

今日、ＬＲＮは世界中で事業を展開し、ニューヨーク、ロサンゼルス、ロンドン、ムンバイにオフィスがある。世界一〇〇か国以上、計二〇〇〇万人以上を擁する数百の企業に、真の成功をもたらす企業文化を築きあげる手助けをしている。本書で明らかにするコンセプトと戦略の多くは、そのような活動のなかでテストずみのものだ。

「希望は戦略ではない」というビジネスの常套句がある。分析という宿題をせずに行動に走る経営者を批判するときなどに使われるが、新たな時代のリーダーは、希望がまさしく戦略であることを知っている。フランクリン・ルーズベルトは、大恐慌のさなかに、恐れそのもの以外に恐れるものなどないとアメリカ国民に語りかけ、意気消沈した国家を活気づけた。

希望は触媒だ。希望を失った人間は、自分の内に引きこもる。孤立して、あきらめる。反対に、希望をいだいた人間は、世界へと身を乗り出し、他者とつながり、協力しあい、望んだ未来を実現する。希望がなければ、進歩も、イノベーションも、永続的な繁栄もありえない。人は希望に駆り立てられると椅子から立ちあがり、鼓舞され、以前は夢にも思わなかった挑戦さえする。そしてどんなに困難な状況でも食い下がる。

さあ、希望に満ちた未来に向かって、あなたのＨＯＷを正す旅に出よう。ＨＯＷを正す人と組織は、トップにのぼりつめ、トップにいつづける。報われ、飛翔し、祝福されるのだ。

二〇一一年七月

ダヴ・シードマン

序章　ウェーブを起こした男

一九八一年一〇月一五日、アメリカンリーグ・プレーオフ第三戦。満席のオークランド・コロシアムのスタンドで、クレイジー・ジョージ・ヘンダーソンはあることを思いついた。

ジョージは三年前から、オークランド・アスレティックス（通称エーズ）のプロのチアリーダーとして活躍していた。チアリーダーといっても、ポンポンを振りまわして応援するのではない。彼はカットオフしたジーンズとスウェットシャツでスタジアムの通路を行ったり来たりする。髪型はまるでアルバート・アインシュタイン、風貌は躁状態のロビン・ウィリアムズを思わせる。そんな彼が、小さな太鼓をたたいて観客をあおると、その熱烈さはたちまちまわりに伝染する。ベイエリア一帯のファンはみんな彼を慕っていた。かけ声はたいがい、「さあ行け！　オークランド、さあ行け！」だ。

だが、ニューヨーク・ヤンキースに二連敗して迎えたこの日は、様子が違っていた。クレイジー・ジョージはこの日、「ウェーブ」を発明したのだ。[*1]

あらゆるものには始まりがある。私は長年、ウェーブに魅せられていたが、ついにある日、クレイジー・ジョージ本人にあの日のことを訊くことができた。「あれを始めた日、おれはもう自分が何を求めているかがわかっていた」。ジョージは私にそう言った。「でも、スタジアムのほかの人たちは、そうじゃなかった」。以下は、彼が語ってくれたことだ。

まずは太鼓をたたいて、三つか四つのブロックの観客の注目を集める。これが秘訣だ。ほら、太鼓はエネルギーと情熱を表現してくれるだろ。あの音は、エーズがファンとじかに関わってることを示してるんだ。おれはスタジアム中をずっと動きとおして太鼓をたたく。観客にはおれの汗とエネルギーが見える。おれがこのゲームも、このチームも愛してるのが見える。ファンならこうしたい、ってふうにおれがふるまうと、みんなのなかの何かが解放されるんだ。

あの日、おれは心に描いたイメージをみんなに伝えなきゃならなかった。応援は準備が大事。みんなが協力しなきゃうまくいかないから、参加してもらうようにもっていくのがポイントだ。おれは太鼓をたたいて大声で言った。「みんなでやりたいことがあるんだ。今から立ちあがって両手を振りあげる。まずはこのブロックから始めて、つぎにこっちのブロックに進みたい」。それから隣のブロックに向かって叫んだ。「いったん始めたら、そのままどんどん続けるんだ」

そのうち途切れるのはわかっていた。誰もやったことも見たこともなかったからね。それで、みんなに頼んだんだ。もし止まってしまったら、できるだけ大声でブーイングしてほしいとね。おれひとりでスタジアム全体に働きかけるのは無理でも、みんなが束になればできるんじゃないかと思ったわけさ。それからこう言った。「三つかぞえたら始める。最初はこのブロックで、つぎはそっちだから、そっちも用意して！」

おれはありったけの声で叫んだ。すると、最初のブロックが立ちあがって両手を振りあげた。ふたつめのブロック、三つめ、四つめ、でも五つめくらいまで行ったら、尻すぼみになった。みんな試合を見ていて、客席で何が起きてるかがわからなかったからさ。

だけどそのとき、頼んでおいた人たちが「ブー！」と騒いでくれた。おれも太鼓をたたいた。叫びながら腕を振りまわした。フィールドの向こうにはおれの声は聞こえないが、太鼓なら聞こえる。腕を動かしてスティックを振ってるのを見た向こうの人たちは、こっちの考えていることをわかってくれた。そこで、二回めに挑戦した。今度はだいたいスタジアムの三分の一周くらい進んで、ホームプレートの後ろで止まった。そうしたらいきなり、聞いたこともないくらいでかい「ブーーー！」が、六つか八つのブロックから発せられたんだよ。それでスタジアム中の観客が一気に、おれがやってほしいことをわかってくれた。おれは言った。「もう一回やってみよう」。いや、「やってみよう」じゃない、「もう一回やるぞ！」だ。

三回めは観客全員が一斉に両手を振りあげて、エネルギーの巨大な波がすぐにスタジアムをまわりはじめた。それがホームプレートの後ろに押し寄せ、さらに進みつづけて、どんどん強くなっていく。みんなが叫んでエールを送っていた。ぐるっとまわって、ホームプレートの後ろを通ったあとは、外野席を通り抜けて、それからまたおれたちのところへと続いた。くり返されるたびに、ウェーブは強力になった。みんな夢中になっていた。こんなもの、誰も見たことなかったからね。

ちょうどエーズの名レフト、〝盗塁男〟と呼ばれたリッキー・ヘンーダーソンが打席に向かっていたときのことだ。顔を上げると、ウェーブがスタジアムをぐるっとまわっているのが見えたんだろう、彼はバッターボックスから出てくると、二分ばかりバッティンググローブを調整しながら眺めていた。リッキーがその場に立ちつくして、ウェーブを見ながらグローブを直してたんだ。何周まわったかわからないが――四、五、六周か――それだけ強力だったってことさ。

ウェーブのあと、観客はすっかり興奮して、試合に熱中した。みんな、自分たちが選手の力になれるとわかったんだ。誰もがエネルギーを感じていた。観客のエネルギー、それこそ、あの日おれが見て、二五年ほどたった今も見ているものさ。スタジアムにしろアリーナにしろ、おれがいる会場ならどこでもすごいエネルギーが沸き起こる。ファンは自分がゲームの一部を担い、チームに勢いを加えていることを感じるんだ。

巨大なスタジアム全体に広がった人たちが、共通の目的に向かって一致団結し、壮大な行為に挑む。その目的は、ホームチームの勝利に貢献することだ。ウェーブは、今では言語も文化も超え、世界中のさまざまなイベントで見ることができる。オリンピックやサッカーの国際大会でも（国際舞台に初めて登場したのは一九八六年のワールドカップメキシコ大会だったため、メキシカン・ウェーブもしくはラ・オラとも呼ばれる）[*2]。ウェーブには性別も、収入も、社会的地位も関係ない。それはまさしく集団の情熱の発露だ。

LRNを設立した一九九四年、私はこのウェーブのような精神を職場に取り入れたいと思った。団結して熱狂的和音を織り成し、創造的エネルギーを醸成し、それをビジネスの目標達成に活かせる方法はないのだろうか？

ウェーブは誰でも、何人からでも始めることができる。熱心なサッカーママひとりでも、太鼓腹ではだけた胸にペイントした酔っ払い四人組でも、スター選手をアイドル視する若者八人組でもいい。スタジアムのオーナーや金持ちや有力者でなくても、クレイジー・ジョージのような有給のプロでなくてもかまわない。ウェーブは誰にでも始められる、掛け値なしに民主的な行為だ。

問題は、どうやるかだ。あなたがフットボールの試合を観に行ったとしよう。ホームチームは一タッチダウン差で負けている。見たところわがチームは息を切らしているようだ。ファンも戦況に甘んじている。そんな様子にがっかりしたあなたは、ふとウェーブを思い浮かべる。チームの勝利を後押しし、ホームチームの有利を感じさせるあの大きなエネルギーの波。でも、あなたはスタジアムの所有者ではないし、まわりの人たちだってあなたに何の借りもない。あなたのアイデアははなはだ迷惑かもしれない。

ウェーブを起こすには、リーダーシップが欠かせない。進んで立ちあがって指揮《リード》する人、周囲にアイデアを伝えて協力する気にさせる人が必要だ。でもどうやって？　クレイジー・ジョージは太鼓を使うが、普通スタジアムでは楽器は使えない。隣席の男に「ほら、二〇ドルあげるから立ちあがろう」と声をかければ話に乗ってくるかもしれないが、ビル・ゲイツでもないかぎり、六万人のファン全員を買収する財力はないはずだ。仮にそれができたとしても、あなたが買ったはずの忠誠心はすぐに尽きる。人々は腰をおろすか、値上げ交渉を始めるだろう。金銭という動機《モチベーション》づけには限界がある。

では、まわりの人たちにこう言ったらどうか。「よく聞け、こっちはおまえらよりずっとデカいんだ。言うとおりに立ちあがらなかったら、たたきのめしてやる」。暴力をちらつかせれば、何人かは言いなりになるかもしれない。だが、恐怖による無理強いが効く範囲はかぎられている。遠くのブロックにいる人は脅されても怖くない。だいいち、暴力で人々が従ったとして、彼らはどれほどの意気ごみで立ちあがるのか？　大きくて力強いウェーブ、ひいきのチームに違いをもたらすウェーブをつくるには、熱狂的に参加してもらわなくてはならない。脅された人から生まれるウェーブが見事なものになるはずがない。

金銭でも腕力でもダメだとすると、見ず知らずの人に働きかける最善の方法は、言葉によるコミュニケーションだ。この場合、他人どうしでも同じ試合を観ているのだから、共通の関心はある。では何を言うのか？　そしてそれ以上に、どう言うのか？　もしあなたが、自分のアイデアを盗まれたくないと思ったら、隣の男に向かってこう言うかも知れない。「ちょっと頼みがあるんだが、理由は話せない。とにかく信用してくれ」。手の内を見せないということは、見ず知らずの人の言葉を信じてばかを見るリスクを負うよう頼むのに等しい。あなたはこう思われるのがおちだ。「どうしてそれでうまくいくと思うのか？　なぜ、あんたを信用しなきゃならないんだ？」。ＣＩＡの工作員ばりのアプローチは、疑念を強めるだけだ。

そこで、あなたはこう考える。自分のビジョンをほかのファンと共有したらどうか。巨大ディスプレイを使ったパワーポイントのプレゼンテーションで、ウェーブを形成する人間の相互作用の複雑かつ興味深い物理特性を説明してみよう。そうすれば、乗り気になる人が出てくるかもしれない。パワーポイントのプレゼンテーションは、あなたのすぐれたリサーチ力やプレゼンテーションスキルの証しにはなるだろう。だが、六万人を鼓舞する力があるとは思えない。正直なところ、よくできたパワーポイントのスライドでさえ、ピーナッツ売りほどの興味も引かないはずだ。

ウェーブをウェーブたらしめるのは、ホームチームの勝利に貢献したいという共通の情熱だ。その切なる願いがスタジアム中のファンを団結させる。人々がクレイジー・ジョージのアイデアを受け入れたのは、始めたのがジョージだったからではない。彼のリーダーシップの賜物《たまもの》ではあるが、いちばんのポイントは彼の熱意だ。その熱意が、まわりの人たちに働きかけ、ビジョンを共有し、共通の目的のもとに引きこんだのだ。

　人々を巻きこむためには、信頼されなくてはならない。信頼されるためには、真剣かつ正直になって、隠し立てせずに呼びかけなくてはならない。「おーい！」と、情熱をこめて一心に叫ぶ。感情をみなぎらせて、ほかの人たちの感情もほとばしらせるのだ。「いい考えがある！　立ちあがって腕を振りながら叫べば、うちのチームが勝つ助けになるんじゃないか！」

　勝ちたくない者などいるだろうか？

　私がウェーブのたとえを好む理由はふたつある。ひとつは、それが多様な人間が共通のビジョンによって団結したときに成し遂げられる世界を見事に体現しているからだ。人々が何にも束縛されずに情熱を解き放ち、最大限の能力を発揮したとき、その集団にはとてつもないパワーが生まれる。もうひとつは、ＨＯＷ（やり方）が物事を成し遂げる強力な要因になることを示しているからだ。最良のＨＯＷはウェーブを、あなたの手の届く範囲を超えてなおも長く続けさせる。立場や地位、権限にかかわらず、その気になれば誰でもだ。

　ウェーブは、個人がまわりの人々に働きかけることから始まる。ただし、ウェーブが続くためには、少数の人たちの生み出したエネルギーが多くの人へと流れる環境になっていなければならない。研究によれば、ウェーブは直線的なスタジアムよりも円形もしくは楕円形のスタジアムのほうが発生しやすく、遠くまで移動するという。

　高校のフットボールの試合では、ライバルどうしがフィールドの両側に陣取る。そのため観客は全員同じ町に住んでいながら、協力することはまずない。ところがこれが楕円形のサッカースタジアムになると、チーム愛は同じでも、ウェーブが発生しやすい。この事実は、組織が意識さえすれば、ウェーブの起きやすい環境を整えられることをも示している。

ところで最近、私は結婚記念日用に、ニューヨークの宝石店で妻のブレスレットを注文した。店はロサンゼルスの私宛に翌日着のUPSで発送したので、記念日には届くはずだった。だが当日、オフィスのロビーで会ったUPS配達員のアンヘル・サモーラは、目当ての荷物はないと言った。私は落ちこんだ。するとそれを見たアンヘルが、まあ待っていてくださいと言った。

彼の勤務は、私のビルで配達カートを空にしたら終わりのはずだった。それなのに一時間たっても、まだロサンゼルスの繁華街にある中央倉庫と電話をしていた。そしてついに、倉庫側に問題があったことを突き止め、特別便でその夜に配達するよう手配してくれた。そればかりか、アンヘルは自分と上司の携帯電話の番号を教えてくれ、配達が完了するまで待機しますと私に言った。結局、荷物は午後五時には着いた。

数日後、アンヘルと会った私は、彼がUPSの誓約を守るためにとった行動に感銘を受け、とても感謝していることを伝えた。すると彼は、こともなげに答えた。「それが私の仕事ですから」。それを聞いて、ある昔話を思い出した。建設現場で石積みをするふたりの職人が何をしているのかと訊かれた。ひとりめは「煉瓦を積んでいる」と言ったが、もうひとりは「大聖堂を建てている」と答えたという。

アンヘルは大聖堂を建てるほうの職人だ。自分のことを単なる荷物の配達人だとは思っていない。UPSの約束を果たす重要な一員だと自負している。彼のような人がウェーブをつくり、それがUP

Sを業界リーダーにする。自分をもっとも広義に、目的第一の姿勢でとらえることで、アンヘルは会社も自分自身も際立たせた。彼のHOWには率直さと気遣い、情熱、創意、そして自分はもっと大きなものの一部だという思いがこめられていた。そのようなHOWがあるからこそ、アンヘルは私の荷物を見つけた倉庫のスタッフを引きこみ、特別便で私のオフィスに届けさせるというウェーブを起こすことができたのだ。

じつはUPSもまた、ウェーブが起こりやすい文化を創り出している。アンヘルは時間外労働や残業の許可を得るために、何人もの署名や承認をもらう必要がなかった。UPSは、現場の職員が適切に仕事を片づけ、システムの障害を最小限に抑えて顧客への誓約を果たすためのHOWを理解し、制度化している。UPSとアンヘルは共通の価値観と行動で足並みをそろえている。だからこそアンヘルは、あのように対応する気になったのだ。

今日のビジネス界で、継続的な成功を築く企業、競争の激しい市場にあっても正しい判断をしている企業には、共通要素がある。それは、ウェーブによく似たある種のエネルギーだ。ウェーブは私たちの正しいHOWから生まれる。仮に、会社というスタジアムに座る観客の誰かが、何らかのビジョンに心をつかまれ、鼓舞され、まわりの人と強くつながりあい、自信も感じていたら、そこにはきっと、すばらしいことが起こるだろう。

あなたはこう思うかもしれない。「おいおい、ビジネスは波乱に満ちた世界だ。競争は熾烈で、ノルマを達成しろという重圧は強く、環境は不安定で、衰退する可能性はいくらでもある。なるほど、誰もが隠し立てせず、価値観に突き動かされ、共通の目標に鼓舞され、互いに公正に接し、共通の利益のもとに団結する理想の世界について考えるのはいいことだろう。だが、現実はそうはいかないよ」。私がこの本で提示するアイデアを、理想家が語る絵空事と思うかもしれない。だが、〝ビジネスは戦争〟で、〝情報は力〟で、〝戦利品は勝利者のもの〟とされた〝速攻型〟資本主義はもう通用しない。テクノロジー、コミュニケーション、統合《インテグレーション》、接続性《コネクティビティ》の進歩が、ビジネスのやり方と私たちの生き方に、著しい変化を生み出しているからだ。

いまや、効率、生産性、収益性の原動力となっているのは、信頼であり、敬意であり、透明性であり、評判だ。本書を通じてあなたは、正しいＨＯＷこそが長期的な成功の決定的要因になることを知るだろう。

話を戻そう。ウェーブの最大の強みは「楽しい」ということだ。立ちあがり、腕を振ってホームチームのために声をからし、スタジアムの全員とつながりあう。なんと楽しいひとときだろう。だがクレイジー・ジョージは、いちばん意義深いのはウェーブのあとだと言っていた。試合の残りの時間、観客はそれまでよりずっと熱のこもった応援をするようになる。一段と興奮してのめりこむ。この体験に参加しているという思いを強くする。

ウェーブは、そのものが強力なだけではない。通過した跡もずっと持続する力まで生み出す。本物の力とはそういうものだ。いったん回路が完成すれば、電流は流れつづける。

本書は、正しいＨＯＷがもたらすそんなエネルギーを、あなたに授けるためにある。

第 I 部

WHATと
HOWは
どう違うか

人間の脳内には、ニューロンと呼ばれる神経細胞のネットワークがある。その任務は、情報の伝達と処理だ。情報は、ニューロンからニューロンへと伝達されていく。だが、そのあいだには隙間があるので、互いをつながなければならない。その役割を果たすのがシナプスだ。子どもの脳には一〇〇〇兆ものシナプスがあるが、成人するころには加齢や衰弱などが原因で、一〇〇兆〜五〇〇兆にまで減少するという。

シナプス（互いのあいだ）がどう作用するかは、脳にとってきわめて重要だ。シナプスが強ければ、細胞からの情報（「活動電位」と呼ばれる）を、まわりのニューロンにすんなり伝えられる。ニューロンからニューロンへとスムーズに伝達されることで、人間は広範囲にわたる能力を発揮できる。ところが、シナプスが弱いと情報はうまく伝わらない。野球でいえば、弱いシナプスはボールを落とす。[*1]

満員のフットボールスタジアムは、脳の作用と驚くほど似ている。ファンの一人ひとりがニューロンだ。どのファンも、本人が望めばほかのファンに近づき、つながることができる。ファンとファンのあいだの空間はシナプスだ。私たちは互いの「あいだ」でつながる。

スタジアムは場所によって、みんなが知りあいでシーズンチケットを持ち、ホームチームへの熱意を共有しているところもあれば、つながりが弱いところもある。強くつながっている場合は、とくにきっかけがなくても応援が始まり、場内の売り子から買った食べ物はすぐに受け渡され、そばの席の他人どうしが親しくなりやすい。つまり、うまくいく。ところが、つながりが弱い場合は、活動電位が消えてしまう。ファンは別々に応援し、並んで座る人たちの前を無理やり進んでいかなければ、ピーナッツにありつけない。

脳内のシナプスは、さまざまなニューロンの交差点だ。だから、シナプスは活動電位を方々から同時に受け取ることができるが、そのとき同時にたくさんの刺激にさらされると、弱いシナプスも焚きつけられて情報を伝達するようになるという。スタジアムでも同じだ。ウェーブをする大勢の人たちによって一体化した刺激は、さほど関心がない人までのみこんでいく。一般に「脳波《ブレイン・ウェーブ》」と呼ばれるものは、じつは一斉に発火したニューロンの集団活動を電気的にとらえたものだ。そのときニューロンは弱いシナプスにも強いシナプスにも活動電位を送ってことを進めさせる。つまり、脳が波《ウェーブ》を起こすわけだ。

人間の行動でも、人と人のあいだ（シナプス）への刺激いかんによって、物事を行なう能力は違ってくる。

たとえば、もしスタジアムにいる六万人に目隠しと耳栓をしたら、ウェーブを起こすことはきわめてむずかしくなる。オルガンの演奏が最大限のボリュームで鳴り響くなかで観客に伝言ゲームをしてもらったら、結果はさんざんなはずだ。また、ふたりの人間のあいだに複雑な感情を持ちこんだら、互いの言葉はことごとく誤解されかねない。

ウェーブを起こす、つまり人と人のあいだに相互作用を生み出して、組織全体で何かを実行するためには、原動力を知るだけでは足りない。人と人のあいだのシナプスを強くしたり弱くしたりするものが何かを理解しなくてはならないのだ。

一九九四年一〇月一三日、ネットスケープ・コミュニケーションズが自社製ウェブブラウザの最初のバージョンを発表した。同社はこのときインターネット普及の夜明けを告げ、事実上、情報時代を引き起こした。[*2] 以来、情報は自由に流れだし、私たちのあいだにある空間の埋め方は根本的に変わりはじめた。世界のしくみはまったく新たにつくりかえられたといえる。

ところが、こうした変化の速さに私たちの理解は追いついていない。

第Ⅰ部では、この点が明らかにされる。

1章 パワーの源泉の移り変わり

知識のうちに失われた知恵はどこにあるのか？
情報のうちに失われた知識はどこにあるのか？
——T・S・エリオット

先を見通すためには、後ろを見なければならない。

一三三〇年代、ヨーロッパがまだ封建制だったころ、イングランドではワインを必要としていた。前世紀にノルマン様式が大流行し、毎日一パイントのビールを飲んでいたごく普通の貴族たちが、赤葡萄酒《ヴァン・ルージュ》を嗜《たしな》むようになったからだ。ワインは、イギリス人が長い冬を乗り切るためのビタミン、酵母、カロリーを提供してくれたからでもある。もちろん、ワインがあると楽しいからでもあっただろう。

ともあれ、イングランドは寒くてまともなブドウが育たない。そのためイギリス人は自国の羊毛をフランドルの織物（当時の名産品）と交換し、その織物を南フランスに運んでブドウの実と交換した。幸いなことに、当時のイングランドはフランドルとガスコーニュ（フランス西岸部の地方）を支配していた。だから自由に交易し、安全に輸送し、心ゆくまで飲むことができた。

だがそれゆえに、その他無数にあった理由と重なって、フランス人はイングランドを憎んでいた。

ついに一三三七年、フランスは本土奪還をめざしてフランドルに攻め入る。百年戦争の勃発である。この戦争は一一六年も続き、一四五三年にようやくイギリス人がヨーロッパ大陸から撤退して終わりを告げた。以来、イギリス人は再びビールを飲むようになり、今日にいたっている。[*1]

なぜ、こんな話をしたか？　じつは、中世から続いている習慣はビールだけではない。支配の構図も同様だからだ。中世では、誰よりも土地を多く支配する者が天下をとった。土地はゼロサムゲームだ。こちらの取り分が増えれば、あちらの取り分は減る。そしてこちらは、あちらより強い力を得る。土地があれば作物がとれる。商人や農民、職人から地代をとることもできる。もっとも多くの土地を所有する者が、もっとも有力な者になった。今日でも、エリザベス女王は一族が所有する土地のおかげで、英国でもっとも裕福なひとりにかぞえられる。[*2]

富を得た封建貴族は、成功して力を増すには財産を守って蓄えなくてはならないことを知った。彼らは城のまわりに壕を掘って領地を守り、あらゆるものを征服して、着々と財を築いた。この習慣は、何世紀にもわたって支配層に受け継がれた。

そこから数百年後、産業革命が起きる。蒸気機関を原動力とする機械類の発明は、革新的な生産方法をもたらし、製造の速度と規模が急激に増大した。抜け目のない起業家は、大量生産によって同業組合の職人よりも低価格で市場に打って出た。もう生涯をかけて富を蓄える必要もなければ、危険な航海に出て宝探しをする必要もなくなった。投資する資金さえあれば、誰でも最先端の商品を製造する工場を建て、市場シェアを奪うことができた。

進取の精神《イニシアティブ》とイノベーションが富を生み、古きは新しきに取ってかわられた。その推進役となったのは、新たに勃興した投資家階級だ。一七七六年にはアダム・スミスが『国富論』を著し、資本主義が生まれた。[*3] ちなみに、capital（資本）という単語は、頭を意味するラテン語のcapitalisに由来する。資本主義のもとでは、頭を使えば頭抜けることができる。

だが、富の原動力が土地から資本へと移行してもなお、封建時代のゼロサム思考は残っていた。土地と同じく資本にも限りがある。こちらの資本が増えれば、あちらの資本が減る。資本が増えれば、革新し、拡大し、あちらにはできないこともできるようになる。資本家たちは新しい習慣を身につけた。ものがあったら秘蔵しておく。共有はしない。配りもしない。分けあたえるのは見返りが多いときだけ。こうして利益を引き出した。

数百年にわたり、資産とは力であり、人々は成功するために熱心に資産を管理した。保有財産のまわりに要塞を築き、あらゆる侵入者から防護した。市場を牛耳り、企業秘密を守り、何かにつけて特許や著作権を取得した。市場に対する情報をコントロールし、記者発表《プレスリリース》を考案し、メッセージの伝達方法や印象操作《スピン》の技術に熟達した。分割統治を学んで、ある市場の顧客Aと別の市場の顧客Bにそれぞれ異なることを伝えた。企業は、指揮統制型構造とトップダウン式の組織構造でこの体制を支えた。そして、要塞資本主義の習慣は、ビジネスのすみずみにまで浸透していった。

銅ケーブルから電話、そして光へ

ここで歴史のラッシュ上映を一時停止して、工業化時代に起こった出来事を見ておこう。

発端は電信の到来だ。アメリカでは一八五〇年代半ば、目ざとい起業家たちが一攫千金をねらい、長さ何千キロもの銅ケーブルを敷設し、すでに確立されていた東部の商業中心地と、そのころ急速に発展した中西部とをつないだ。だがあわてて金儲けに走ったため、設備のインフラコストを維持できるだけの市場がまだなかった。結局、投資した人々は財産を失った。送信料金は前代未聞の一語につき一セントにまで急落した。

ところが、これが意図せぬ結果を招いた。ジャーナリストのダニエル・グロスは、ワイアード誌にこう記している。「記者たちが南北戦争の戦場から長い記事を送ることができるようになったことで、ウィリアム・ランドルフ・ハースト〔訳注：当時のニューヨーク・ジャーナル紙社主〕やジョゼフ・ピューリツァー〔訳注：当時のワールド紙社主〕といった大新聞の連中が活気づいた。同じように、低料金の電信を広く送信できるようになったことで、株式と国内市場が刺激され、国際ビジネスの経営もはるかに容易になった」[*4]。つまり、世界を変える発展をもたらしたのだ。

その半世紀後、AT&Tが電話を導入する。彼らは抜かりなかった。一九一三年、米国政府に独占の保護を求め、収益性を確保した。電話はステロイドで増強された電信であり、ビジネス界への影響も絶大なものがあった。

そして一九九四年、情報時代の幕が開けた。テクノロジーはまたも飛躍をもたらした。チャンスはいたるところにあった。行き着く先がどこなのかを見通していた者はいなかったが、さまざまな発明、製品、プロセスが、かつては夢でしかなかったことを可能にした。今度も、起業家たちがあらゆる場所に飛びこみ、多額の投資をし（電信時代の教訓など知らん顔で）、光ファイバーケーブルを世界中に敷設した。銅ケーブルに比べ、光ファイバーケーブルの伝送能力はケタ違いだった。一対の光ファイバーは三万本以上の通話を数百キロの距離にわたって伝えられるが、一対の銅線は太さが二倍にもかかわらず、二四本の通話を約五キロ先までしか伝えられない。波長分割多重通信（WDM）などの新しいテクノロジーを用いれば、ファイバーの能力は六四倍にまで増大する。科学者たちによれば、ファイバーケーブルの理論上の伝送能力は無限であるらしい。

光ファイバーケーブルの出現で、世界の電子通信を合計しても、その消費量は伝送能力の五パーセントにすぎなくなった。通信料金はまたしても崩壊し、この新テクノロジーに便乗して手っ取り早く儲けるつもりだった数多の会社を道連れにしたが、気づけば私たちのまわりには、光のような速さと安さで、情報があらゆる場所にあふれていた。

ビジネスはチェスだ

何もかもが変わった。情報は、土地や資本と違ってゼロサムではない。こちらが増えれば、そのぶん、あちらを増やすことができる。しかも、金銭とは違って弾力的だ。一ドルはどんなに願っても一ドルの値打ちしかないが、情報や知識は、それに対するニーズに正比例して価値があがる。たとえば、あなたが病気だと診断されたら、健康だったときよりずっと高い料金を払ってでも、治療に関する情報を手に入れるだろう。

要塞資本主義の時代には、弁護士や医師、会計士などの知的職業階級が、主にふたつの方法で利益を得ていた。ひとつは、知識を秘蔵し、それを小出しにして高い料金を請求する（通常、相手は困っているか、病気を患っているか、「尻に火がつく」寸前で、知識を切実に求める人たちだ）。もうひとつは、専門的で解読できない法律用語や税法、契約書の「細字部分」などでバリアを築き、自分たちの知識に人々が簡単に近づけないようにする。こうすれば彼らの価値はあがる。かくして、特定の情報が必要になればなるほど、人々は高い料金を払って専門家に助けを乞うた。

だが、ネットで接続された世界の到来が、人と知識のあいだの仲介物を取り払った。結果として、専門家の価値は以前より下がり、情報そのものの価値は高くなった。情報の単価は劇的に下がり、かつては養育費を送らない父親を探すために私立探偵を雇うのに三〇〇ドルかかっていたのが、五〇ドル程度で全国のオンライン記録を検索できるようになった。権力と富は、情報を蓄える者の手を離れ、開放する者へ、情報を自由にシェアする者へと移ったのだ。

今、肝心なのは、人々に伝えることだ。秘蔵することでもない。秘密をつくることでも、非公開にすることでもない。情報経済の若き巨人たちであるヤフーやグーグル、アマゾンやｅＢａｙは、それがわかっている。

現在、時価総額が世界最大級のグーグルは、自社の使命をまさにこう謳っている。「世界中の情報を整理し、世界中の人々がアクセスできて使えるようにすること」[*5]。数百億ドル規模の企業が、「配る」ために組織されているのだ。アマゾンも配っている。といっても、配っているのは知識だ。書籍その他の商品を売っているのは、ほかの数千社と変わらないが、アマゾンが成功した秘訣は、情報をシェアするために開発された斬新な方法にある。「ほしい物リスト」「なか見！検索」「〝リストマニア〟リスト」は、いずれも情報を使ってアマゾンのカスタマーを、共通の関心を持つコミュニティにして強力につなげる。ｅＢａｙはこのアイデアをさらに一歩進めて、マーケット全体を、ユーザーに関する情報が自由に行き来する自治コミュニティに組織している。

情報ベースの新しい経済は、情報ビジネスの関係者だけでなく、ほぼすべての産業のすべての企業に変革を迫った。メーカーはもう、組み立てラインの労働者を雇わない。雇うのは、自動生産システムを運用していける熟練の知識労働者だ。
ニューヨーク・タイムズ紙の出身で、ピューリツァー賞を受賞したジャーナリスト、トーマス・フリードマンは、著書『フラット化する世界』で、束縛を解かれた情報が世界に与える影響を見事に論じて見せた。フリードマンによれば、私たちは突然、過去に例のない可能性を活かせるようになった。その可能性とは、協力、専門化、供給と流通、そして核となる能力《コアコンピタンス》の拡大といった新しい枠組み《パラダイム》である。[*6]

フリードマンは、この新しい現実を活用している多くの先進的な企業についても、詳しく述べている。たとえば、UPSは効率的な配送システムを活かし、東芝用の修理センターを低コストで運営している。デルは、ユーザーに重要な製品サポートを、インドのバンガロールにあるコールセンターからスムーズに提供する。ソルトレイクシティの主婦たちは、快適な自宅からジェットブルー航空の中央予約システムに直接接続し、予約の受け付け処理をする。

フリードマンによるマクロ経済的・社会的分析は、二一世紀のグローバルビジネスをつくり直すさまざまな力を示してくれる。その一方で消えていくのは、縦割りサイロ構造だ。かつての企業は、トップダウン式の指揮統制型階層に組織され、すべてを社内の部署とプログラムとで運用していた。だが今は、世界中で絶えず進化しているチームやパートナーと、より対等に関わりあうことが増えている。いまや知識があれば活動できる。より価値の高い情報を即座に従業員に伝えられる企業ほど、より質の高い活動をすることができるのだ。

企業内のフラット化が進んだことで、これまでひとつの部門が担っていた多くの活動が、今では全員の職務となっている。たとえば、コンピュータ・アソシエイツ・インターナショナルは、不祥事や品不足、経営上の問題などの汚名返上に苦心した結果、二〇〇五年、世界中に三〇〇〇口あった顧客《カスタマー》支援《アドボカシー》の職をすべて廃止した。[*7] CEOのジョン・スウェインソンは、そのねらいを「営業担当者にもっと説明責任を負わせる」ためだとしたが、根底にあるメッセージは明らかだ。顧客を第一に考えて支援することは、もはやカスタマー・アドボカシー部門だけの責任ではない。全社員の責任なのだ。[*8] ほかの企業でも、いわゆる「卓越した研究拠点《センター・オブ・エクセレンス》（COE）」や「イノベーションセンター」を廃止し、その仕事を全社員の職務にする例が相次いでいる。今では誰もが会社の卓越性を強めなければならず、誰もが革新しなければならない。秘密開発部門《スカンクワークス》の二〇人かそこらが立ちあがったくらいで、イノベーションのウェーブを起こせはしないのだ。

　こうした流れのなかで、指揮統制型階層制にかわって登場したのが、コネクト・アンド・コラボレート（つながりと協力）だ。このやり方で成功するには、従業員も会社も新しいスキルを養い、活用する必要がある。従業員一人ひとりが新しい方法で人とつながり、企業と従業員の双方が新しい方法でシェアしなければならない。

　世界はチェスに似てきた。チェス盤にある駒《ピース》はどれも高度に専門化され、それぞれに長所と短所、強みと弱み、資産と負債がある。ある駒は斜めに動き、ある駒はまっすぐ動く。自由に動きまわるものもあれば、厳しく制限されたものもある。普通は駒が三つ未満だったらチェックメイト［訳注：将棋の王手にあたる］できない。チェスではチームで動くのが基本だ。駒を適切に配置し、互いに連携させることができて初めて優勢になる。ふたつのルーク［訳注：戦車。将棋の飛車にあたる］は、連携しているかぎり遠く離れていてもきわめて強力だが、密接な連携がなければ威力は大幅に落ちる。ビジネスも、ますますそんなふうになっている。

企業とはだいたいにおいて、ある仕事に共通の関心をいだく個人の集まりだ。誰もが会社に勤めるわけではない。会計士、請負業者、代理人、コンサルタント、起業家など、個人でビジネスをする人もいる。だがいずれにせよ、仕事をする者はみな、他者とつながりを持たずにはいられない。顧客、依頼人、露天商、供給業者、チームのメンバー、あるいは下請け業者と関わらなくては始まらない。詩人ジョン・ダンの有名な言葉にあるとおり、男であれ女であれ、何人も「孤立した島ではない」。私たちはみな、人間から成る大きな風景の一部である。私たちがすることのほとんどは、ひとりではできない。

このような世界では、他者と効果的に関わる能力が成功の決め手となることは言うまでもない。情報経済では、人と人のあいだにどんな橋を架けるかが重視される。どのようにして向こう岸に届かせるのか？　どのようにして強いシナプスをつくり、活動電位を生じさせるのか？

仕事をうまくこなすことより、他者との強いつながりを築くことのほうが価値がある。人と人との関係は、私たちの人生に意味と意義を与えてくれる。私たちが死んでも、墓碑に「シルビア・ジョーンズ――一九六〇－二〇四二。戦略策定・実施担当副社長。一六四半期連続で期待どおりの数字を残す」などと刻まれることはない。多くは、「スタン・スミス――最愛の夫、父、兄、叔父。その笑顔で世界を温かくした」などと刻まれるはずだ。

仕事は私たちを裕福にするかもしれないが、人と人の関係はもっと大切だ。それは、長く褪《あ》せることのない、かけがえのない価値をもたらす。

2章　あなたにも起こるかもしれないこと

コンピュータは役に立たない。
答えを出してみせるだけだ。

——パブロ・ピカソ

関係。コミュニケーション。つながり《コネクション》。協力《コラボレーション》。これが人と人のあいだを埋めるキーワードだ。Communicate（伝える）が、「共有する」を意味するラテン語のcommunicareからきているように、伝え方が変わると、関係性も変わる。実際、過去一〇年にわたり、人と人のあいだのシナプスにテクノロジーが関与することで、私たちのあり方は激しく変化した。ビジネスの作法も変わった。その結果、私たちの得にも害にもなる諸刃の剣が生み出された。

要塞の外に広がる世界

封建的な資本主義の時代には、ＩＢＭのような会社を経営するのは今日よりずっと単純だった。あのブルーのスーツをおぼえているだろうか？　ＩＢＭはかつて強力な企業文化で知られていた。その文化は全従業員に浸透し、ブルーのスーツは事実上の制服だった。ビッグブルー（ＩＢＭの愛称）が部屋に入ってくると、誰もがすぐにそれとわかった。ブルーのスーツは、中世の領主の弓隊が羽織った紋章入りの外衣さながらに、強烈に目立った。

ＩＢＭで働く者は、毎朝どんな鎧を身につければいいかをわきまえていた。古い要塞志向の考え方が幅をきかせていた当時は、全社に一定の考え方を徹底させるのは今より簡単だった。方針、価値観、規則、目標、展望は、垂直の経路で従業員に伝えられた。掲示を出し、会議を開き、管理職向けの修養会を用意すれば、そのメッセージは、明白であれ暗黙であれ従業員全体に行きわたった。戦略も足並みをそろえて変更された。企業も従業員も、この運営方式から得るものがあった。命令があたえられれば、どこへ行進すべきかは誰でもわかった。

だが現在、従業員を保護し、囲うに足る要塞のある企業はほとんどない。通信テクノロジーによって、社員という概念は、無数の開かれた関係で結びついた大勢の労働者に置き換えられた。常勤の従業員は、合弁会社のメンバーや独立経営の子会社にいる同僚、現地の独立請負業者、遠隔地にいるアウトソーシング会社の担当者、自宅で仕事をするコンサルタントらと協力し、相互関係を築く。そこに世界的な供給・流通網が加われば、有機的にもつれあう人間関係を簡単にコントロールすることなどできない。

整然とした会社が都市国家だとすれば、いくつもの企業からなる集団は、中米の熱帯雨林に似ている。高く伸びた老齢の木々が地勢を定め、つる草があちこちにからみつき、木と木を、茂みを、地面をつなぐ。ところどころに地衣類やコケがに生え、重なりあっている。それに低木、キノコ、若木、寄生植物があり、草花が思いがけない場所に芽を出し、数えきれない種類の鳥や虫、動物が生息している。

その森は企業の石の要塞をすっぽり包み、かわりに可能性に満ちた有機的な生態系《エコシステム》をもたらす。ブルーのスーツを着用しないどころか、自宅でひとり、パジャマ姿で仕事に参加する者もいる。もはや、従来の方法では人を分類できない。彼らに近づいて組織の目標と価値観を伝えることもできない。融通のきかない行軍命令を出す人や受ける人は姿を消し、日々、自分で進路を決めなくてはならない人であふれている。ここでは、全従業員とは相互に補強しあう独立業者で構成された生態系を指す。生態系は相互に作用しあう。そうでなければ存続不可能だし、繁栄もあり得ない。

ここで、もう一度、組織をスタジアムにたとえよう。

スタジアム内の全員が力をあわせなければ、ウェーブは起こらない。常勤の従業員はシーズンチケット保有者のようなものだ。チームの成功に多額の投資をしているから、その賭け金がウェーブに参加する十分なモチベーションになる。コンサルタントや現地の請負業者などは、報酬しだいでは立ちあがってくれるかもしれない。だが、五列先にいる人たちは参加しないだろう。彼らのなかには、この一試合だけを観にきた人もいれば、あまり関心がなかったり、ビジターチームを応援している人もいる。その誰もがウェーブを止める可能性がある。シーズンチケットを持たない人全員が立ちあがることを拒否したら、立って腕を振りあげるのはあなたひとりになることだってある。

「距離」と「団結」の相関関係

情報時代のビジネスが複雑なのは、その基盤となる多種多様な関係のせいだけではない。関係を築く相手との距離がどんどん遠くなっているせいでもある。哲学者のヒュームはかつて、道徳的想像力は距離とともに減少すると述べた。[*1] ヒュームが言いたかったのは、地球の裏側にいる人に対して感じるつながりや義務感は、同じ部屋や、同じ街、さらには同じ国にいる人に対するそれとは違う、ということだ。

実際、人間は遠くの物事は関係ないと感じるようになっている。たとえば、医師たちは思いつくまま車を走らせ、郡から郡へと患者を診てまわったりはしない。彼らはこう言う。「私の責任はこの病院内まで。あちらは別の医者の責任だ」。セネガルにいる男性は、私たちから遠く離れている。だから私たちは、その男性のことをつい抽象的にとらえる。そして、抽象的なものには責任を感じにくい。これが、ヨシフ・スターリンの「ひとりの死は悲劇だが、一〇〇万人の死は統計値だ」という恐ろしい言葉の裏にある真理だともいえる。

歴史的に見れば、私たちはつい最近まで、ほぼ均質な環境にとどまっていた。日常的に会う相手は、おおむね共通の文化を持っていたから、互いのあいだで生じる行動やシグナルを理解するのも簡単だった。だが、グローバルなつながりは、こうした考え方に衝撃をあたえた。今、私たちは、生活のあらゆる面でまわりからつつかれる世界に生きている。国境も地域性もない。光ファイバーの糸は私たちにからみつき、しゃぼん玉を破裂させる針のように地域文化という保護膜を突き刺す。

かわりにもたらされるのは、まったく新しい関係だ。見知らぬｅＢａｙの出品者から何かを購入し、オンラインデートをし、地球の裏側にいるチームのメンバーとビデオチャットをする。どの交流相手とも、食事をともにしたことがあるわけではないし、言語も同じとはかぎらない。例のセネガルの男性だって、彼が勤めるインターネットの新興企業をあなたの会社が買収し、彼をあなたの事業部門に配属するかもしれない。そうなればあなたは、ダカールにいる彼と彼のチームを遠隔管理することになる。

すべての情報がデジタル化される前、私たちの生活はもっとゆったりしたペースで進んでいた。もっと時間をかけて知りあったし、取引では直接やりとりすることを重んじた。ところが現在では、多国籍企業のチーム編成は、さまざまな部署、さまざまな国、さまざまな文化から成される。世界規模のサプライチェーンや顧客基盤は、インフルエンザウィルスよりも速く増殖し、突然変異する。

企業の合併と買収は成長と価値の創出に拍車をかけるが、関与する人たちが毎日、相互にどう関わりあうかはおかまいなしだ。ビジネス上の関係はたいがい、ホテルでのせわしないミーティングやビデオチャット、携帯電話の通話、eメール、ファクスで築かれる。

人と人が出会う機会は突然、訪れる。互いを理解し、うまくやっていくための枠組みづくりが追いつかない。もはや距離があっても隔たりはない。新しいコミュニケーション技術は距離をものともせず、私たちを瞬時につなぐ。

もちろん、近接化した世界には誤解が生じかねない場面も多数ある。eメールを書く場合、相手のアドレスからは男女の判別がつかず、どこの国の人で、どんな教育を受け、牛を神聖視しているのか、ごちそうと考えているかわからないとしたら、どうしたらいいだろう?

地位の異なる管理職のあいだに意見の対立が生じた場合、米国なら率直に対話し、問題の解決に努める可能性が高い。だがインドネシアでは、この直接方式は事態を悪化させるだけだ。ジャカルタでは、「いつもボスを上機嫌に《アサル・バパ・スナン》(asal bapak senang)」という考え方がある。[*2] インドネシア人の部下は一般的に、問題が生じたら上司には知らせず、自分で解決すべきだと考えがちだ。たとえ嘘をつくことになるとしてもだ。

こうした文化的態度について、*Building Cross-Cultural Competence* の著者、フォンス・トロンペナールス博士とチャールズ・ハムデン＝ターナーは、世界規模の調査を実施し、グローバルビジネスで関わりあうことの多い国のあいだに驚くべき相違があることを明らかにしている。たとえばふたりは、忠誠心と規則に対するとらえ方がどう違うかを知るために、数十か国の労働者につぎの質問をした。

あなたは親しい友人が運転する車に乗っています。その友人が歩行者をはねました。制限速度が時速三〇キロメートルほどの地域で、友人が時速五〇キロ以上出していたことをあなたは知っています。あなたのほかに目撃者はいません。友人の弁護士は、もしあなたが宣誓したうえで時速三〇キロで走っていたと証言すれば、重大な罪から友人を守れると言いました。

この場合、友人は、どのような権利から、あなたがかばってくれると期待するでしょう？　宣誓証人の義務と友人に対する義務を考慮して、あなたならどうするでしょうか？[*3]

結果を読む前に、あなたならどう回答するかを考えてみてほしい。

調査の結果では、プロテスタントの伝統が根強く、安定した民主主義国である米国、スイス、スウェーデン、オーストラリアでは、ほぼ八〇パーセントが、友人には助けを期待する権利が「まったくない」か「少しだけある」と考えていた。一方、韓国とユーゴスラビアでは、そう感じた人は二〇パーセントに満たず、八〇パーセントが友人を助けるのは正しいと答えた。

「この質問を日本人に投げかけたときは」とハムデン＝ターナーは言った。「彼らは、とてもむずかしい問題だからと、いったん部屋から出て考えることを求めました。ずいぶん変わった答え方だと思いましたが、許可しました。彼らは二五分後に戻ってきて、正しい答えは友人にこう告げることだと言いました。『私はずっときみの友だちだ。きみが求めるとおり、事故についてどんな説明でもする。ただ、友人として言うなら、真実を話すことを許す勇気がきみにはあるんじゃないか』。すばらしい解決法だと思いました。彼らは普遍的で絶対的な真実を語りたいと考えた。その点では西洋の特徴と重なります。ただし、彼らの文化は同時に、個別の友人に対する愛と忠誠心も重んじる。ひとつの考え方から別の考え方へと移行したわけですが、それは白人アングロサクソン・プロテスタントとは逆の方向からのアプローチでした[*4]」

このような、文化による認識の違いは、互いにもう一方の文化の価値観を否定的に見る傾向も生む。スイス人から見ると、韓国人は権威を尊重していない。だから不信感をいだくかもしれない。韓国人のほうもスイス人のことを友情と忠誠心を十分に重んじていないと軽蔑するかもしれない。こんな状態であなたは、国際的なサプライチェーンの人たちや、eメールの配布先リストに載っている多種多様な人々と、うまく意思疎通がはかれるだろうか？　ひとつの行動規範をグローバル組織すべてに浸透させ、順応させようとする会社はうまくいくだろうか？　あなたの価値観を根底の部分で理解していない人が、どうしてウェーブに参加してくれるだろうか？

ソフトウェア開発会社のロータスは、この問題にまっこうから取り組んだ。同社は、ノーツやドミノといった商用グループウェア製品の機能を拡張して世界のユーザー基盤を支えようとし、たとえば日本向けには、本題に入る前に社交上のあいさつを交わすという同国のビジネス習慣にあわせて、「グローバル・バーチャル井戸端会議《ウォータークーラー》」機能を拡大した。[*5]こうした文化のギャップを埋めるのは、気の遠くなるような作業だろう。あらゆる組みあわせのふたつの文化をうまく橋渡しするには、何種類の選択肢が必要になるか想像してほしい。だが私たちは現実に、あるプロジェクトのグループミーティングに、四つか五つの異なる文化の代表がいてもおかしくない時代に生きているのだ。

つながり方の今と昔

ビジネスにおける距離は、もはや私たちを離れればなれにはしない。しかし私たちをつなぐ絆はますますゆるくなって、新しい「われわれ」の顔ぶれは毎日のように変化する。すべては電子通信のせいだ。電子通信はありがたくもあり、迷惑でもある。パワフルな協力のネットワークを実現してくれるが、その一方では、独特の、奇妙でくだけた言語を使うことを強いられる。

人間とほかの動物を分かつのは、記号をつくるこのうえなく複雑な能力だ。記号は世界を理解できるようにし、社会的・心理的関係を築く第一の手段となる。人間の交流とは、記号的な身振りからなるシンフォニーで、言語はその一部にすぎない。身体的特徴、イントネーション、表情、声の大きさ、ボディランゲージは、私たちが相互に関わりあい、言葉の裏にある意図を理解するうえで大きな役割を果たす。

電信と電話が登場する以前の時代、コミュニケーションの大部分は面と向かって行なわれた。目を見れば、相手が言わんとするところはたいていわかった。だが、過去七五年ほどのあいだに、こうした対面での交流で得られる手がかりの多くが、テクノロジーによって手際よく取り除かれた。電信、続いて電話のおかげで連絡は取りやすくなったが、多くの記号的な社交上の合図が失われた。

それでも、工業化時代はまだ変化のペースが遅かった。だから人々は、この新しいふたつのコミュニケーション方式に順応して、新しい解読能力を養うことができたし、本当に重要なこととなると、やはり相手の目を見て握手するのに勝るものはない、というのが暗黙の了解だった。

ひるがえって、二一世紀のビジネスで使われている数多のすばらしい通信方法を思い浮かべてほしい。eメール、インスタントメッセージ、携帯電話、携帯情報端末（PDA）、ショートメッセージサービス……。それぞれメッセージの媒介方法が微妙に異なり、ある部分はゆがめられ、ある部分は誇張されたり弱められたりする。どのテクノロジーも、フィルターのように一部の記号は通過するが、一部の記号は取り残される。

こうした変化は、じつに急速に訪れた。今思うと不思議だが、私たちのほとんどはeメールを使うようになって一〇年程度しかたっていない。一九九〇年代半ばには、まだポケットベルを携帯する人がいた。そして携帯電話を持っているとしたら、たいていこの本より大きかった。

電子通信では、ダイナミックさが薄れて、やりとりのキャッチボールがしにくい。多くの場合、電子通信は一方通行で順次処理される。インスタントメッセージでのチャットのように、応答が重なると、つじつまが合わなくなることも多い（次ページの例を参照）。

仕事上の連携はいまやチェス盤の駒のように強まっているが、私たちのあいだを行き来する電子通信は不完全で、チェスよりもポーカーに近い。チェスでは、どちらのプレイヤーもその対局について完全な情報を見ることができるが、ポーカーでは、表が上になったカードしか見えない。だが、たいていのコミュニケーションの目的は、敵を混乱させることではなく、相手にはっきり伝えることにある。程度の差はあれ、私たちは手の内を見せたいのだ。これが情報時代のパラドックスだ。テクノロジーは私たちを今まで以上につなぐが、そのつながりは今まで慣れていたものより不完全で、すべて

「インスタントメッセージ」が生む、ちぐはぐなやりとり

MarkTheCEO ［1:16 AM］：やあ、シンディ。
CindyCEOAssist ［11:16 AM］：こんにちは、マーク。

MarkTheCEO [11:16 AM]：弁護団とのミーティングの用意はＯＫ？
CindyCEOAssist [11:16 AM]：そう思います。

MarkTheCEO [11:17 AM]：そう思う？　そうだといいが。クライアントの状況を簡単に説明してくれないか？
CindyCEOAssist [11:19 AM]：私がやっていないとでもお考えで？

MarkTheCEO [11:20 AM]：５分後に打ち合わせだ。
CindyCEOAssist [11:20 AM]： 先方はいくつもの点で契約に違反しましたが、私たちが契約履行を不可能にしたと主張しています。

MarkTheCEO [11:20 AM]： もちろん、きみを信じている。
CindyCEOAssist [11:20 AM]：いえ、私ではなく、うちの会社が、です。私は入ってなくて、あなたと役員たちが。

CindyCEOAssist [11:20 AM]： あなた側の違反だと。
MarkTheCEO [11:20 AM]：すまない。

MarkTheCEO [11:21 AM]：では、契約不履行で訴えよう。

CindyCEOAssist [11:21 AM]：大丈夫です。私は会議室の準備に向かいます。

MarkTheCEO [11:21 AM]：違反？

CindyCEOAssist からの自動レスポンス [11:21 AM]：CINDY はオンラインですが、現在席をはずしております。

MarkTheCEO [11:21 AM]：よくわからないんだが。何の違反だ？

MarkTheCEO [11:22 AM]：もしもし？　まだそこにいるのか？　ビデオ会議は３分後だ！

を解読するのに必要な手がかりの多くが失われている。

インスタントコミュニケーションのプレッシャーはもうひとつある。それは、言うなれば「返信への期待」だ。工業化時代には、手紙をゆっくりと書いた。走り書きをA地点から投函しても、どのみちB地点に着くまでに時間がかかることはわかっていたからだ。受け取った側も、同じようにじっくりと返信をしたためることができた。情報の流れがゆるやかなので、急ぎの文書であっても、送付する前に多少の検討をする時間が認められていた。

ところが、各種の機器や装置をベルトに装着したりデスクに置いていたりすると、そうはいかない。メッセージは瞬時に現れ、それとなく迅速なレスポンスを求める。返信への期待が私たちのコミュニケーションの質に影響をおよぼし、多くの場合、熟考せずに応答せざるをえない。

みんなが監視し、のぞき見している

おおよそ一九九五年以前は、トースターを買いたければ、品ぞろえやリーズナブルな値段で評判の地元の店を選び、そこで気に入った製品を選んだものだった。まめだったり倹約家だったり、買うまでのプロセスを楽しむのが好きな人なら、購入前に二、三軒の店にあたったり、雑誌の記事を探したり、カタログで価格や機能を比較したかもしれない。だがその後、企業がオンライン化を進めると、地元にかぎらず、どの地域の店でも買い物ができるようになった。大手の信頼できるオンラインショップが参入し、選択肢をもっと増やすことができるようになった。

さらに状況が一変したのは、eコマース（電子商取引）が世界中で急激に拡大した二〇〇四年六月から二〇〇五年三月にかけてだ。このころから、オンラインで買い物をする人は、たいがい一〇以上のウェブサイトを訪れ、数時間後か数日後に気に入ったサイトを再訪して購入するようになった。[*6]このような時代にあって、情報はよちよち歩きの幼児のようだといわれる。どこにでも行き、何にでも首を突っこみ、かならずしもコントロールできないからだ。[*7]家電販売チェーンのレディオシャックの元CEOデビッド・エドモンドソンは、このことを誰かに教えてもらうべきだった。

エドモンドソンは、一九九四年にレディオシャックに入社した際、履歴書のうちの二行を捏造《ねつぞう》し、実際には取得していないカリフォルニア州のパシフィック・コースト・バプティスト大学の神学と心理学の学位を加えた。二〇〇六年二月、彼はトップの座に上りつめてわずか八か月後に辞任を余儀なくされる。大学はオクラホマ州に移転して名称を変更していたが、フォートワース・スター・テレグラム紙の記者がそれを突き止め、矛盾を暴いたのだ。詐称の上に築かれたエドモンドソンのキャリアは崩れ落ちた。[*8]

彼だけではない。巷では失墜した大物のニュースがあふれている。シリコンバレーにあるストレージ管理のソフトウェア会社、ベリタス（ラテン語で真実の意）のCFO（最高財務責任者）兼EVP（執行副社長）だったケネス・ロンチャーは、二〇〇二年、スタンフォード大学のMBA取得を詐称していたのが発覚した。[*9]ノートルダム大学でフットボールのヘッドコーチを務めていたジョージ・オリアリーは、出身大学でのフットボール経験があると偽っていただけでなく、修士号取得の詐称もしていたことが露見して辞任した。[*10]オンライン就職情報会社 Monster.com の創設者ジェフ・テイラーも、自身のウェブサイトに掲載した略歴で、ハーバード大学MBAを取得と偽っていた。[*11]

私たちは透明性の時代に生きている。一九九四年までだったら、こうしたペテンをはたらいても逃げきれたかもしれない。だが、インターネットで簡単にアクセス可能なデータベースに、個人の記録とプロフィールがごっそり移されている現在では、あなたに関するほぼすべての情報が難なく見つかってしまう。『新オックスフォード米語辞典』には〝Google（ググる）〟が動詞として収録されているが、そこにはこんな用例が載っている。「誰かに会って電話番号を交換し、デートの約束をしたら、一三億四六九六万六〇〇〇のウェブページからググる」[*12]

最近、ピッツバーグ・ポスト－ガゼット紙が、調査会社ハリス・インタラクティブの世論調査の結果を報じていた。それによると、二三パーセントの人が仕事仲間や同僚と会うときは、必ず事前に相手の名前をインターネットで検索するらしい。[*13] DontDateHimGirl.com というウェブサイトでは、女性が虐待を受けた男の名前と写真を投稿することができる。こうした傾向について、創設者のターシャ・C・ジョーゼフは、ニューヨーク・タイムズ紙で「デート版の信用調査のようなものです」と語っている。[*14]

ビデオカメラを持っている人なら誰でも、あなたの最悪の瞬間を撮ってユーチューブに投稿する可能性がある。そうなればその画像は世界中に広がる。ユーチューブは設立して二年とたたないうちから、政治、芸能、法の執行、音楽、そして無数の人の私生活に劇的な影響を与えてきた。それ自体が革命だった。また、政治関連の世論調査業者は、年齢、収入、政党への登録、所有する車の種類、寄付した慈善事業など、ありあまる個人情報を簡単に入手できるようになった。それらを比較検討すれば、かなりの精度で投票傾向を予測することができる。[*15]

こうした事実は当然、ビジネスにも強く影響する。透明性によって高い木々のあいだを見通せるようになる前は、森の輪郭は判別できても、下のほうに何が生えているかはめったにわからなかった。

だからこそ企業は、合弁会社を設立すれば、あやしげな事業が生み出す問題から身を守ることができた。子会社が面倒に巻きこまれても、親会社の評判に傷はつかないというわけだ。ところがガラス張りの世界では、合弁会社が違法行為をしたとたん、どこが親会社かを誰もが知る。

かつては、会社の評判を守るには管理職に適正な研修をすれば十分だった。現場の従業員が外の世界と接触することはめったになく、会社をトラブルに巻きこむことはまれだったからだ。だが今では、すべての従業員が会社についてチャットルームやブログで発言でき、それが翌日にはニュースサイトにとりあげられることも考えられる。従業員が個人的なウェブサイトで会社の悪事を報告することを表す単語「whistleblogging（密告ブログ）」まで登場した。新たな透明性のもとでは、暗い下生えに隠れ、こちらで合弁会社をつくり、あちらで代理業者を雇うといったことはできない。誰でも簡単に、木を見て森がわかってしまうからだ。

情報社会は監視社会をも生み出す。人はますます知りたがり、ますます多くのものを見る。なぜ見るのか？　見ることが急に簡単になったからだ。コストも労力もほとんどかからない。最安値の製品やサービスから好ましくないものの暴露まで、見ればあらゆる面で得になる。

世界中で、視聴者はテレビに貼りつく。本当に私生活をのぞき見る「リアリティ番組」もある（米国には現在、これ専門の放送ネットワークまであり、英国版の『セレブリティ・ビッグ・ブラザー』では、番組内の人種差別発言が国際問題に発展した）。[*16] 私たちは昔から隣の家の様子に興味があるが、いまや実際にそれを目にすることができる。それは、一滴の水を顕微鏡で調べるようなものだ。最初にしずくをガラス板に落としたときは、澄みきって清らかに見える。だが、顕微鏡のレンズが隠れた実態を明らかにする。拡大の倍率を調整するごとに、それまで想像するしかなかった生物と物体が現れ、澄みわたって汚れのなかったものが、汚くてごちゃごちゃしたものに変わる。顕微鏡の技術は、水に対する見方を変える。好奇心をそそられたあなたは、こう思わないではいられない。〈ほかのものには、どんな世界が存在するのだろう？〉

見ることが簡単になり、見つかるものが増えてくると、人はますます見るようになる。デビッド・エドモンドソンの粉飾された履歴書を暴露したのは、フォートワース・スター・テレグラム紙の記者、ヘザー・ランディだった。事実を突き止めたときのランディの喜びようを想像してほしい。彼女が「エドモンドソンの信用証明書」を調べはじめたのは、「ふたつの教会を創設したのち、ビジネスに専念するようになったこの執行役員が、三度目の飲酒運転を告発されて出廷する予定だと知った」からだった。*17

企業の不祥事、有名人の破局、政治腐敗。毎日のニュースは、テレビ、ラジオ、ウェブサイト、携帯電話、RSSフィード、スマートフォンで瞬時に伝達され、時代を象徴する罪を暴露する。メディアがこれだけ病みつきになっている理由は、回線の容量／放送時間／紙面のスペースがたっぷりあるせいなのか、それとも新たに見つかったアクセスに私たちが夢中だからなのか。いずれにしても人間は、一度スキャンダルの味をしめたら、もう満足はできないのだ。

汚点が一生ついてまわる恐怖

二四歳のプリンストン大学卒業生ポール・チャンが、投資銀行カーライル・グループでの前途有望なキャリアを急降下させたのは、韓国のソウルオフィスに赴任して三日後のことだった。

その日チャンは、会社のネットワークを使って、ニューヨークの仲間たちに新しく始まった豪奢なライフスタイルをひけらかした。「たしかにNYCでもモテてたけど」とチャンは書いている。「今はだいたい、平均して五〜八つの電話番号がひと晩で手に入るし、夜出かけるたびに、少なくとも三人のホットな女の子が僕といっしょに帰りたがる」。続いて彼は、会社から提供されたアパートメントの寝室のひとつを「ハーレム」にして、もう一室を性行為用にしていると自慢した。受信した人たちは仰天し、そのメッセージをウォール街の何千という人々に転送した。

やがてその一通がチャンの上司の受信ボックスにたどり着いた。チャンは仕事を失い、信用もなくした。[*18] それが二〇〇一年のことだ。だが五年後の今も、人々はこれを語り草にしている。彼の未来の雇用主や同僚もやるはずだが、"Paul Chung Carlyle"でググってみると、検索結果の最初のページにこの話題にふれたものが五件見つかる。この一件は、今後も彼の人生についてまわるだろう。

脳はニューロンのネットワークをいくつも築くことで記憶を形成し、保存する。ワールドワイドウェブのしくみも同じだ。だが、巨大な、相互につながったデータベースの記憶は、私たちの寿命よりも長く残る。閉鎖あるいは削除されたウェブサイトでさえ、ウェイバック・マシンというサイトで永遠に生きつづける。このサイトは一九九六年までさかのぼる五五〇億のウェブページをアーカイブしているのだ。[*19]

こうした電子形態による記憶の持続性は、二度めのチャンスを訪れにくくする。情報革命以前、にせ医者はばれたら別の町に移って看板を掲げればよかったが、今では、どの州でも瞬時にアクセスできるデータベースに、医師に対する起訴や捜査の詳細が保存されている。同じことは企業や店舗、eBayの出品者にもあてはまる。情報時代では人生に区切りがなく、クローゼットもない。何も置き去りにできず、秘密を隠す場所もない。あなたの過去はあなたの現在である。過去は捨てたものを引きずるトラックのようにあなたにつきまとう。

情報時代に人が窮地に陥るのは、チャンのような弁解の余地のないeメールだけではない。情報が民主化された今は、誰もが思いついたことを思いついたときに、本当であれ嘘であれ発表することができる。

一九八〇〜九〇年代のマスメディア時代には、大手メディア企業が依然として、公開される情報の門番や番犬の役割を果たしていた。ジャーナリストや編集者といった知的職業階級が、ほとんどの主張や告発について、公表前に独自の裏づけの基準を適用して真実かどうかを調べ、それを怠った場合は代償を払わされた。だが情報テクノロジーは、この責任を熟練のプロの手から取りあげ、キーボードを使えるあらゆる人の手にゆだねた。

その結果、恨みを持った従業員は逆襲することができるようになった。恥知らずな告発者がまったく根拠のない非難をして、たちまち世間に認められることもある。電子通信以前の時代に予言されていたように、「真実が靴を履いているあいだに、嘘は世界を半周できる」[*20]（一説にはマーク・トゥエインの言葉とされる）。今なら、真実が「靴」と考えただけで、嘘は地球を何周もまわれるだろう。

かつて評判は石に刻まれたごとく不変のものだったが、今はキーボードにアクセスできる者なら誰でも簡単に汚せる。調査されていない告発も、証明された真実に劣らず世間で認知され、たとえ真実ではなくても、それに対抗しようとすれば確実に体力を消耗してしまう。テクノロジーのおかげで、速く安く比較照合することができるようになった評判は、大きな財産にもなれば負債にもなるのだ。

難問は、憂うより強みに

非営利調査機関ピュー・リサーチセンターの調べでは、職場でインスタントメッセージを使用する一一〇〇万人のうち、四〇パーセントはインスタントメッセージを「チームワークを増進させる」と感じていたが、三二パーセントは「うわさ話をしたくなる」、二九パーセントは「気が散る」、一一パーセントは「生活上のストレスが増えた」と答えた。[*21] 人間が数世紀にわたって培ったさまざまな行動の習慣に、通信テクノロジーが打撃をあたえ、その効果を弱めているのはまちがいない。それによって、企業の組織運営法も社内の人々の連携の仕方も根本的に変わった。しかも、後戻りはできない。

私たちのつながりが弱まることはない。透明性が弱まることもない。ランプから現れた情報の魔神は、誰の願いも気にかけはしない。色褪せた銅のランプの暗い片隅にいることにうんざりし、彼は自分で新しい家を建てた。それは透明な壁で、まわりは1章と本章で述べてきた新しい現実が囲んでいる。要塞の破壊、世界のフラット化、ビジネス生態系の出現、バーチャルな対話、告発の破壊力、評判の重要性……。

私たちの生き方、つながり方、仕事と個人の生活の仕方に変化が起きた今、問題になるのは、新しい世界で繁栄するにはどうすればいいかであり、こうした難問を強みに転じるにはどうすればいいかである。いずれも順を追って答えていくが、その前に次章で、この社会が何に価値を見出し、信用し、頼りとするのかについて見ておきたい。

3章 唯一の道は「行動で勝る」

何をやるかじゃなくて、どうやるかだ。
——ジョン・ウッデン
（殿堂入りしたバスケットボールコーチ）

情報は王であり、複雑に絡みあうネットワークがその情報を多くの人の手にゆだね、透明性がすべてをさらけ出す——これが私たちの新しい現実だ。

ここまでは、変化する時代に適応するのに苦労している私たちをとりまく、外部の力を見てきたが、人間に潜む内側の力も見落としてはならない。

ジャスト・ドゥ・イットの限界

私たちに関するあらゆることは、よいことも悪いことも、どちらでもないことも、マウスのクリックひとつでさらけ出されるようになった。趣味、銀行口座情報、個人識別番号、支出や借金の詳細、はては友人にも話したくない事実の数々まで世間の目にふれ、しかも自分ではそれを止めることができない。人目にさらされることが増えたせいで不安も増え、無防備になったが、その影響についてじつくり考える時間もない。
だが、いろいろなものを「見ること」が可能になり、もっと多くを、もっと異なるものを見るようになったことで、人々はこの世界が、自分たちが何よりも大切にする価値観に見あったものなのかを問うようになった。事態が変わりはじめたのだ。
一九九六年、作家で映画監督のキャメロン・クロウが、好景気だった一九九〇年代の価値観を鋭くとらえた『ザ・エージェント』を製作した。この映画では、トム・クルーズ扮する道徳観念のないスポーツエージェントが真夜中に目を覚まし、突然、今までの仕事のやり方が芯から腐っていることを悟る。そして夜を徹して、提案書兼ミッションステートメントである「思っていながら口には出さない事柄」をタイプする。
彼は、これからのビジネスの成功とは、クライアントを減らし、彼らともっと有意義に、人間らしく接して、人間関係が持つ永遠の価値を再び見出せるようにすることにあると結論づける。そしてタイプのコピーを、夜中のうちに職場中に配る。
翌朝、出勤すると、全社員が彼の情熱のこもった信念に感動し、立ちあがって拍手をするが、その喝采のあいだに、同僚のエージェントがもうひとりのエージェントに訊く。「いつまでもつと思う？」。ふたりめのエージェントが答える。「うーん。一週間」。はたして一週間後、彼は会社を去る。クライアントは奪われ、彼のキャリアは台なしになる。[*1]
『ザ・エージェント』は、人間性を失わせる時代に反撃する男の物語だ。公開されると史上最高クラスの興行収入をあげた。手抜きをすることにうんざりしている人々の心の琴線にふれたからだろう。[*2]
ちょうど「とにかくやれ《ジャスト・ドゥ・イット》」の一〇年間に入っていた。世界は加速度を増し、ナイキの掲げる"Just Do

ITが、その時代精神を巧みにとらえた。

市場は活況を呈し、強大な新興投資者階級が投機バブル特有の一攫千金のスリルを味わっていた。列車を逃してたまるかとばかりに、あわてて飛び乗った者も多い。何百万もの人が市場でギャンブルをし、さらに何百万もの人が４０１ｋ（確定拠出型年金）の口座や退職年金貯蓄の残高がふくれあがるのを目の当たりにした。広がる繁栄がもたらす安心感に浮かれ、人々は危険な賭けにも出た。誰もが自分の利益を増やすことに夢中だった。

無限の可能性を思わせたドットコム時代の精神は、ほかのビジネスにも伝染した。経営者たちは、ますます執拗になる市場からの需要に応える、手っ取り早い方法や簡単な解決策を探した。目先のことだけを考えて経営し、長期的な目標はしばしばおろそかした。工業化時代の習慣と傾向（効率、スピード、利益重視）が、すべてにおいて最優先事項となった。部下へのメッセージははっきりしていた。とにかく片づけろ。どうやろうが経営者たちは気にしない。合法であるかぎりはとにかくやれ、というわけだ。そのためにとった手段を見て見ぬふりをすることも多々あった。

一九九〇年代において他に先んじるには、巧妙さや賢さといった資質を伸ばすことが求められた。つまりは、急速に変化する時代で障害物をよけてダンスする方法である。勝者はエレガントに踊ったが、ほかの人たちはがむしゃらに踊ったにすぎない。

概してどのビジネスでも、イニシアティブと作業《タスク》管理が重視され、ガントチャートやＰＥＲＴ図といったプロジェクト管理の方法に執着した。従業員に対する姿勢も同じだった。当時の合言葉は「パフォーマンス」であり、人事部門は「業績《パフォーマンス》管理」に焦点をあてていた。電話は常に三度めのベルで出る、常に笑顔でいる……。経営者が目標への近道になると考えるかぎり、いくつあろうと常に所定の行動を果たすことが重要になった。

しかし、そうこうするうちに私たちは感じはじめた――「ジャスト・ドゥ・イット」だけではもう十分ではない。一九九〇年代が終わるころには、『ザ・エージェント』が示してくれたように、どのようにやるか（人にどのように接するのか、目標をどのように達成するのか）を気にするようになっていった。

世論の風向きが変わると、収益性にも影響が出はじめた。一九九七年には早くも、地球規模の意識向上キャンペーンによって、世界中にあるナイキの製造工場の劣悪な労働条件が暴かれ、ジャスト・ドゥ・イットは打撃を受けた。[*3]

それでもまだ、時代の性急さに力負けすることも多かった。事態が本当に変わりだしたのは、二〇世紀の終わりだ。

理想と現実のギャップ

私たちはみな、頭と心で、安心・安全な暮らしというのはこんな感じであってほしいという理想を持っている。だが、その理想はけっして実現しない。程度の差はあれ、人生は人や社会の状況によって必ず何らかの予期せぬことが起き、不安定になり、理想の人生とのあいだにギャップが生じる。私はこれを「確実性のギャップ」と呼び、このギャップが私たちが成功できるかどうかを大きく左右すると考えている。

「確実性のギャップ」は、状況に応じて大きくなったり小さくなったりするが、ギャップが小さいときは、私たちはそれをほとんど気にとめない。警戒してまわりの脅威から身を守るのは、ギャップが大きくなったときだ。それが大きくなればなるほど、助けを求めるようになる。不安定な時代になって個人的にも仕事の面でも危険を感じたとしても、人は生きつづけ、仕事を発展させ、目標を追い求めなくてはならないからだ。

私は昔から、人生には三つの柱が必要だと思っている。身の安全、物の豊かさ、そして心の満足だ。スツールの脚のように、この三本が地面にしっかりついていれば、人生は有意義で確かなものになる。スツールに揺るぎはない。だが、いずれかの脚がダメージを受けると、スツールはぐらつく。人生は不安定になり、安全ではなくなる。

今世紀の初めがまさにそうだった。ドットコム企業が相次いで破綻し、バブル経済がはじけたことで、深刻な景気後退が長く続き、雇用と財政の安定が乱された。それまでの経済では当然とされた拡大と縮小のサイクルがくずれ、人々は初めて、閉鎖された工場が再開することはないと実感した。グローバル経済の現実にさらされ、雇用は費用対効果の高い他国に移った。発展途上国が急成長を遂げて豊かになり、従来の価値観に疑問が投げかけられた。世界の大半で、経済の前提が揺らいだ。

企業の不祥事は、その後も立てつづけに明るみになり、世界ビジネスを揺るがした。一連の不正行為は目にあまるものだったから、名前を挙げるだけでどんな事件だったかが思い起こされる。エンロン、ワールドコム、パルマラット、ホリンガー・インターナショナル……。ハリス・インタラクティブとニューヨーク・インスティテュート・フォー・レピュテーションが実施した調査によると、企業は社会のなかでもっとも信用されない存在のひとつになったという。[*4]

透明性のおかげで、ベールの向こう側まで見えるようになった。LRNとワースリン・ワールドワイドが行なった二〇〇三年の調査では、対象となったアメリカ人の七一パーセントが、公正かつ誠実に経営されている企業は「まったくない」か、「かなり少ない」か、「ほんのわずか」と答えている。実際に法を犯した企業はもっと少ないにもかかわらずだ。*5

私たちが失望を感じたのは、ビジネス界の堕落と経済の失敗だけが原因ではない。テクノロジーによって暴露する力が社会全体に広がったためだ。世の中のあらゆる面がいきなりむき出しになり、欠陥が誰の目にもふれるところとなった。カトリック教会のスキャンダル、大学のフットボールコーチの経歴詐称、ステロイドを使用したプロスポーツ選手、ニューヨーク・タイムズ紙の記者による捏造記事……。社会のあらゆる層の輝ける人や組織が、急にもろく見えてきた。私たちはこれまで、こうした人物や組織をあおぎ見て、生きがいのある人生の模範と考えていたのに、すっかり失望させられたのだ。

彼らの成功の多くは「ジャスト・ドゥ・イット」の習慣と同じ、ご都合主義と短期的な価値のもとに築かれていたのが明るみになった。信じていた物事が崩れはじめ、私たちは自分の信念の成り立ちそのものに対する疑問でいっぱいになった。腐敗の上の成功が長続きすることを認めるのは、私たちの本能に反する。でもこの世界で、他に誰を、何を頼りにしたらいいのか？

そして、ワールドトレードセンターが崩壊した。これを皮切りに、マドリード、ロンドン、バリ島など世界各地で一般市民への攻撃がつぎつぎに発生し、動揺をあおる地域紛争とあいまって、世界の大半を不安に陥れた。ずっと安全だと思っていた多くの人の日々の暮らしに、身の安全を守る手立てが必要になってきた。

スツールの三本脚が揺さぶられたのは、これが初めてではない。第二次世界大戦、ベトナム戦争時代、ウォーターゲート事件、中東紛争、一九七〇年代の石油ショック……過去半世紀ほどのこうした例を見ると、いずれも似たような混乱と不安定をもたらしている。高度成長、困難な時代、政治の腐敗、詐欺はけっして目新しいものではない。

だが今回は、大きな違いがあった。それは、私たち市民が新たに得た、一部始終をリアルタイムに見る驚くべき能力である。世界中で起きることの多くは、いまや私たちの日常生活に存在する。未消化で未処理の情報の洪水が一分ごとに押し寄せ、足場を確保する暇もない。

スツールがぐらつくと、確実性のギャップが広がる。私たちは安定をもたらし、先へ進む自信をあたえてくれるものを得たい。だからギャップを埋めるものを探した。

抜け穴のない規則はない

事業を進展させ、成功をおさめるには、確実性、一貫性、予測可能性が欠かせない。それらは、飛躍の足場となる堅い床である。バスケットボールの選手がビーチバレーの選手より高くジャンプできるのは、堅い木の床の上でプレーするからだ。足もとがぐらつけば、高い跳躍はできない。

確実性のギャップは、私たちの内面だけでなく、社会にも現れた。民主的な社会は、規則が「法律」というかたちで確実性と一貫性、予測可能性を提供してくれるものと期待している。だが、二〇世紀の終わりが近づくにつれ、規則は期待はずれだと気づきはじめた。

その成り立ちからいっても、規則は人間の行為を律するのに効率的ではない。立法機関や組織は通常、望まれない行動を禁止するために規則をつくるが、そのほとんどは、すでに起きたことへの対処である。制限速度を下げるのは車の事故が頻繁になったあと、闘犬《ピットブル》を規制するのは何人もの人が咬まれたあと、経費精算の手続きの新たな規則をつくるのは、誰かがｉＰｏｄの代金を経費で落とそうとしたのが発覚したあとだ。

それに加えて、規則はすべて理由があって設定されるが、ほとんどの人はその根拠や精神を知らない。制定の経緯を読んだりはしないから、規則との関係は薄っぺらで表面的になる。だから、規則をよけて通る道や、抜け穴を見つけるようになる。

たとえば、アラスカ州の郵便局員スティーブ・アダムズは、個性を表現したくて、三ばか大将や、アニメ「ルーニー・テューンズ」のキャラクター柄のネクタイをしめて出勤した。上司たちはこれを認めず、数か月にわたってアダムズと争ったすえに、規則に従うよう命じた。アダムズは言われたとおりにしたが、規則を徹底的に調べたところ、サスペンダーについては特別な禁止条項がないとわかった。それで今では、ルーニー・テューンズの「タズ」こと、タズマニアン・デビルがあしらわれたサスペンダーを堂々と着用している。[*6]

規則がうまく機能しないのは、考えられるすべての行動を計算しつくせないからだ。グレーゾーンは必ず残るから、状況、機会、外部からのプレッシャー次第で、規則の裏をかきたくなる人がどうしても出てくる。裏をかかれた場合の典型的な対応？　さらに規則をつくることだ。かといって規則だらけにすると、人は信頼されていないと感じるようになり、規則（とそれを定めた人たち）への忠誠心を失う。そしてスティーブ・アダムズがやったように、束縛を逃れる方法を探すようになる。こうして規則づくりの悪循環が始まり、その結果、社会の維持に必要な信頼はそこなわれつづける。

人間の行動の特定の分野では、とくに規則の効果が弱まる。たとえば、「公正さ」を法律で定めるには、どんな強制力のある言葉を使えばいいのだろう？　公正ではないと思われる行動を禁止する長いリストをつくることはできる（実際、私たちはそうしている）。だが、救いようのない矛盾や不公平、抜け穴を残らず書くことは不可能だ。

ほかにも、たとえばビジネスでいえば、顧客を喜ばせることを義務づける契約書はつくれるのか？　期待を上まわることや顧客をあっと言わせることを義務づける契約書をつくるのは、不可能だ。最低保証、最適スケジュール、基本的補償を設定することはできても、長期にわたって良好な関係を築くために追加のパフォーマンスを命じる言葉を連ねることはできない。規則は、行動の床（下限レベル）を定めることで、はからずも天井（上限レベル）をも定めてしまうのだ。

ジャスト・ドゥ・イットの世界に生きていたころは、規則に従っていれば仕事のやり方は気にされなかった。規則に抵触しないかぎりは大目に見られた。社会は、数字で結果を残せる能力で人々を判断することに満足していた。ＨＯＷ（どのように）ではなく、ＷＨＡＴ（何）をやるかで判断したのだ。

だが、世界が透明性を増し、誰の目にもあなたのやり方が見えるようになるにつれ、あなたが何かをするときのＨＯＷ（やり方）が、あなたがやるＷＨＡＴ（こと）に劣らず重要になってきた。人々と規則との関係が見え、理解できるようになったことで、にわかに、規則に従うだけでは十分ではなくなった。

密接につながったカラス張りの世界では、もはや「とにかくやれ《ジャスト・ドゥ・イット》」は通用しない。「とにかく正しくやれ《ジャスト・ドゥ・イット・ライト》」でなければならないのだ。

ウェルチが気づいていたこと

世界がどう変わり、確実性のギャップがどう変わろうと、人間には不変の習性がある。私たちはみな、独自の存在でありたい。評価されたい。褒められたい。そして自分のために、家族のために、コミュニティのために、社会のために何かを成し遂げたい。

そのためには、目標や願いを実現して、できるだけ高く跳躍する方法を見つけなくてはならない。ビジネスは人間の願望や実績の表現でもあり、反映でもある。肝心なのは、偉大になること、何かを達成すること、そしてときには、世界を変えることだ。実際、ギャラップ世論調査によると、人々の仕事上の幸福に結びつくのは、賃金よりも、認められること、称賛、毎日自分が得意なことをする機会であるらしい。[*7] フォーチュン誌の「働きたい職場ベスト100」に選ばれた企業を見ても、従業員にとって価値のある事業を展開している会社がずらりと並んでいる。

だが、さらに世界のつながりが増すにつれ、成功にいたるまでの課題は大きくなっている。昔は一流大学の学士号さえ取得していれば出世が保証されたが、今ではスターバックスのバリスタも修士号や博士号を持っている。エンジニアはかつて引く手あまただったが、インドや中国の大学からも輩出されるようになった今は、もはや成功を約束する切符ではなくなっている。[*8]

一昔前の企業は、顧客に近ければ近いぶん、製品やサービスを遠方の競合他社より安く届けて優位に立てたが、今では世界中の業者と競争せざるを得ず、方程式が逆転することも少なくない。企業と人がひしめく世界市場で成功するには、長期にわたって競合他社との差別化を実現する方法を見つけなければならないが、市場が混みあうにつれ、差別化できる分野は少なくなる一方だ。

二〇世紀の企業リーダーたちは、何《ホワット》をやるかで自社を差別化していた。何かを発明して特許を得た者は勝者となり、それができない者は収穫のあとに残った落穂を拾って生きのびた。私はこれを「WHATの革新」と呼んでいる。

市場は、このWHATの革新に、大きなインセンティブと保護を与えた。これを成し遂げた者には戦利品も注目も政府の保護も集中した。発明家たちはフォーブズ誌やフォーチュン誌の表紙を飾り、世間は彼らを褒めそやした。

チェスター・F・カールソンもその一人だ。一九三〇年代後半、彼はニューヨーク市アストリアにある、義母が所有する美容室の奥に間に合わせの実験室をこしらえた。そしてそこで、静電気を帯びた金属板から菌類の胞子をパラフィン紙に転写させることに成功した。ただ彼は、この処理の特許を取得して全米のトップ企業二〇社に売りこんだものの、すべて断られてしまった。

カールソンのアイデアを発展させたのは、ニューヨーク州ロチェスターの小さな写真製品メーカー、ハロイドだ。一九四七年、同社はカールソンの技術に、年間利益一〇万一〇〇〇ドルの四分の一を投じた。そして一九五九年、その発明を実用化した最初の製品、ゼロックス914を発表した。二年後、年間収入は六〇〇〇万ドルを超えた。それからさらに四年後、ゼロックスは五億ドル企業に成長していた。*9

あるいは、ジョーゼフ・マクビッカーとその叔父ノアのような人たちもいる。一九五六年、彼らは壁紙のクリーナーにするつもりで、柔らかい塑性《そせい》配合物を発明したが、ある日、幼稚園の先生だったジョーゼフの妹が、これを園児には扱いにくかった粘土のかわりに使った。それがきっかけとなり、ふたりはレインボウ・クラフツ・カンパニーを設立し、同じものを玩具として製造して成功した。その後、ハズブロがレインボウ・クラフツを買収し、現在までに二〇億個以上のカラー粘土、プレイ・ドーを販売している。いまやそのにおいは世界でもっとも嗅ぎ分けやすい五つのにおいのひとつに挙げられ、史上有数の成功をおさめた玩具として知られる。[10]

しかし、WHATの革新の時代は終わった。もしマクビッカー家の人たちが今、プレイ・ドーを思いついたとしたら、誰かがそれを中国に運び、一週間で逆行分析《リバースエンジニアリング》をして、何分の一かの値段で世界中に流通させるだろう。ゼロックス機も、ほんの数か月で同じ運命に見舞われるかもしれない。

コモディティ化が進む世界で、よりよい製品を発明するのはむずかしい。だが、それが現実だ。スターバックスが新たなコーヒーの飲み方を広めれば、そこらじゅうのダイナーや安手の飲食店で同じようなものを出すようになる。デルが安価なパソコンを製造すれば、ヒューレット・パッカード（HP）もまもなく同じことをする。ジョンソン&ジョンソンがタイレノールの中身を保護する方法を見つければ、あらゆる鎮痛剤の瓶にすぐさま同じような異物混入防止装置がつけられる。[11]

WHATの革新は、どんどん困難になっている。パイオニアになるには相当な運と資金が必要だし、うまくいったとしても、誰かに六年ではなく六か月でリバースエンジニアリングをされる可能性がある。そうなったら、インセンティブの多くは消え失せる。

一九九九年、リプレイTVとTiVoの二社が、同時に初の消費者向けデジタルビデオレコーダー（DVR）を発表した。この発明はテレビの楽しみ方に革命を起こし、放送業界全体のビジネスモデルを根本から覆す力を秘めていた。だが七年後の今、リプレイTVはなくなり、TiVoは小さな市場の中規模なシェアで利益をあげようともがいている。DVRは一般的なコモディティと化し、製造する会社は世界中にいくらでもある。TiVoはハードウェア（WHAT）よりも、使い方（HO

W）に重点を置く会社に転換すべく奮闘中だ。[12]

多くの企業は、もうWHATの革新をする気がない。費用がかかりすぎるからだ。彼らは「向こうが発明するのを待って、真似をすればいい」と言う。ゼネラル・エレクトリック（GE）の元CEOジャック・ウェルチは、このゲームはイノベーターに報いる構造になっていないと主張した。[13] 実際、WHATのために経路保護《パス・プロテクション》を築くのはきわめてむずかしい。世界中で多くの人がくり返し著作権を侵害し、数多くの国が所有権や知的所有権を無視している。多くの文化には「知的所有権」に該当する言葉すらない。ウェルチはWHATを保護しようとしても無駄だと確信し、GEのビジネスモデルや戦略の多くの詳細を、年次報告書で公表した。GEのWHATを公開したといっていい。

「われわれはジャックに、なぜうちのビジネスモデルを明かして秘伝のソースを分けあたえるのかと訊きにいった」。かつてGEで最高人材育成責任者（CLO）兼リーダーシップ開発担当副社長を務めた私の友人スティーブ・カーは、当時の様子を教えてくれた。ゴールドマン・サックスでもCLOを務め、『GE式ワークアウト』（日経BP社）の共著者でもあるスティーブは、ニューヨーク州クロトンビルにある、かの有名なGEのリーダーシップ開発センターの長として、リーダーシップのアプローチ法を開発した人物でもある。企業経営におけるソートリーダーと認められて久しい。そのスティーブが、当時を思い出して言った。「彼は、こう答えた。『内容《ホワット》に秘密はない。秘密はやり方《ハウ》にある。うちのモデルを知ることはできても、実行することはできない。われわれのHOWを真似するのは無理なのだよ[14]』」

ウェルチの言うとおりだった。一九八〇年代初頭、アメリカの企業はこぞってHOWの革新に着手した。その際、集中的に取り組まれたのがプロセス管理だった。私はこれを「WHATのHOW」と呼んでいる。総合品質管理（TQM）、シックス・シグマ、ジャストインタイム（JIT）生産方式、カイゼン、企業資源計画（ERP）、顧客関係管理（CRM）、人事情報システム（HRIS）、プロセス・リエンジニアリング、ZD（無欠点）運動、サプライチェーン・マネジメント、カスタマーサービス、安全管理、BPO（ビジネス・プロセス・アウトソーシング）……今、ビジネスの習慣を支配しているのは、プロセスの文化だ。そのねらいは、製品開発プロセスのあらゆる段階で非効率を減らし、収益性を向上させることにある。

ビジネス界も、ウェルチが見たものをはっきり認識したのだ。一〇〇人にひとりいる天才は癌の治療法を発明するかもしれないが、ほかの九九パーセントの人はHOWこそが勝利の決め手になる。プロセスは、収益をあげるうえで目標に劣らず重要になった。

ところが困ったことに、誰もがプロセスに熟達するという事態が生じた。どの企業もプロセス向上の限界に達し、製品やサービスに続いてプロセスとパフォーマンスもコモディティ化してしまった。ことによると収穫逓減［訳注：資本・労働の増加が一定限度を超えると生産性が大幅に下がること］の段階に達したのかもしれない（ペンシルベニア大学ウォートン・スクールのメアリ・J・ベナー教授が行なった二〇年にわたる研究によれば、プロセス管理はもはやブームと化し、イノベーションを抑圧するおそれすらある。つまり、ますますその場しのぎの搾取に走り、大胆なイノベーションは生まれにくくなるということだ）。[*15]

それでも心配はいらない。今なおコモディティ化されていない、いや、コモディティ化ができないものがある。人間の行動だ。あなたは行動で勝利することができる。地球規模のネットワークが広がるなかで、手を差し伸べ、より多くの人を鼓舞できたら、あなたは勝利できる。同僚たちとより一層の熱意をもって協力できたら、勝利できる。ライバルは一〇回のうち八回しか約束を守らないのに、あなたが約束の九九パーセントを守り、よりよい顧客経験価値《カスタマーエクスペリエンス》を届けたら、勝利するのはあなただ。「どのようにやるか」には無限の違いがある。幅広い違いが存在するところにはチャンスが眠っている。人間の行動が織りなすタペストリーは、じつに多様で、じつに豊かで、じつにグローバルで、そこには絶好のチャンスがある。行動で競争相手に勝る機会が生まれるのだ。

過去数年間のビジネス界に生じた行動を思い出してほしい。就職情報サイトのモンスターの創設者が経歴を粉飾するなど、誰が想像できただろう？　セキュリティシステム会社のタイコの元執行役員が、株式公開企業を個人的な貯金箱がわりにし、よりによってウォッカを放尿する小便小僧の氷像の代金にあてるなどと誰が想像できただろう？[*16]　その一方では、プロローグで紹介したＵＰＳの配達ドライバー、アンヘル・サモラのような人もいる。彼は特別な計らいで、大事な荷物だけでなくすばらしい体験も運んでくれた。

同じく、サウスウェスト航空のパイロットたちも注目に値する。先日、空路でアリゾナ州フェニックスのクライアントを訪ねたときのこと。搭乗時間には操縦士がゲートに姿を見せ、チケットを受け取る地上スタッフを手伝い、着陸後には、副操縦士が母子のためにベビーカーを持ってタラップ上に現れた。パイロットの契約書に、搭乗時に手伝いをすべしと書いてあるはずがない。サウスウェスト航空のパイロット組合が、「従業員でいつづけるには、搭乗手続きを手伝い、ベビーカーを運ばなければならない」などという規則を設けているとも考えられない。契約書や規則より大きな何かが、サウスウェストの従業員をつき動かしているのだ。

すぐれた製品やすぐれたビジネスモデルは、今だって必要だ。すぐれたＷＨＡＴがなければ、成功することも、繁栄することも、ナンバーワンになることもできない。だが、それはゲームにとどまる必要条件にすぎない。繁栄するには、もっとほかのものが必要なのだ。

「何かにゼロを掛けたらゼロになる」とスティーブ・カーは言った。「無用なことは、じつにエレガントな方法でこなしても、無益という点では大事なことを効率悪くやるのと変わらない。それでもHOWを重視するのは、今、それが欠けているからだ。HOWは、私たちを別の場所に連れていってくれる」。プロバスケットボールのスターであるスティーブは私に、HOWが常にWHATより重要なわけではないことを伝えた。私たちが暮らすのはA×Bの世界であり、HOWはかけ算の因数だ。だがHOWを駆使すれば、努力の成果は大きくなる。[*17]

今日の世界は、広大な情報ネットワークを原動力にして私たちをつなぎ、隠れていた姿を明らかにする。新しい世界のやり方を私たちはまだ理解しはじめたばかりだが、違いを生み出すのはもはやWHATではなくHOWだということははっきりしている。

すべてのチームが勝てるわけではない。どの従業員も役員になれるわけではない。生き残ることさえできないものも数多くいる。あるものは続き、あるものは終わり、あるものは他者を業績で負かす。そのような状況下で、最先端の企業は、よりよい製品以上に、よりよい経験を顧客に提供することに力を入れている。競合他社に行動で勝ることで差別化する。企業／顧客／取引先との関係でも、従業員／上司／チームの関係でも同じだ。行動で勝る——ポイントはここだ。

人間の行動は、私たちが何ごとかを行ない、自己実現を追求するという点で昔から重要だった。だが、いまや新たな意味で重要になった。二〇〇五年、メリアム-ウェブスターは、世界に名をはせる同社の辞書サイトで、参照回数が最多だった単語は「integrity（完全性、誠実）」であると発表した。[*18]

新たなネットワークは、ケタはずれのイノベーションを可能にする。ただしそれができるのは、ネットワークの活用法やほかの人々とウェーブを起こす方法がわかる者だけだ。

第 II 部

思考のHOW

百里を行く者は九十を半ばとす

法科大学院の学生だったころ、アラン・ダーショビィッツ、スティーブン・J・グールド、ロバート・ノージックの三人が、ハーバードの学部生を対象に「思考を思考する」という講座を開いていた。科学、哲学、法学を組みあわせた学際的なクラスで、当時の大きな問題、麻薬、堕胎、安楽死、銃規制などを論じるものだった。私はその教員助手を務めたことがあるが、学期末に試験の採点をしていて、ある傾向に気づいた。それは、成績と知識への旅をめぐる興味深いパラドックスだった。

成績がAの学生は、素材を習得し、それを合成・統合して自分のものにしていた。彼らはじっくり考え、テキストを離れて反論を組み立て、自分の言葉で素材を理解し、それを活用する。自分が学んだことに責任を持ち、それを発展させ、異議を唱え、新しい革新的な見解を生み出す。教室の外で考える、といってもいい。つまり、彼らは能力を開発した。テキストや講義から得た情報をもとに、それがこの世界でどう機能するかを見極めることで能力を増幅させていた。講義を受けるだけではなく、ときには教える側にもなった。気づくと私のほうが刺激を受けていた。彼らはまさしくA評定にふさわしい。

BやBプラスの学生は、素材の扱いがうまい。彼らは新学期のスタートとともに知の旅を始め、理解という山を登っていく。すべてのテキストを読み、熱心に学び、その成果を期末試験ではっきり披露してみせた。彼らはあらゆる旅人と同じように、知識への坂をこつこつ登る。学期末には基本的な理解と基礎知識を示し、大きなまちがいも混乱もほとんどなく、学んだことを確実に振り返ることができた。

だが、私がもっとも目を引いたのはCの学生だった。彼らのなかには当然、及第点をとる

図1　知識の山のパラドックス

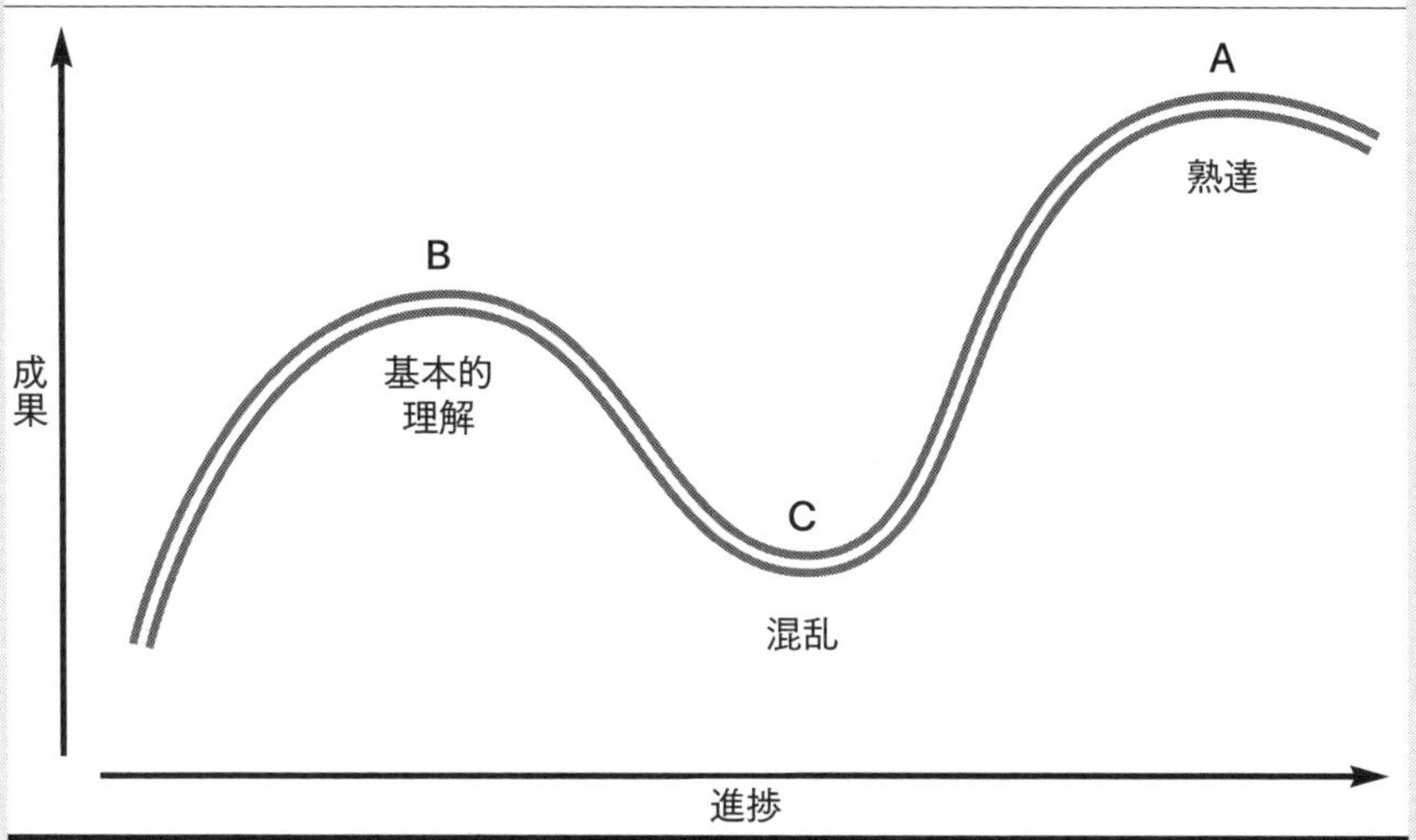

ために必要最低限のことしかしない怠け者もいたが、意外にも、Aの学生とまったく同じように努力した者が相当数いた。彼らもまた、すべてのテキストを読み、素材をしっかり理解する。そしてAの学生と同じように、才気のきらめきを見せ、理解のレベルアップを試みることも多かった。ところが、それをひとつの見解にまとめ、自分の考えを表明する段になると、混乱の深い谷にはまり、脱け出そうともがくことになる。一歩踏みこんで深い知識を得ようとしているのに、あと少しのところでつかみそこねるか、ずるずるとすべり落ちるかして、自分の考えをはっきり筋道立てて説明することができないのだ。

これをグラフにすると、図1のようになった。

ここには、Cの学生が実際にはBの学生より先に進んでいるというパラドックスがある。Cの学生はより長い距離を踏破し、Bの学生が到達した基本的な理解という最初のピークも通りすぎていた。Aの学生と同じ力を発揮することはできないが、Bの学生よりもAに近づき、知の旅ではBより先行している。評価としては、「混乱（confusion）」を表すCをつけるしかなかったが、彼らを見ると、知識の道というものがよくわかった。

Bの山にとどまるのはたやすい。ひとつ登りきった手ごたえがあるし、眼下の見晴らしもよい。多少の休憩は当然と思うだろう。安心感もある。この最初の山の上にいるかぎり、状況ははっきりしている。それなりの努力と成果は示したし、さほど危険に身をさらさずにすんでいる。ただし、Bは勝者にあたえられる評価ではない。ほかの学生が続けてAに挑むなか、Bにとどまれば後れをとることになる。

Bは停滞を表す。成功とは言うまでもなく、たゆまず前進する先にある。本物の理解を手に入れるには、Cの深い谷でもがくことが必要だ。そこを切り抜けなければ、第二の、もっと高いピークにたどり着けない。たとえば（多くの人がビジネス書でやっているように）本書を飛ばし読みして、「すぐれたビジネスにはHOWの革新が必要だ」とか「やるべきことをどのようにやるかが、長期的成功のカギを握る」とか「二一世紀の勝者は行動でライバルに勝る者だ」などと上っ面を理解したところで、それは基礎知識を得たにすぎない。

よく言われるように、知識には翼がない。ピークからピークへ飛び移ることはできないのだ。HOWの世界を本当に理解するには、悪戦苦闘しながら、複雑さや不確かさ、新しいものの見方を身につける覚悟をしなくてはならない。

前進しつづけるには勇気が必要だが、混乱の谷へ下りてそこにあるものと格闘するのは、

図2　WHATとHOWはどう違うか

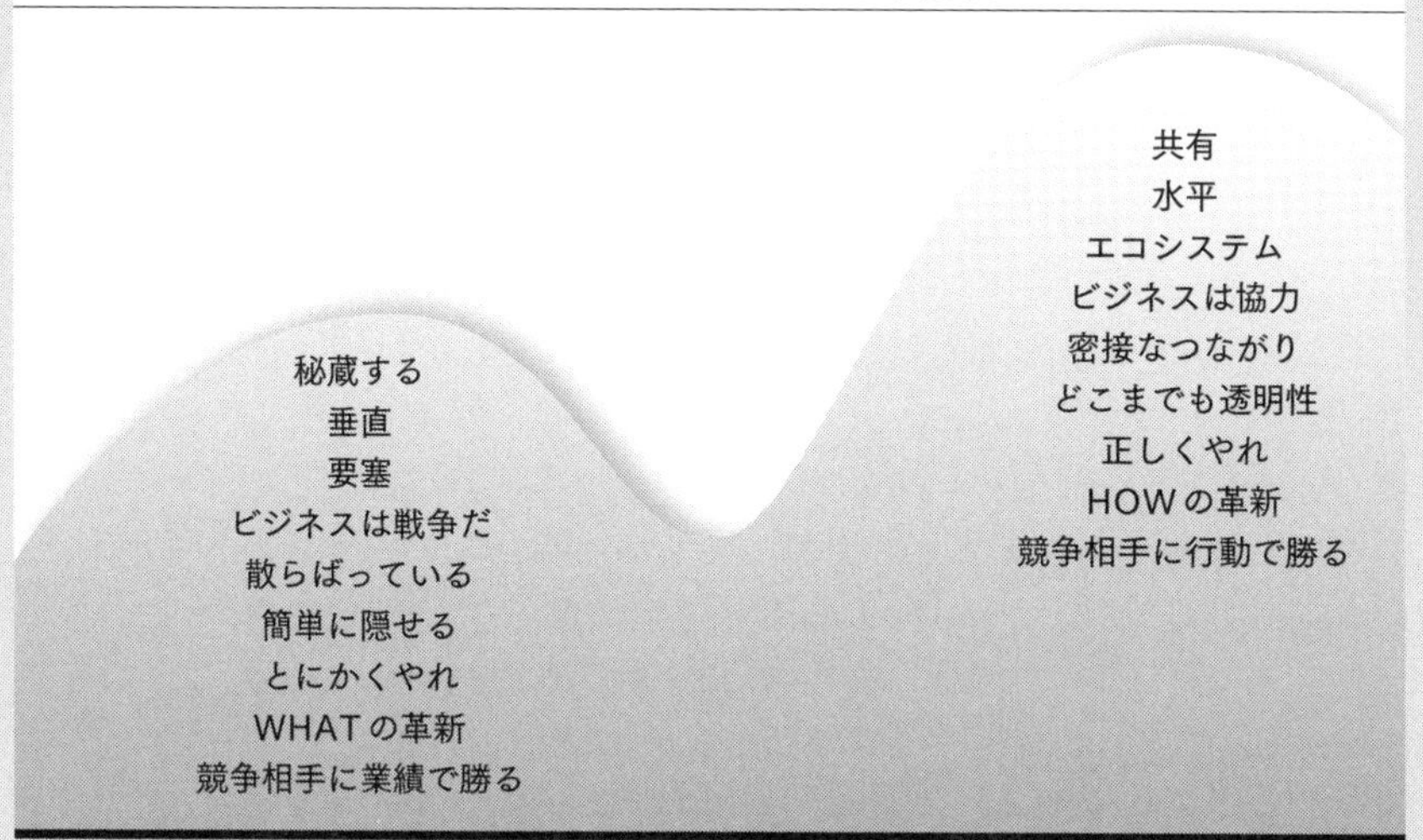

もっと勇気がいる。気づくとCの谷にいたが、なぜ自分が混乱しているのかはわからない。このあと、闘いつづける者もいれば、やる気を失ってあきらめる者もいる。意識しようがしまいが、何かを本当に身につけた人は、その過程で必ず何らかの格闘を経ているものだ。

この本を読み進めるあなたも、Bの山からAの山へ行くには、勇気や粘り強さ、EQ（心の知能指数）が求められる。そこに苦闘と混乱があるからこそ、視界が開けたとき、知識は深いものになるのだ。

混乱の谷でひとつだけ困るのは、脱出できないときがあることだ。禅の大家である鈴木大拙《だいせつ》はこう言った。「何かで秀でたいと心から願うなら、技巧的な知識だけでは足りない。技巧を超えて初めて、無意識に巧を生み出す〝巧まざる巧〟に到る」[*1]

HOWの世界が秘める力は、何かを支配

する力ではなく、シナプスやネットワークを通り抜ける力だ。つなげる力であって、動かす力ではない。その力を手にするまでは、老子が言ったように「千里の道も一歩から」[*2]だ。変化や進歩、個人の成長には「旅」が欠かせない。

本書を通じて私は、「旅」という言葉を意識的に使っている。旅は結果《プロダクト》ではなく過程《プロセス》に、WHATではなくHOWに、行き先ではなく道筋に目を向けさせる。旅には紆余曲折がつきものだ。山あり谷ありで、上りでは下り以上に頑張らなければならない。この考えをより理解するために、図2を見てほしい。ここには、1〜3章までの事柄が簡単にまとめてある。到達しやすい、もしくは広く知られている知識や行動はBの山に、ここまでに述べた新しい考え方はAの山にある。

過去一〇年間に社会やビジネスに起きた変化によって、今、人間の行動のHOWはどんどん重要になっている。第Ⅱ部では、あなたがHOWを理解して自在に操り、すべての活動で機能させるための旅を用意した。

4章 人間は「助けあう」動物だった

いかなる問題も、起こったときと同じ考え方をしていては解決できない。
——アルバート・アインシュタイン

映画『キャスト・アウェイ』で、トム・ハンクスが演じるフェデックスの従業員チャック・ノーランドは、自社の貨物機に同乗して墜落事故に巻きこまれ、四年にわたって無人島に置き去りにされた。[*1] 彼はそのあいだ、自らの機転と島にあるもの、そして墜落後に浜に打ち上げられたフェデックスの荷物だけを頼りに生きのびる。どういう映画かと訊かれたら、たいていの人は、生き残りをかけた人間のけなげな努力や、婚約者にもう一度会いたいという気持ちに突き動かされた愛の力にふれるだろう。

だが私が興味をそそられたのは、ふたつのシーンだった。そこで、脚本を手がけたウィリアム・ブロイルズ・ジュニアにeメールを送り、その真意を尋ねてみることにした。

私が最初に心を打たれたのは、ノーランドが、同じく墜落して生き延びたぶよぶよのバレーボールとのあいだに友情を育む場面だった。彼はボールを、そのメーカーにちなんでウィルソンと名づけた。このシーンについてブロイルズは、ロケの下見でひとりコルテス海(カリフォルニア湾)の浜辺にいたとき、浜に打ちあげられたバレーボールを見つけ、そこから思いついたのだと返信してくれた。「あそこで私は、われわれはそれくらい社会的な生き物だということを描きたかった。それくらい、ほかの人間との精神的なつながりを求めている、と。バレーボールを人に見立てたのは、ひとりぼっちはつらすぎるからにほかなりません」[*2]。無人島では、もはや道徳にも価値観にもしばられる必要はない。どう生きのびるかはまったく自由だ。ブロイルズはこの架空の友人を創作することで、人間には今の自分を超えるようとする何か、他人のためになろうとする何かがあることを表現したのだった。

私に強く訴えかけたもうひとつのシーンは、エンディング近く、四年後にノーランドが墜落事故を生きのびた荷物のひとつを配達するところだ。彼はその荷物に「私の命はこの荷物に救われました」という手紙を添える。ブロイルズは、「あれは、それまでの彼の人生を物語る重要な場面です」と言った。「無人島に行くまで、彼は世界を〝つなぐ〟人物、世界を機能させる人物、荷物を人から人に届けるという約束をひたすら守る人物でした。墜落事故によって、この〝つなぐ〟男は、長らく世界とつながることができなくなりましたが、ああやって荷物を届け、責務を果たし、約束を守れたことで、再び世界の一部としての自分を取り戻したのです」

試練を乗り越えるために生きる目的を必要としていた彼は、自分が単に荷物を運ぶ人間ではないと気づいた。そうではない、自分は約束を守る人間なのだと。私にとって『キャスト・アウェイ』は、人との約束を守ることを描いた映画だ。互いにつながり、人の役に立ち、そのことで互いに自分ひとりよりも大きな存在になりたいという、人間の自然な欲求を満たす様を描いた映画だ。

それにしても、私たちがそのように行動するのは、人類が長い歴史で学んだからなのか？　それとも、私たちはもともと他者とつながりを持つようにできている生物なのか？

スタジアムの観衆や国際的なサプライチェーンの協力関係を語るのに、シナプスの話を持ち出してきたのは、単に比喩のためだけではない。脳はふだんから休みなく膨大な量の情報を処理する。脳神経は、私たちが知る何よりも複雑な生体内ネットワークだ。学者や科学者たちはすでに、脳の働きを調べる技術の進歩を、政治や経済、その他社会学的な活動に応用している。研究によると、どうやら人間は生来、成果を挙げて繁栄するための行動を好む生物学的傾向があるらしい。*3 脳のネットワークとビジネスの世界のネットワークは、想像以上に共通点が多いのだ。

脳の働きは、人間がどう考え、どう行動するかを理解するうえでの要《かなめ》である。最近の研究では、弱点の克服より、得意なことに磨きをかけるのにエネルギーを注いだほうが成果が大きいということもわかってきた。ということは、脳の生物学的な傾向を理解して、そこに力を注げば、いちばん効果があがるはずだ。

学習ではなく、本能で「助ける」

スーパーマーケットで買い物をしていたあなたが、どのスープ缶を買うかを思案していたら、小柄な男性がいちばん上の棚から缶を取ろうとしているところに出くわしたとしよう。その男性は、うっかりミネストローネの缶をいくつか倒してしまった。缶はさらに落ちそうだ。彼は必死に落ちてくる缶を押さえようとする。それを見たあなたは、とっさに手を伸ばして上の棚の缶を押さえ、狼狽《ろうばい》している男性を尻目に、床に落ちた缶も拾った。その瞬間あなたは、ごく自然に人を助けたことになる。

人はふだん、たとえ見返りがなくても助けあっている。見ず知らずの人にも、知りあいと同じように手を差し伸べる行動（「利他的援助」と呼ばれる）は、ほかの大半の動物と人間を分かつ特徴のひとつだ。利他的援助には、やや複雑な認知能力が求められる。具体的には、他者の行動を見て意図をくみ取り、その意図の達成に必要なことを推測し、本人にやり遂げる力があるかどうかを評価し、こちらの援助を受け入れる意思があるかどうかを見極め、見返りがなくても介入するかどうかを決断しなければならない。

精神科医たちは長年にわたり、利他的援助は社会的に誘発されると信じていた。親を手本として人間の社会を観察するうち、少しずつ身につく行動だと考えていたのだ。というのも、利他的援助には、推論、統語処理、共感、意思決定能力など、幼いころから何年もかけて獲得する能力が必要に思えたからだ。

ところが最近、マックス・プランク進化人類学研究所のフェリクス・バルネケンとマイケル・トマセロの実験によって、真実が明らかにされた。人間の子どもは、一歳半という早い時期（前言語段階もしくは初期言語段階の、普通は複雑な認知能力を持たない時期）から、面識のない大人に進んで手を貸すというのだ。しかも驚くべきことに、子どもたちは、相手に助けが必要かどうかをちゃんと判断しているらしい。[*4]

実験によると、子どもたちは見知らぬ人が手に届かないものを取るのを手伝ったが、その人がわざと落としたときは手を貸さなかった。人が本を積んでいて、まだ終わっていないように見えるときは手伝った。両手がふさがった状態で戸棚を開けようとしてうまくいかない人を見ると、戸を開けてあげた。箱のなかに物を落とした人がいると、わざと落としたと思えないかぎり、その人のために取り出してあげた。言葉がわずかにわかりはじめたにすぎない子どもたちにも、助けを必要としている人と、そうでない人の違いがわかったということだ。

バルネケンとトマセロは、こう結論づけた。「相手が見ず知らずの人間であっても、褒美をもらえなくても、人が問題を解決するのを手伝う習性は、ごく幼い子どもに自然にそなわっている」。この見解は、「人間は社会から抑制されないかぎり利己的な行動に走る」という誤まった通念を否定する。自分さえよければ他人はどうでもいいという強欲さは、道義だけでなく自然の摂理にも反しているのだ。

見た目が重要である理由

一九六〇年九月二六日、全米の七〇〇〇万人が、リチャード・M・ニクソンとジョン・F・ケネディの大統領候補者討論会を視聴した。その後四回行なわれた、いわゆる「大討論《グレート・ディベート》」の第一回め、初のテレビ討論だった。[*5] この日初めて国民は、候補者のやりとりを目にした。さらに数百万人がラジオ中継に耳を傾けた。

スタジオに現れたニクソンは、膝の手術で前月のほとんどを病院ですごしていたせいか、やせて青白い顔をし、サイズの合わないシャツを着ていた。彼は、メイクをして血色をよく見せることも、夜になって目立ちはじめたひげを隠すことも拒んだ。一方、直前の数週間、カリフォルニア州で遊説していたケネディ上院議員は、日に焼けて溌剌《はつらつ》とし、申し分のない仕立ての服に身を包んでいた。

討論会のあとには世論調査が行なわれた。ラジオを聴いた人々はニクソンの圧勝だと断言したが、テレビを観た人は別の結論に達した。ケネディにカリスマ性と落ち着いた話しぶりを見てとったのに対して、現職の副大統領ニクソンには、ケネディの活力と魅力に不安を感じているという印象を強くいだいたのだ。テレビ派はケネディ支持にまわった。

当時ニューヨーク・ヘラルド・トリビューン紙のワシントン支局長だったアール・マッツォは、視聴者の心を動かしたのは、話の中身よりも候補者の見た目であると分析した。[*6] マッツォによると、ニクソンが勝った西部でこの討論会をラジオで聴いたのは成人の九パーセントに達していたが、ニクソンが敗れた東部でラジオで聴いた人は、二パーセント前後にとどまっていた。

他人を助ける、あるいは彼らに票を投じるには、近づいたら痛い目に遭うかもしれないという生物学的な恐怖を克服する必要がある。言い換えれば、相手を信頼しなければならない。生後まもない乳幼児が母親と強く結びついているのはご存じのとおりだが、見ず知らずの他人の場合、人はどのようにしてその人を信用し、手助けするすべを身につけるのだろうか?

その解明に乗り出したのが、ユストゥス・リービヒ大学精神医学・心理療法センターのペーター・キルシュ、クリスティーネ・エスリンガーら、認知神経科学グループのメンバーだ。彼らは、成人の被験者にさまざまな白人男性の無表情の顔写真を見せ、「信頼できる」顔と「信頼できない」顔に分類させながら、彼らの脳を機能的磁気共鳴画像装置（ｆＭＲＩ）でスキャンした。その結果、「信頼できない」と感じる顔を見ているときは、脳の扁桃体が活性化することがわかった。[*7] 大脳辺縁系の一部である扁桃体は、側頭葉の内側深部にあるアーモンド形をした神経細胞群で、情動、意欲《モチベーション》、そして記憶と情動の関連づけを担っている。私たちが恐れを感じることができるのも扁桃体のおかげだ（たとえば、義父が不意に夕食にやってくると、扁桃体は脳幹に恐怖の信号を送る。その結果、オフィスに残してきた書類を今すぐ取りに戻らなければならないことを、都合よく思い出す)。

人間の顔は新生児が最初に注意を引かれるもののひとつであることからしても、顔には生存に関わる進化論的な根拠があるらしい。つまり、第一印象はやはり大事なのだ。人間には、他者を信頼するか否かを瞬時に判断する生物学的な回路が組みこまれている。だから私たちはつい、ニクソンとケネディの討論会を観た七〇〇〇万人と同じように、見た目で判断してしまう。

「信頼ゲーム」でわかったこと

現代科学では、信頼を引き起しているのは、オキシトシンというホルモンだとわかっている。「絆ホルモン」とも呼ばれるこの物質は、九個のアミノ酸からなるペプチド鎖(ノナペプチド)で、脳下垂体から分泌される。セックスでオーガズムに達した男女や、分娩中や授乳中の母親の脳内に放出されることで有名だ。

神経細胞《ニューロン》間のシナプスがオキシトシンに満たされると、人は幸福感にあふれる。すると、このつかの間の至福(三〜五分しか続かない)が、扁桃体と脳幹上部との接続を抑制する。つまり、恐れを克服する。

このことは、キルシュとエスリンガーが実証している。彼らは被験者をふたつのグループに分け、双方に恐ろしげな顔と恐ろしげな状況の写真を見せながら、脳の反応をｆＭＲＩで画像化した。このとき、片方のグループには、鼻腔からオキシトシンをスプレーし(オキシトシンは合成できる)、もう片方のグループには何もしなかった。すると、予想にたがわず、何もしなかったグループは怖がったが、オキシトシンを投与したグループは怖がらなかった。

オキシトシンは、分泌されても脳全体には作用しない。関係するのは脳内の記憶を担う領域や、呼吸、消化、心拍といった不随意機能を制御する領域だ。驚くべきことに、オキシトシンが分泌されると、これらの領域は、注意や周辺環境のエラーを識別する領域と強くつながり、意思決定を担う領域にメッセージを送る。オキシトシンは、無意識の意思決定に影響をあたえているのだ。

競争の厳しい国際ビジネスの世界では、自己利益を追求することで収益や規模が最大化されるという考えを前提にすることが多い。古いことわざによると、「ビジネスは戦争」であり、強い者が生き残り、弱い者は脱落する。多くの人は『キャスト・アウェイ』のトム・ハンクスのように無人島に取り残されたら、本能に回帰して自分のことを第一に考えると思っている。それが人間の本性で、他者と協調するのは、単に社会の状況から求められてのことなのだと。だが、この説は正しくない。

前述したように、人間は精神的発達のごく初期の段階で、他者とつながって手助けをする能力や欲求をしっかり身につける。たとえ、そこに大きなリスクがあったとしても、見返りがなかったとしてもだ。しかも、それを可能とするために、人間には未知のものに対する動物的な警戒心を克服するというすばらしい生物学的機能がそなわっている。

クレアモント大学院大学経済学部長で、ロマ・リンダ大学医学部神経学科の非常勤教授でもあるポール・ザックは、最大の利益は自己利益の追求から生まれる、という定説の真偽に決着をつけるためにある実験を行なった。ザックは神経経済学研究センターの創設者で、神経経済学という新たな学問分野の第一人者である。神経経済学とは、神経科学、内分泌学、心理学、経済理論、実験経済学を総動員して、経済的な意思決定についての理解を深めることをめざす学問だ。

この実験は、ジョイス・バーグ、ジョン・ディックハウト、ケビン・マケイブによって一九九五年に開発された「信頼ゲーム」理論をもとに実施された。[*8] 信頼ゲームはつぎのように進められる。ふたりの被験者を無作為に抽出し、互いの顔が見えないように別の部屋のコンピューターの前に座らせる。つぎに、それぞれに参加資金として一〇ドルが支払われる。最初の意思決定者（DM1）は、パートナー（DM2）に一〇ドルのなかからいくらでも送金していいが、その額はDM2の口座に入ると三倍になる、と告げられる。DM1が四ドル送ったら、DM2は一二ドル受け取るということだ。DM2は、受け取った金額のなかからいくらでもDM1に返していい。まったく返さなくてもいい。要は、DM1が送る額でDM2に対する信頼度がわかり、DM2が返す額でDM2がどのくらい信頼できるかがわかるというわけだ。

あなたは、この信頼ゲームで両者が最大の利益を得る方法がおわかりだろうか？　当時の経済学で主流だった考え方は、ジョン・ナッシュの研究に由来するものだった。著名な数学者であるナッシュの半生は、ラッセル・クロウが主演してアカデミー賞を受賞した映画『ビューティフル・マインド』（原作はシルビア・ナサーによる伝記）にも描かれている。[*9]

彼の有名な公式である「ナッシュ均衡」は、自己利益だけを追求する世界で最大の利益を達成するための、正しい行動を数学的に表したものだ。[*10] この公式をザックのゲームにあてはめると、各被験者が自己利益だけを追求した場合、どちらも相手に送金しないことになる。DM1が送金しないのは匿名のパートナーから返金があると信じる理由がなく、もし返金されなければ犠牲を払うはめになるからだ。DM2が返金しないのは、返金しても得るものはないからだ。

ザックはこの実験を、米国と発展途上国の双方で何度となく実施した。場合によっては、設定金額を被験者の月収に近い額にした。金額の持つ意味が、結果に響かないようにするためだ。結果はどうだったか？　なんとDM1の七五パーセントが未知のパートナーに資金の一部を送り、DM2はそれ以上の割合でいくらかを返金したという。[*11]にわかには信じがたい結果について、ザックは「信頼ゲームは社会的交流の一種なのです」と説明した。「ナッシュ均衡はこの点を考慮していない」。続いて彼は、ナッシュが社会的ひきこもりを引き起こす神経精神疾患に苦しんでいたことにふれた。多かれ少なかれ、ナッシュの経済理論はその病の影響を受けているとザックは考えている。「製品AとBのいずれかを買う理由は、価格だけではありません。社会的、人間的な理由が少なからずからんでくる。ナッシュはそうした要素を計算に入れずに公式をつくったのです[*12]」

ザックの理論によると、私たちが他人を信頼するのは、そうすることで社会的な愛着を育むしくみが活性化されるからだということになる。信頼することが正しい行為に思えるからだ、と言ってもいい。他者を信頼するか否かは、何をすべきかという直感に突き動かされて導かれている。どんな行動が自分に最大の利益をもたらすかを考えた結果ではない。ザックはこの仮説をさらに掘り下げるために、信頼ゲームを終えた被験者の血液を検査し、驚くべき事実を発見した。DM1から受け取った金額が大きくなるにつれ、DM2のオキシトシン値が上昇し、DM1への返金額が大きくなっていたのだ。これは、あなたが誰かを信頼すると、相手の脳でオキシトシの分泌が促され、あなたを信頼するようになることを示している。

このように、自分がされたことを相手にもすることで助けあうのは人間の本能であり、その働きによって、信頼が信頼を生む（ちなみに、この実験では富の共有をまったく行なわなかった人がおよそ二パーセントいたが、その数字は人口に含まれる反社会性人格の割合とおおむね一致するという[*13]）。

もうひとつのポイントは、オキシトシンが脳の記憶をつかさどる領域に直接作用するということだ。人はときに、無意識のうちに信頼を示す行為をするが、脳はその行為を記憶している。ザックはこれらの事実から、長期にわたって信頼行動を何度もくり返せば、強化が可能だと推論した。

これを現代のビジネスの現場にあてはめるとどうなるか？　ザックの実験のように、「資源の支配権を他者に譲る」といった具体的かつ意図的な行為の場合、相手を信頼すれば利益を生む可能性があることは、双方が認識できるはずだ。こちらが信頼を示せば、相手の脳で快感ホルモンが生成され、相手も信頼を返してくれる。すると、こちらも意識的であれ無意識であれ相手の信頼に気づき、似たような生物学的反応を示す。恐怖が払拭され、協調が生まれて、相互補強の上昇スパイラルが育まれるのだ。

もうひとつの進化論

私たちは当然のように進化論における「適者生存」の考え方を信じている。だが、人類にあてはめた場合、適者とは誰を指すのか？　もっとも強い者だろうか？　一般に、初期の人類が獣の皮をまとって歩き、洞穴で暮らしていた時代は、もっとも体格のいい人々がもっとも小柄な人々を支配していたとされている。体格がよければ、より多くの食物が手に入り、繁殖するうえでも有利だったという考えだ。だが、最新の社会人類学によって、これが誤りである可能性が出てきた。

現代人が腕力と道具だけの存在でないとすれば、進化の途上で、ほかの特質が選択されてきたのではないか？　人類最大の強みが、筋肉の大きさではなく、一見、不合理な、つながりや協力を取り入れる姿勢、同じ考え方の者どうしで社会をかたちづくる能力だったとしたら？　すでに見てきたように、人間にはそうした行動をとろうとする生物学的傾向があり、それを進化させてきたことがわかっている。他人とネットワークを築き、協力していこうとする傾向は、遺伝と環境双方の賜物だ。

では、人間を集団として結びつけるものは何なのか？　社会や組織のメンバー間のシナプスは、主に共通の信念や価値観で結びついている。「いっしょに狩りに行けば、食物がもっと手に入る」という単純なものもあれば、「何があってもお互いを大切にする」といった、より根本的なものもあるだろう。

価値観は、語彙《ごい》と同じように周囲の人たちを手本として習得されていく。たとえば子どもは、自分が属する社会の価値観を、その社会で使われる言語を習得するのと同じやり方で身につけていく。フランスの子どもがフランス語を学び、サウジアラビアの子どもがアラビア語を学ぶように。価値観の形成にもっとも強い影響をあたえるのは文化だ。ある文化で義務とされる行動も、別の文化では禁止され、さらに別の文化ではどちらでもいいとされたりする。何が重要で、何がさほど重要でないかといった価値の序列に強く影響するのは、それぞれの社会だ。2章でとりあげた交通事故をめぐる研究では、米国の文化も韓国の文化も法を尊重し、友人への義務という価値観を重んじていた。だが、優先順位は社会によって違いがあった。同じように、ある社会では非難されないことでも、他の社会では非難されることがある。

その一方、価値観には、社会や文化を超えて共有されるものもある。たとえば、人類学者のジョセフ・シェファーがイスラエルの生活共同体、キブツで育った人々を調査している。キブツの子どもたちは一日の大半をグループですごすが、シェファーは、子どものころいっしょに育てられた仲間には、たとえ血縁がなくても性的関心を持ちにくい傾向があることを発見した。[*14] 長期にわたる集団生活は、生殖への生物学的衝動を妨げるというのだ。

シェファーの調査は、一九世紀にこの傾向を近親相姦を回避するメカニズムととらえたエドワード・ウェスターマークの仮説の裏づけにもなった。原始の人間社会では、子どものころに知りあう人物は近親者である可能性が高かった。そのため生殖のパートナーの最有力候補にはならなかった。つまり、近親相姦に対する文化的嫌悪感には、身体的な根拠がある。

とすると、価値観のなかには文化から習得されるだけではなく、進化によって人間の生体機能として植えつけられたものもあると考えるのが妥当だろう。*The Evolution of Morality*（『道徳性の進化』）の著者、オーストラリア国立大学のリチャード・ジョイス博士は、これを「適応残存」と呼んでいる。[*15] ジョイスが非凡な思索家であることは、本人と話をすればすぐにわかる。

彼の研究は、進化人類学と道徳哲学を組みあわせ、組織やネットワークにおける人間のあり方に影響をあたえる新たなモデルを提供する。ジョイスは「〝道徳的思考〟（価値観に基づいて社会的行動を考える能力）は、歴史上のどの文化にも見られ、『ギルガメッシュ叙事詩』や古代エジプトの書物にまでさかのぼる」と語っている。[*16] そして、こう続ける。「人間には、生物として、価値観に基づいた思考を求める傾向があるのだろうか？　それとも、社会的存在として暮らすのに欠かせない道徳性を自然に生み出すくらい、賢明で合理的な生き物なのだろうか？」

結局、彼の結論は「道徳的思考は人類最古の祖先に起源があり、自然淘汰を経て生物としての基本構造の一部になった」だった。

ジョイスはまた、価値観に基づいた行動が人類の進化にもたらした利益には、「集団利益型」と「個人利益型」のふたつがあると説明する。

　集団利益型とは何か。石器時代の穴居人《けっきょじん》である私たちの祖先（「ウーク」と呼ぶことにしよう）は、部族の仲間とともに価値観に基づいて協力しあう社会をつくることで、隣の部族より効率よく機能していたとされる。農耕、狩猟、防衛、避難のいずれにもすぐれていたため、彼らの部族は発展した。一方、丘をふたつ、洞穴を三つ隔てて暮らす隣の部族は、価値観というもの自体がなく、それゆえまとまりを欠き、協調、信頼、共有といったことが苦手だった。やがて、その部族は飢餓や無防備さなどが原因で滅びた。円滑に機能する社会を築けなかったからだ。

　ただし、この〝適者集団生存〟のシナリオには、ひとつ疑問が残る。道徳的思考が生来のものでないとすれば、彼らはいかにして道徳的に考える集団になれたのか？

　この点についてジョイスは、「道徳的にふるまい、道徳的に考えることで個人に利益が生じた」と解説する。つまり、ウークは利他的な、自己を犠牲にした行動（共有、協調、他者への支援）によって信頼を示した。そのことで、ザックの研究で見たように、部族の仲間たちから同じように信頼を返された。ウークは収穫を共有し、避難所を共有し、互いに見張り番をして報酬を手にし、そうした一連の行動の結果、生殖についても部族のほかのメンバーより優位になった。彼は子どもをたくさんもうけて、その文化全体に遺伝子を行きわたらせた。こうして、道徳的に思考できるメンバーが増えた。そして、彼らの子孫たる人間は、価値観に基づいて行動し協力するようになったというわけだ。

　もちろん、ウークの価値観を伝達したのは遺伝子だけではない。社会のリーダーとして、ウークは仲間と語らい、仲間から観察され、仲間に影響をあたえた。友人のヌークとトゥークも、ウークが豊かな生活を築いていくのを目の当たりにした。ウークには潤沢な食べ物と暖かい洞穴のねぐらがあって、女性たちにも恵まれている。彼の日ごろの行ないに目を向ける賢さがある者は、それを見習ったことだろう。価値観に基づく思考は、互いに対話をし、さまざまな考えを共有し、行動に影響をあたえあうことでも育まれる。

かくしてヌークとトゥークは道徳性を身につけ、彼らの子孫も同じことをした。この部族は丘をふたつ隔てた部族よりも大きく、優秀になったが、それは彼らが強いからではなく、協力することに長けていたからだ。初期のヒトが道徳性を獲得したのち、子をたくさんもうけるようになった経緯はさまざまだろうが、ジョイスは、価値観が進化したのは、それが生殖上有利だったからにちがいないと見ている。

この理論で興味深いのは、適者生存の概念を逆手にとっているところだ。おそらく、ウークはその岩山の穴居人のなかで最強だったわけでも、いちばん足が速かったわけでもない。だが、他者との協調性や、仲間を鼓舞して自分と同じことをさせる能力で人気者になったのだろう。「人のいい穴居人はモテる」といった具合に。そして、ウークの子孫が増えれば増えるほど、彼の遺伝子とともに価値観に基づいて考える傾向が受け継がれていった。遺伝に関しては善人《ナイスガイ》が勝ったということだ。

さて、ここでひとつ飛躍してみよう。価値観に基づいて考えるという人間の生来の傾向は、そのまま理想的な資本主義的企業というアダム・スミスのビジョン、相互の利益に基礎を置く自由で公正な市場システムの発達に直結するのではないか。

こじつけだって？　まあ考えてほしい。スミスが『国富論』で資本主義と自由市場という概念を生み出して以来、彼の理論は多くの人に誤用や誤解をされ、「ビジネスは戦争だ」「自由放任《レッセフェール》資本主義」といった主張の正当化に使われてきた。そして、スミスのビジョンの核心にあった相互利益という重要な思想は、往々にして見すごされてきた。だが、スミスが本当に伝えたかった思想の基礎をなすのは、「物／金／労働は、ほかの物／金／労働に交換可能で、その交換から双方が利益を得ることができる」という考え方であり、この取引は倫理観なしに成立しない。もしも双方が、自分は何も差し出さずに相手のものをもらうことばかり考えていたら交換はできない。

何かを自分や自分たちのものとみなすと、人は所有権を意識するようになる。もしあなたが何かを手に入れるかつくるかしたら、ほかの人はあなたが所有者であることを尊重しなければならない。だが、所有からは義務や禁止事項も生じる。市場を成立させるには、取引をする双方が、これらを理解していなければ互いに利益は生まれない、と了解していることが前提となる。もし協力と一定の価値観に基づく思考が首尾よく受け継がれてこなかったら、市場を基盤とした経済が誕生することも、発展することもなかっただろう。

「信念」の不思議

脳のパズルを解くためにふれておくべき最後のピース、それは信念だ。信念は人間の知性のなかでもきわめて特殊な位置を占めている。客観的な証拠がなくても存在し、事実と真っ向から矛盾することも少なくない。人は誰しも何らかの信念を持っているが、宗教の教義、文化的な神話、さらには物語として伝えられる歴史でさえ、実際には何の根拠もない伝説や信念を維持させ、広めることがたびたびだ。なかには信念にすがる者もいる。たとえば、地球は平らだと信じる人は、勉強して地球が球体であることを知ってもなお、平らだと信じつづける。自分は空を飛ぶソリになど乗ったこともないのに、子どもにはサンタクロースの存在を信じさせようとする親も多い。

人間らしさといわれるものの多くは、人が、事実に基づく知識と同時に信念も持つところからきている。世の中には、サンタクロースからプレゼントをもらえるかどうかは信じる力しだいだ、と考える人や、幽霊や霊魂を本気で信じるあまり、否定的な証拠がいくつあっても目も向けなくなる人が大勢いる。信念はときに、事実を打ち負かしたり、否定したりする。人の信念に疑問や反論を唱えるつもりはない。ただ、「信じる」と「知る」では定義も違えば、使われる脳の領域も違うと理解することは大切だ。

信念は、私たちの思考や情報処理の過程に、制御できない強力な作用をおよぼすことがある。これを明快に示すのが、いわゆる偽薬効果《プラシーボ》だ。カリフォルニア大学ロサンゼルス校では、かつてこれに関する実験が行なわれた。被験者をふたつのグループに分け、双方に抗鬱剤を投与すると説明し、一方に抗鬱剤を、もう一方にプラシーボをあたえたところ、プラシーボを飲ませたグループにも本物の薬をあたえたグループと同じ生理学的な反応が見られた。[*17] 薬剤もプラシーボも脳の特定領域に作用するのだろうが、薬剤の作用が直接的なのに対して、プラシーボの効果は通常、信念が単独で引き起こす。信念は、まるで事実であるかのように脳を活性化させるのだ。

ミシガン大学で実施された別の実験では、科学者が健康な若者の顎《あご》に大量の食塩水を注射して、圧迫感による痛みが脳にどう表れるかを陽子放出型断層撮影法（ＰＥＴ）で追跡した。ただし、一部の被験者には、鎮痛剤を投与していると告げて、実際にはプラシーボを投与した。一般に、鎮痛剤はエンドルフィンの効果を真似たり、エンドルフィンの放出を引き起こすことで痛みを抑えるが、プラシーボを投与された被験者も、鎮痛剤だと信じたことでエンドルフィンの放出が促進され、痛みが緩和された[*18]。

こうした結果は、期待が担う重要な役割を示した先行研究を裏づける。期待には、経験を左右する力がある。そして、信念には情報の理解の仕方を変える力がある。ときには無意識のうちに――。

クリスマス・イブにリビングでプレゼントを包む両親の姿を見てしまった子どもは、サンタさんの話を信じつづけるために、突拍子もないつくり話をこしらえる。しかも、それをおかしいとも思わない。同じように、人はみな利己心から行動していると信じる冷笑家は、ほぼすべてのことに――利他的援助にさえ――私利私欲の物語を見つけようとし、自分の信念が引き起こしていることにはなかなか気づかない。子どもの場合は、たわいないいっときの夢の話だが、冷笑家の場合は成功に必要な能力にダメージをあたえる。

ここでもう一度、ポール・ザックの信頼ゲームに戻ろう。じつは、この実験ではもうひとつ興味深い発見があった。他者に信用を示した者は、示さなかった者より多く稼いでいたのだ。送金したDM1が稼いだ金額は平均一四ドル、返金したDM2が稼いだ金額は平均一七ドルだった（送金がまったく行なわれなかった場合、双方が持ち帰る金額は一〇ドルのままになる）。

つまり、資金を増やす真実にして唯一の方法は、リスクを冒してそれを手放すことだった。ザックのゲームでは、金銭が信頼の比喩《メタファー》として機能している。最終的にこのゲームから得られるメッセージは、「人間性の正しいモデル（人は基本的に善良で信頼できる）を保持していれば、より信頼を深め、もっと稼ぐことができる」である。

そして、ここで信念が関係してくる。人間はおおむね善良で信頼できるとあなたが信じているなら、人はそれを感じとる（キルシュとエスリンガーが示したように、人間はその能力に長けているか

人間は「助けあう」動物だった

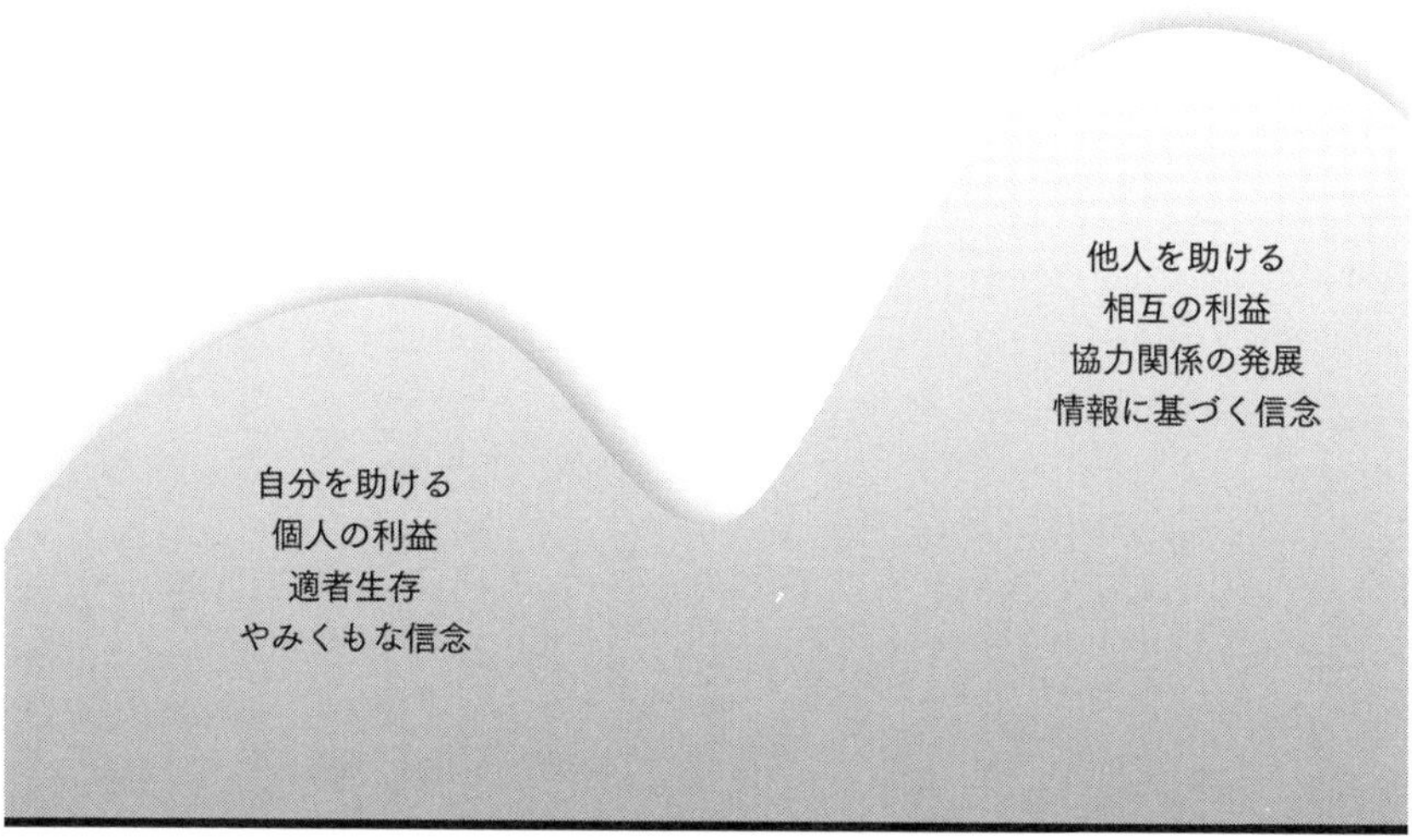

らだ）。そして、すんなり信頼を返してくる。信頼への「信念」が信頼関係の生まれる条件を整え、その結果、利益を生み出すのだ。

ただし、前述したように、信念は一方で視界を妨げることもある。信念と知覚はつながっている。Aの山を登って新たな理解へと旅するには、信念がはらむを途方もない力を、よい面も悪い面も理解しなくてはならない。

進化は人類に複雑な脳と、一群のペプチドと、ホルモンを提供してきた。それらがシンフォニーのように調和し、作用して、人類の種の生存を保証してきた。そして現在、私たちの生存を促進しているのは、大昔のように、鼓動が激しくなる、胃が締めつけられる、顔がほてるといった、恐怖を感じさせる反応ではない。むしろ、私たちは互いに満足をおぼえることによって、より生存しやすくなっている。

利他的援助、信頼、相互利益、価値観に基づいた思考、信念――人と人をシナプスでつなぐこうした行動や態度は、人間のＤＮＡにある程度組みこまれている。ということは、これらに注意を集中させれば、生物学的な強みを活かすことにもなる。それはまた、もっとも抵抗の少ない道でもある。ある理論家はこれを「自然に沸き出ることをする」と表現した。前言語段階の子どもが他者を助けるように、私たちは自然に、本能的に、無意識のまま仲間のためになることを探している。その事実に目覚めることは、ＨＯＷの探求にもつながる。

結局のところ、私が『キャスト・アウェイ』に深く感銘を受けた理由もここにある。トム・ハンクス扮する主人公は孤独であっても、他者とのつながりを大切にし、約束を守る男だった。約束を守り、他者とつながりを持つことで、人生には意味が生まれる。私たち自身、そのことは実感しているはずだ。

ほとんどの人は人生に意味を求めている。だからＨＯＷを正し、まわりの人とよりよいシナプスを築くすべを身につけずにはいられないのだ。

5章　「やってもいい」から「やるべき」へ

権利《ライト》があることと、正しい《ライト》ことはちがうのです。
——ポッター・スチュワート
（連邦最高裁判所判事）

みんな納税の季節が大好きだ。愛する人々とともに席につき、社会に対する財政的責任の大きさを知る、年に一度の特別な季節。世界中の人が楽しい納税パーティを開き、公正な、誉れある社会に資金面で貢献できることを祝う。ごちそうをつくり、ワインの栓を抜き、すばらしき社会への感謝をこめて陽気に踊り明かす……。

そんなはずはない。

私はアメリカ合衆国に税金を納めている。米国内国歳入庁（ＩＲＳ）の推定によると、米国の納税者は毎年、納税申告書の作成に平均四五時間を費やしている。だが、そこにお祝いの時間はまず含まれていないはずだ。[*1] むしろ一時間に一度はぶつぶつ言わずにいられない。不愉快なことかもしれないが、しばし思い起こしてほしい。あなたは領収書を一枚ずつ検討していく。これは控除の対象になるだろうか？　申告すべきか？　無視してもいいか？　得になるよう数字を少し変えたらどうなる？　数字をいじりながら、あなたは監査が入る可能性と、ささやかなごまかしがもたらす利益のあいだで静かに格闘していないだろうか？　見つかりはしないかと怯えるストレスが、金銭に換算できないコストを増やしていないだろうか？　配偶者やパートナーと口論したり、税務署への支払いに費やした、つまり手元に残せなかった金額にストレスを感じたことはないだろうか？　面倒くさいという理由で税金の申告準備を先延ばしにした時間はどれくらいになるだろう？　しかも、そうやって何もせずにいるあいだも、いつも心のどこかで気にしているのではないか？

このとき、もしも収入の多い少ないにかかわらず、所得税率二〇パーセントの一律課税で一括払いしかできないとしたら、毎年、納税の義務を果たすたびに費やされる思考、体力、時間はどれくらいですむだろう。私の推測？　約三〇分だ。この節約ぶんを国家の生産力に換算すると？　数十億ドルになる。しかも、一律課税の提唱者が強く主張する論拠によれば、節約されるのは申告にかかる物理的な時間だけではない。注意力や集中力を奪う精神的葛藤も和らげられる。

もちろん、ことはそう単純ではない。税法のような規則は、社会の要望の代理として機能している。所得が増えるにつれて税率が上昇する累進課税は、公平な富の再分配と、最貧困層に対する富裕層の責任という考え方を成文化したものだ。「公正さ」という理想の法制化と言ってもいい。仮に税法の目的が有用性と経済性、法の守りやすさだけにあるとしたら、一律課税以外の税法は無駄で無意味に思える。だがここに、社会の要望を代理しているという役割を加味すると、問題ははるかに複雑になる。

国家のように大規模で多様な集団の全体に、公正さや敬意といった価値観を浸透させるのは容易ではない。ただ、ほとんどの人は、公正さが万人の利益になると認めるだろう。そこで立法機関は、できるだけ公正さを繁栄させようと、ややこしくて非効率的な規則をつくりだす。

その結果、税制には、どの立場から見てもどこかしら公正を欠くというパラドックスが生じる。法人税の抜け道は個人よりも権力者に大きな恩恵をもたらし、住宅ローン金利の控除は労働者階級より中産階級にとって有利になり、勤労所得控除は中小企業より貧困層の肩をもつ……。ある集団にとって公正な税法上の線引きはどれも、別の集団にとってはそのぶん公正さを欠くことになるのだ。ときには、業務に必要な小型トラックやSUVを購入する中小企業に減税措置をあたえる規則が、はからずも個人的な楽しみのために燃費の悪いハマーを買う大金持ちを優遇することにもなる。[*2]

そもそも、他者とつながりたいという願望や、価値観に基づいて考えることと違って、私たちの脳には「規則を求める」ことは組みこまれていない。規則は生物学的ではなく、社会的な現象だ。

私たちは子どものころから、規則に囲まれて成長する。子どもは、「ストーブにさわってはいけません」とか、「通りに飛び出してはいけません」といった、両親が定めたルールをほとんど頭から信じこむ。そして、少し大きくなると「ごっこ遊び」にルールが登場する。最初のうち、それらは完全に利己的なものだ。「じゃあ、ぼくにタッチしたらいけないってルールにしよう!」。だがそのうち、友達も規則を押しつけられるのは好きじゃないと気づき、仲良くやっていくために、規則は中立なものになっていく。「フェアプレー」を学ぶのだ。

さらに時が流れると、人は規則に従って遊ぶことに楽しみややりがいを見出しはじめる。チェッカーがおもしろいのは、局面ごとに動かせる駒が限定されるからだ。トランプのルールはさらに複雑だし、チェスや囲碁のルールにいたっては無限に近い複雑さが加わる。スポーツにもルールはつきものだ。

文明そのものも、同じような道筋をたどって発展していった。私たち人間はまず、小さな部族を形成したが、部族が拡大して相互関係が複雑になると、互いを導き、監督し、ときに支配するための規則がつくられるようになった。そして、指導者集団によってつくられ、市民社会の骨格とみなされた規則は、法律として成文化された。

今日にいたるまで、規則は私たちをさまざまなやり方で律し、数多くの分野で役に立っている。だが、HOWの世界で成功する考え方を身につけるためには、規則の持つ意味をさらに深く理解しなければならない。

なぜ規則が存在するのか

人間はなぜ、規則をつくるのだろう？　規則があれば効率的だから。ことに現代社会は、効率を基礎として築きあげられたからなおさらだ。たとえば、たいていの民主主義社会では、年齢を基準として選挙権があたえられる。米国では一八歳、日本では二〇歳、二一歳の国もある[*3]（二一歳で選挙権があたえられるのは、久しく忘れられていた封建時代の風習――イングランドで騎士に任命される年齢に由来する）。

だが、人間の知性や成熟度、市民としての使命感など、投票資格としてふさわしいであろう資質は、かならずしも年齢と一致しない。最大多数の最大幸福をめざすなら、社会にとって最善の選挙結果を得たいなら、市民としての責任を果たせる成熟した人にのみ投票を認めたほうがいい。ところが私たちは、知性や市民としての自覚のかわりに、客観的で数量化しやすい年齢という代理基準を採用し、この恣《し》意的な指標のなかに、すぐれた政体をもたらす投票者が含まれることを期待する。

実際には、すぐれた政体とはどういうものか見当もつかない二五歳の投票者が大勢いる一方、市民としての強い責任感をいだいている一五歳も大勢いる。本来の資質ではなく代理を頼りとすることで、私たちは選挙権をあたえるべきでない多くの人を受け入れ、選挙権をあたえるべき多くの人を排除している。選挙年齢のような規則は、どうしても、適用範囲が広すぎたり狭すぎたりしてしまう。

資格のある者だけが投票すれば、選挙はずっと充実するが、市民としての自覚や成熟度といった資格の判定は、はるかに煩雑《はんざつ》で膨大な時間がかかる。主観的になるのは言うまでもない。これに対して、一八歳以上は投票できるという規則なら、管理は比較的簡単だ。年齢と市民であることを確かめて有権者登録をし、有権者は登録証を投票所に持参し、票を投じる。この方法なら、全国一斉選挙も一日で完了する。

ただし、効率がよいとされる規則に基づく統治システムにも、重大な落とし穴がある。それは、規則がもっとも効率のいい、あるいは効果的な解決法ではない場合でも、規則に頼ってしまいがちになることだ。

もうひとつの問題は、規則のつくられ方が、能率的でもシステマティックでもないことだ。国や自治体の規則は、政治的要求に影響されやすい代議士の集団によってつくられる。軍隊や企業の規則は、権力を握っている人間や権力をふるいたがる人間によってつくられる。保守派論者のウィリアム・F・バックリーはかつて、ハーバード大学の教授たちに統治されるくらいなら、ボストンの電話帳に載っている最初の二〇〇〇人に統治されたほうがましだと言った。ハーバードの人々は相当頭が切れる人たちなのに、だ。[*4] 人はよかれと思って規則をつくるが、多くの場合、その規則は集団の目標に合致しない行動の対抗策としてつくられる。状況が変わって抜け道が発覚するたびに、規則が改訂されるのもそのためだ。

一九九一年、米国連邦議会は企業の善良な行動を奨励する目的から、連邦量刑ガイドラインを発布した。[*5] その結果、議会で多数の措置やプログラムが提示され、それを採用した企業は、違法行為で有罪となった場合でも、量刑が軽減されることになった。企業はそれに応え、善良な行動をするかわり(代理)として、莫大な金額を法令遵守プログラム《コンプライアンス》に投入した。

だが、この「アメとムチ」方式は問題を退治できなかった。ガイドラインから逸脱した企業には厳罰があたえられ、遵守した企業には多くの報奨があたえられたが、コンプライアンスの大幅な向上はいまだ実現していない。莫大な額が投資されるコンプライアンス・プログラムが増えている一方で、法を犯す企業も増えているのだ。二〇〇三年、これらのプログラムを調査した特別諮問委員会は、連邦量刑委員会に「有効なコンプライアンスは達成されていない」と報告した。

その後、連邦議会は二〇〇二年にも、相次ぐ企業の不祥事を受けて急遽、企業の行為を管理する新たな規則、サーベンス・オクスリー法(通称SOX法)を定めた。これによって、違法行為に対する量刑のガイドラインが改められ、企業は前回と同じように、今度もすぐに大金を投じ、新しい規則をいかにして遵守するかを検討した。[*6]

同じ現象を、もう少し小さな例で考えてみよう。あなたの職場の社員食堂に、マネジャーが三つの貼り紙をしたとする。ひとつは「電子レンジを使ったあとはきれいに拭いてください」。もうひとつは、「テーブルの上に足をのせないでください」。そして三つめは、「ほかの人のものを食べないでください」。じつのところ、食堂のマネジャーが必死になって印刷して貼り出すこうしたルールや無数の注意事項はすべて、「敬意」という価値観を成文化しているにすぎない。規則をつくる人たちの大半は、「共用スペースを大切にしましょう」といった共通の価値観を謳うより、こまごまとしたことの追いかけっこに時間を費やす。

口うるさい食堂のマネジャーと貼り紙。米国政府とサーベンス・オクスリー法。このふたつは、どちらも規則にまつわる真実を明らかにしている。すなわち、規則は行動に対応するのであって、行動を導くのではない。規則は人間の進歩を管理するのではなく、人間の過去を管理する。このきわめて重要な真理が、規則に対する私たちの考え方を決定づけている。この真理によると、成功するには、「規則とのダンス」を習う必要があることがわかる。

規則は破るためにある？

私は法による支配は正しいと信じているし、規則や法律は必要だとも思っている。効果的な法律があるのも確かだ。実際、法律は数量化しやすい人間の行為を規制するという役割を見事に果たしてきた。環境法、安全法、児童労働法などは、人間の行為の最低ラインを示して規制することで、まちがいなく社会に利益をもたらしている。これらの法律のおかげで、私たちはボトル入りの水を選ぶとき、毒が入っていないか気にしなくていいし、車を買うときも自然発火しないか心配しなくてすむ。

もしも、地震やハリケーンに耐えられる家に関する確かな科学があるなら、その科学を法律に成文化して、建築時に適用を義務づければ社会の利益になるだろう。うまくいく工法がひとつしかないと知りながら、建設業者に四つの選択肢をあたえるべきではない。

私はまた、人はみな規則の範囲内でまっとうに暮らす能力を身につけなければいけないと信じている。規則に精通することは、安全で、明確で、基本的なことだ。それはBの山に到達することに相当する。基礎知識の例にもれず、本物の理解に欠かせない段階だ。だが残念なことに、Bの山から脱け出せない人があまりにも多い。

法治社会に暮らす私たちは、規則に大きな安心感をいだくようになった。今では、規則への依存が問題にまでなっている。私たちはなんでも法律で解決しようとする。そして、法律で「やってもいい」ならなんでもやる。

人間は、「やってもいい」(can)のか「いけない」(can't)のかを考えるのが得意だ。規則に関する心の習慣はじつに強力で、筋肉が発達しすぎて自分のつま先にさわれないボディビルダーのようになっている。おかげで、強くても柔軟性がない。規則を尊重しすぎた私たちの行動は、法律の沼地にはまり、泥にまみれる。そしてそれが高じると、法律を守りさえすれば何をしてもいいかのように感じはじめる。一九九〇年代のマイクロソフトのように、法律の条文に背かないかぎり、競争相手をつぶしてもいいと考えるようになるのだ。

最高裁判所判事のポッター・スチュワートが暗に述べたとおり、私たちは法律上許容されれば、なんでもしていいと考えてきた。規則とのダンスは、しばしば長期的には何が正しいかを判断する感覚を失わせる。政治上の便宜とみなされた規則は、正しい針路を示す安定した指標にはならない。

海が荒れて状況が変わりやすいときはなおさらだ。マイクロソフトはこれまで、独占企業だという理由で窮地に立たされることはなかった。実際、米国には独占企業になることを禁止する法律は存在しない。マイクロソフトが強気でいることを気にする者はいなかった。強気筋《ブル》はビジネスの世界で好まれる。だが、ごろつき《ブリー》さながらのふるまいには耐えられない。マイクロソフトは事実上の独占企業という立場を利用し、公正さを欠く好戦的な行動に出て、米国司法省と欧州委員会に提訴された。*7 同社はWHATのせいで窮地に陥ったのではない。HOWに問題があったのだ。

　こんなふうに規則の限界ばかりを語っていたら、規則破りの推奨者と思われるのかもしれない。世間では、「規則は破られるためにある」としばしば唱えられるし、それは昔ながらの起業家の知恵でもある。「私は規則を信じている」と言った野球界の伝説的監督レオ・ドローチャーは、こうも言った。「それに、その規則をどこまで曲げられるか試す権利もあると信じている」*8

　規則を「よけて通る」と、私たちは制約から自由になったと感じる。だが、それは危険な幻想だ。私が規則に感じる最大の矛盾は、規則は私たちの外側に存在するという点にある。税法を自己の一部として取りこめる者は、その解釈を生業《なりわい》とする税理士にさえひとりもいない。だから、人々は厖大な時間と労力を費やして、規則を迂回する巧妙な方法や、規則の範囲内でよりよく生きる方法を探す。人はむずかしいパズルに楽しみを感じる。これからも必ず新しい抜け道を思いつくだろう。あらゆる隙間に適用できる規則などありえない。

　規則とのダンスに時間を費やせば、頭の回転の速さ、抜け目のなさ、器用さなどの筋肉がつく。だが、それは「ジャスト・ドゥ・イット」の筋肉だ。「ジャスト・ドゥ・イット」の時代はもう終わっている。規則とのダンスはまた、あなたを常に抜け道を探す法律のテクニシャンに変える。なかには、規則を破ることを創造的思考とみなす者もいるが、とんでもない。規則の抜け道ばかり考えるのは、規則に縛られるのと変わらない。どちらも窮屈だ。法律の王国に長居した者は、真に創造的な思考が開花しない。

　規則が多すぎると、何が正しいかを意識しない空気が生まれる。自分の行動をルールブックに頼っ

不正調査にからむメールのやりとり

From：ケビン・ハンセイカー
To: アンソニー・ジェンティルッチ
やあ、アンソニー。ロンは携帯と自宅の電話の記録をどうやって手に入れるんだ？　後ろ暗いところはないだろうな？

From：アンソニー・ジェンティルッチ
To：ケビン・ハンセイカー
ソーシャルエンジニアリングを使ってやる。調査員が電話して、ちょっとした手を使ってオペレーターから通話記録を入手する。オペレーターはその情報を渡すべきじゃないから、ある意味ではその人物にも責任がある。ぎりぎりのところだが、後ろ暗くはないと思う。

From：ケビン・ハンセイカー
To：アンソニー・ジェンティルッチ
訊かなければよかった。[*10]

て律するようになるからだ。それは、規則が存在しないグレーゾーンでは何をやってもいいという感覚も生む。「もしこれが問題なら、規則がつくられていたはずだ」と考えるのだ。

さらに、規則に頼りすぎると、人はついぎりぎりのところまで行きたくなる。「どこまで限界に近づけるのだろう？」と。「よし、規則の範囲を見極めて、ぎりぎりの線で踏みとどまろう」。ところが、風が吹いて状況が変わると、いつのまにかその線の向こう側にいて、大きな代償を払うはめになる。

ＨＰの会長パトリシア・ダンは、取締役に対する不正な調査をしたことを認めてスキャンダルに発展し、その後辞任した。当時のロサンゼルス・タイムズ紙は、こう報じた。「調査はＨＰの弁護団によって監督されていたため、ダンには違法行為が行なわれるのではないかという懸念すらなかった」[*9]。その一方、ＨＰの上級法律顧問で倫理担当役員のケビン・ハンセイカーと、同社のセキュリティマネジャーで、調査を請け負った私立探偵社の監督アンソニー・ジェンティルッチは、eメールで前ページにあるようなやりとりをしていた。

リーダーたるものは厳密に真実を追求しなくてはならないが、ダンと彼の仲間たちは、何が「やっていい」ことで何が「やってはいけない」ことかで頭がいっぱいで、「やるべき」(should)ことと「やるべきでない」(should not)ことを見失っていた。企業理念である「HPウェイ」、すなわち同社を築きあげ、強く独自な企業にしてきた価値観を見失っていたのだ。

人間の行為は複雑で、法律用語で表現しきれるものではない。無限の多様性と創造性が単純化を阻む。願望や意図、人と人との交流も深く関係してくる。人と人を結ぶシナプスは双方向の道であり、そこを行き来する交流はダイナミックなものだ。何かへの対抗措置としてつくられる規則は、人々のあいだで日常的に生じる、果てしない意味の置き換えや微妙な違いにはついていけない。

だが、そうであるならば、ひとつの疑問が浮かびあがってくる。めまぐるしく変化する世界で、変化を見越して人間の行動を律する方法はあるのだろうか?

民主主義? ウィンストン・チャーチルはこれを最悪の統治システムと揶揄《やゆ》したが、機能はしている。ただし、民主主義が社会契約として機能しているのは、民主主義国家の基礎が、規則ではなく共通の価値観、つまり憲法にあるからにほかならない。憲法は強力だ。何しろそこには、表現の自由、権利としての自由、公民権、公正、正義、幸福の追求、法の支配といった、統治される側の基本的価値観や道義がつまっている。基本的価値観は、新たに生じた状況に応じて解釈し、適用しなおすことができる。その文書に深みがあればあるほど、変化する時代に適用できる期間も長くなる。

長く続く成功へのカギは、規則を破ることにあるのではない。規則を超えて、価値観が秘めている

規則がはらむ問題点

●規則は外的なものである
規則は他者によってつくられる。
あたえられた規則には解くべきパズルと、抜け道が見つかる。

●規則は相反するふたつの感情を生む
私たちは規則が必要だと知っているし、人には規則に従うよう求めるが、「規則は破られるためにある」とも言う。

●規則は事後的である
規則は過去の出来事に対応する。

●規則は適用範囲が広すぎたり、狭すぎたりする
規則は代理であるため、厳密なものにはならない。

●規則を増やすことは重い負担をかけることになる
すべての規則を記憶できる者はまずいない。
規則を確かめるために中断すると、生産性が低下する。

●規則は概して禁止を意味する
規則は「やってもいい」と「やってはいけない」を扱う。
私たちは規則を限定するもの、抑制するものとみなしている。

●規則は施行されなくてはならない
規則は、緩んでくると信用と効力を失う。
規則を遵守させるには、費用のかさむ官僚的システムが必要となる。

●規則は境界や下限を扱うが、不用意に上限もつくり出す
「上限はない」という法律を制定することはできない。

●規則を尊重する方法は、厳密に従うこと以外にない
規則は強制や「アメとムチ」を扱う。
鼓舞され、何かに秀でる源は、規則以外のところにある。

●規則が多すぎると過度の依存が生じる
私たちはこう考える。「これが問題になるのなら、規則がつくられていたはずだ」

力を利用することにある。

ふたつの組織が選んだ言葉

規則に依存しすぎることの弊害を理解するには、そこで使われている言葉にも着目する必要がある。言葉は、私たちが思っている以上に人々の考え方に強い影響をおよぼすからだ。

多くの人は、言葉は思考のあとに出てくると考えている。何かが頭に浮かんだあとに言葉を探してそれを表現する、というわけだ。ところが研究によれば、事実はその逆で、言語あっての思考なのだという。それゆえ、語彙が増え、文法に習熟すればするほど、私たちの認知は洗練されて繊細になる。たとえば、物体の表面を説明する言葉を「硬い」と「柔らかい」のふたつしか知らなければ、そのうちのどちらかに分類するしかない。すると世界全体が「硬い」か「柔らかい」かになり、硬さの度合いを表す言葉（堅固な、かちかちの、こわばった、たわまない）や柔らかさのニュアンスを表す言葉（スポンジのような、ふかふかの、綿毛のような、サテンのような）は思い浮かばなくなる。

いくつもの状態や状況を思い描けるのは、それを表す言葉を知っているからだ。言語学者に言わせると、使う言語が違えば、世界観もおのずと違ってくる。この考え方を最初に提唱したのは、五世紀のインドの哲学者バルトリハリだが、その後、言語学者で人類学者のエドワード・サピアと、教え子でもある同僚のベンジャミン・ウォーフによる研究にちなんで、今ではサピア＝ウォーフの仮説と呼ばれている。[*11]

このことを、ふたつの例で考えてみよう。

ひとつめの例。一九七〇〜八〇年代にかけての冷戦時代、東ドイツのスポーツ選手はオリンピックで何個もメダルを獲得した。人口の規模からするといかにも不釣合いだったが、共産主義の崩壊とともに、その疑惑の真相がたちまち世界中に知れわたった。彼らの成功は、アナボリックステロイドと呼ばれる運動能力向上薬の強制的な投与の上に成り立っていたのだ。

こうした薬物は後年、使用を強要された選手に深刻な健康被害をもたらした。二〇〇五年には、旧東ドイツ代表としてオリンピックに出場した選手の一部が集団訴訟を起こし、進行性疾患の発症と治療費に対する賠償を請求している。[12] 東ドイツ政府はすでに存在しないため、四一〇万ドルの支払いは薬を製造したＪＶＥイエナファームに求めた。[13] イエナファームは一九世紀から続く老舗の同族会社で、現在は巨大製薬企業バイエル・シエーリング・ファーマＡＧの傘下だが、生殖医療の分野で知られ、主に経口避妊薬や閉経後ホルモン補充療法薬などを製造している。

この訴訟に対するイエナファームの態度は明快だった。同社は、問題の薬は東ドイツの共産主義的計画経済のもとで製造し、警告も選択肢もあたえず選手に配布するよう国家に強いられたものだと主張した。同様の被害に苦しむ選手はほかに一万人近くいて、判決によっては倒産のおそれもあったが、イエナファームは、「私たちのせいではない。法廷で会いましょう」と言ったわけだ。ドイツ国内の判例に照らせば、この姿勢を貫くほうが有利だった。法律的には「やってもいい」ことだと、彼らは自らに言い聞かせているように思われた。

ふたつめの例。三つの病院と医科大学、その他の医療施設から成るミシガン大学ヘルスシステム（ＵＭＨＳ）は、二〇〇一年、多数の医療過誤訴訟をかかえて財政難に陥った。過去一〇年で、医療関係の訴訟は米国全土で急増していた。治療の透明性が高まったことで、患者や利にさとい人身傷害請求専門弁護士がより詳しい情報を得られるようになったためだ。管理体制上のミスをなくそうとどんなに手を尽くしても、何割かは責任を免れえなかった。

そのことに気づいたUMHSは、その年、一部については訴訟で戦ったものの、そのほかの二六〇件以上は合計一八〇〇万ドルで和解した。*14

将来の裁判によって抱えるであろう負債の削減策を検討していた管理責任者たちは、重大な過誤によって患者が死亡したり四肢に障害が生じたりした場合は、病院側に勝ち目はほとんどないという結論に達した。一方、結果の深刻度が比較的小さい訴訟はどうか？　たとえば、てんかん患者に術後、抗痙攣《けいれん》剤を処方するのを忘れたといったケースだ。その患者が浴室で発作に襲われて頭を打ち、数針縫うようなはめになると、普通はたちまち訴訟に発展する。彼らは自問した。そういう場合、患者のために「やるべき」ことは何だろうか？

これまでどおり法廷で争うことも選択肢のひとつではある。だが、UMHSは別の道を選んだ。医師に謝罪することを奨励したのだ。彼らは、ミスを犯した場合、自ら即座に非を認める方法を医師に指南するシナリオを開発した。今では、てんかん患者への処方ミスなどが見つかると、医師はただちに謝罪する。

UMHSがこの新しい取り組みを発表したところ、方々で法的自殺行為と嘲笑された。だが、あなたにはぜひとも知っておいてもらいたい。密接につながった世界では、あなたの行動に関する情報があらゆる関係者にたちどころに知れわたる。あなたのことを見ている人たちは、あなたが何をやるかだけでなく、どのようにやるかについても評価をくだす。あなたが勝つか負けるかを、ゆっくり見物するのではない。どんな流儀で事を進めるかを見つめているのだ。仮に、イエナファームとUMHS

がともに人間で、あなたの同僚かビジネスパートナーの候補者だったらどう感じるだろう？

ここまで読んだあなたは、両者についてどんな判断をくだしただろうか。イエナファームは合理的に、法的に弁護されうる立場をとった。UMHSは過ちを犯したときに直ちに責任を認める立場をとった。ある人は「イエナファームの戦略は破産の危機を回避する妥当なものだが、UMHSはどうかしている」と考えるかもしれない。あるいは、「イエナファームは、この状況を人間味に欠ける法律上の権利に矮小化させたことで、顧客を疎外するおそれがある。それに対してUMHSは、どうすべきかを考え、患者の利益を最優先して、訴訟費用がかさむリスクは二の次にしていて評価できる」と考えるかもしれない。

二〇〇六年末、イエナファームは、被害を受けた選手数千名のうち一八四名に、ひとりあたり九二五〇ユーロ（一万二二〇〇ドル）を支払うこと、さらに旧東ドイツのドーピング被害者を支援する団体に一七万ユーロ（二二万四〇〇〇ドル）を寄付することに同意した。[*15] だが、CEOのイザベル・ローテは不正を認めず、声明のなかで「この合意によって法的な議論は長引かずにすむでしょう」と述べた。この先、イエナファームの評判や市場にどんな影響があるかはまだわからない（ちなみに、ドイツオリンピックスポーツ連盟と連邦政府は、イエナファームの声明の一週間前に、被害者一六七名にほぼ同じ金額を支払うと発表した。同連盟の会長トーマス・バッハは、ローテとはまったく異なる調子でこう言った。「われわれは道義的責任を認め、二度とこのようなことが起こらないように努めます」）。

一方のUMHSは、謝罪の方針を決定してからの三年間で、医療過誤の申し立てと訴訟の件数が半分ほどに減った。訴訟一件あたりの弁護費用も約五〇パーセントにまで減少して、数百万ドルを節約できた。ＵＭＨＳは現在、組織の目標達成に向け、価値観に基づくアプローチを採用している。彼らが定めた価値観——尊敬、思いやり、信頼、誠実、リーダーシップ——は、患者との接し方からスタッフの待遇にいたるまであらゆることに浸透し、彼らが掲げる「七つの戦略方針」でも明確に述べられている。[*16] 価値観を示す言葉を中心に据える組織が、訴訟の増加という問題に取り組むうえで自問したのは、「やってもいいことは何か？」ではなく、「われわれの価値観に基づいて、やるべきことは何か？」だった。このような考え方から、彼らは医療もまた、ビジネス上のほかの人間関係と同じで、基本的にはふたりの人間、医師と患者の交流であるとみなし、訴訟に発展した事例の「患部」を調べるようになった。

彼らはすぐに気がついた。原告の圧倒的多数は、過失そのものについてはおおむね許すことができる。医師も同じ人間なのだと。おさまらないのは、過失を否認して信頼に背いた医師への怒りだ。この場合、真の病巣は医師と患者をつなぐシナプスにある。信頼の崩壊が原因だと悟ったＵＭＨＳは、この機能不全を治療する方法を探した。治療は彼らがもっとも得意とするところだ。

この新しいアプローチは、思いがけない利益ももたらした。患者からの報復を恐れずに働けるようになったことで、医師たちは過ちを犯しても隠したりごまかしたりしなくなった。ミスの原因を突き止めて革新的な再発防止策を考案する機会も増えた。開放的になったＵＭＨＳで育まれた透明性の文化は、病院全体の過誤率を引き下げ、患者のケアの質を目に見えて向上させた。[*17]

組織はすべて、人間の集まりである。そうである以上、なんらかの方法で統治しなくてはならないが、ほとんどの統治システムは、なにがしかの規則を設けることで対処している。例によってスタジアムにたとえると、そこに入るには全員にチケットが必要で、人々は決められた番号の席につく。開始時間も決まっている。もし、なんのルールもなければ大混乱に陥るだろう。ファンはゲートに殺到して好きなところに座り、スタッフは気が向いたときだけ働きにくる。試合も行なわれないかもしれないというわけだ。

組織のなかには、具体的な行動まで予防、規定、禁止しているところもある。「終業時には作業場を掃除すること」「必ずブルーのズボンを着用のこと」。こういった行動規範は一見、社員がとるべき行動を成文化して会社の各階層に伝える、効率のいい方法に思える。その一方で、同じ行動規範でも、もっと憲法に近い、企業努力を推進する価値観や原則がつまったものもある。衣料品メーカー、リーバイ・ストラウスの行動規範には、こうある。「正直で信頼に足る人間であること。やると言ったことはやること。誠実であること。たとえ個人的なリスク、職業上のリスク、社会的なリスク、あるいは経済的な圧力に直面しても、従業員、ブランド、会社、社会全体のために正しいことを進んでやること」。[*18] こうした原則に関わる声明は一見、漠然としていて、日々の仕事に活かされるとは思えない。だが実際は、ある組織がどんな言葉を選ぶかで、集団のその後の行動は大きく変わってくる。

法律や規則の言葉は、基本的に「やってもいい」と「やってはいけない」、「正しい」と「まちがっている」のように二元的だ。ニュアンスの違いや言葉のあやが入りこむ余地はほとんどない。人間の行動の豊かさを存分に語るには不向きなのだ。私たち人間は、正しいかまちがっているかだけで分けられる存在ではない。許容と禁止（「やってもいい」か「やってはいけない」か）の言葉に縛られると、人間が持っている真の可能性について考えを広げることができなくなる。

「法廷で効果的に戦うことができる（can）だろうか？」というように、訴訟を有用性という点から論じることもできるが、それと「私たちの信念からいって、法廷で戦うべき（should）だろうか？」

というように、価値観という点から論じることとはまったく別だ。前者は規則や規範との関連から考えさせ、後者は、組織や個人の核となる価値観や長期的な成功との関連から考えさせる。「やってもいい」と「やるべき」の違いに、HOWの世界での繁栄に向かうきわめて重要な一歩がある。

真の自由は、制約のないところにあるのではない。それは、規則に基づく思考を超えたところにあるのだ。

「やるべき」の威力を自覚せよ

イエナファームとUMHSの例をとりあげたのは、両者が「やってもいい」の考え方と「やるべき」の考え方の違いを、はっきり描いているからだ。

私たちはできるだけ如才なく避けるか従うかしながら、日々を生きている。たとえば、部下が手がけた仕事のことで上司から褒められたとき、あなたは上司の言葉をさえぎって、いえ、それは部下の手柄ですと言うだろうか？　この場合、黙ってやりすごすのは、まちがいなく「やってもいい」ことだ。部下の功績だと認めるよう義務づける規則はない。それどころか、ビジネスの世界には、報告してくる部下の業績を自分の手柄にしてもいい、という暗黙のルールさえある。だから黙ってやりすごす。規則に基づく思考のもっとも狡猾《こうかつ》なケースだ。

たとえ自ら求めたのではなくても、労せずして得た手柄は正しくない——ほとんどの人はそう思うだろう。それは「やるべき」ことではない。だが、よくよく考えれば、似たようなケースが思い浮かぶのではないか。具体的な規則が存在しないか、あっても漠然としていることを理由に、規則で許容されることを行動の指針とし、自分の価値観からして「やるべき」ことを指針としなかったことはなかったか？

規則にとらわれた「やってもいい」という言葉を超え、価値観に触発された「やるべき」という言葉を採用すれば、あなたには、功績の共有といったシンプルな選択肢に加えて、UMHSの例のような真に革新的な解決策への道筋も開かれることになる。UMHSが訴訟費用の大幅な削減を達成したように、功績を共有すれば、部下から忠誠心や、より一層の献身を得ることもできる。そうなれば、次にチームの目標達成のために普段以上の努力が必要となったとき、部下たちは快く週末返上で働いてくれるだろう。HOWの世界で繁栄するには、規則に対抗できる強靭で発達した筋肉だけでは十分ではない。そこには、「やるべき」という価値観で考える知力が求められる。

規則には、人を鼓舞する要素がほとんどない。規則とは定義上、人が従うものからだ。規則を尊重するには、規則の言うとおりにするだけでいい。あとは何もいらない。規則は黙って従う文化を育む。その文化では誰もが甘んじて規則を受け入れ、規則の範囲内で暮らす方法や迂回する道を見つける。言い換えれば、規則の真ん中で暮らすか、その隙間で暮らすかしかない。

「すべてのルールを破れ」というのはひどい助言だが、昔からある正反対の助言、「ルールに従って行動せよ」も大したアドバイスではない。それは人を奴隷状態、迎合的な考え方へと追いやる。その点、価値観に基づく言葉で考えれば、規則の圧政からも、規則の隙間は自由だという幻想からも解放される。

言うまでもなく、ウェーブをつくるには、規則以上に人を鼓舞して動かす力強い原則が必要だ。「ウェーブは毎週火曜日のランチのあとに発生させること」という規則をつくったところで無駄だ。

仮にウェーブを起こせたとしても、それがいったいどんなものかは想像がつく。人は、「やるべきだ」という価値観に基づく言葉で考えてこそ、互いを鼓舞することができるのだ。

価値観は、人と人をつなぐシナプスに、より大きな意味を注入する。価値観はものごとの最低基準を設定するだけではない。推進力をもたらす。それは人が価値観を重視するからであり、「正義」「真実」「正直」「誠実」といった何より大切だと思うことにはエネルギーを注ぐ傾向があるからだ。

価値観は、「公正」「謙虚」「他者への奉仕」といった言葉も思い起こさせる。価値観にまつわる言葉が私たちを鼓舞するのは、価値観が本来、志に関わるものだからだ。価値観は、私たちをさらなる高みへ押しあげる。人は規則を信じなくても、自分の価値観は信じている。価値観は、私たちを人間たらしめているものの核心に訴えてくる。価値観は、より一層の努力を促すと同時に、努力不足に歯止めをかける。価値観に背くことは、自分自身に背くことだ。価値観は、自然に「床」（ものごとの最低基準）をつくるが、不用意に「天井」（上限）をつくることはない。

人にはみな、核となる価値観がある。それは、両親、教師、指導者、友人といった他者から影響されて少しずつ形づくられたり、人生経験を通して学んだりしたものだ。規則は、世の中の重要なことがらのおおよその目安となるしくみや装置としての役割を果たすが、価値観は、私たちと重要なことがらのあいだをとりもったりはしない。それは、私たちと重要なことがらとを直接つなぐ。

価値観は人間の強みを活かしてくれる。価値観という視点から行動すれば、その行動により大きな意味をあたえられる。同じ日当のふたりの石工のうち、より豊かなのは、煉瓦積み職人として雇われて管理される石工だろうか、それとも大聖堂建築の一員として、進んで働く石工だろうか？

規則との関係を再考することが、かつてないほど重要になっている理由はいくつもある。第一に、二一世紀のビジネスでは、何にも増して創造性と革新性が求められるからだ。規則に基づいた考え方から自由になることは、新しい探求の道筋や可能性を切り開くことを意味する。もっと重要なのは、透明性に満ちたガラス張りの世界では、結果だけでなくＨＯＷ、すなわち問題をいかに解決するかというプロセスも判断の基準にされるからだ。競争相手とその予備軍がひしめく世界では、何をどうやるかこそが、他者と差別化する大きな要素になる。

食料品店はよりどりみどりで、どの店もよそに負けない価格で勝負している。「食料品店シンドローム」に苦しまずにすむビジネスは、もはやない。価格に差がないとしたら、つぎに店を選択する決め手となるのは、顧客経験価値《カスタマー・エクスペリエンス》、つまり、その店での人間的な交流の質である。私たちは気持ちのいい店、品物が見やすくて買い求めやすい店、従業員の対応がいい店で買い物をしたい。そうした体験を提供し、競争相手に行動で勝る方法は？　「やるべき」の言葉で考えることだ。

あなたの不安に答える

価値観をベースとした言葉で考えるようになると、成長や活動の可能性が大きく切り開かれる。だが、なかにはそこに危険を感じる人もいるかもしれない。もしも、あなたが企業の経営幹部なら、従業員の指揮や統治を規則ベースから価値観ベースへ移行すると、統制が失われるのではないかと不安になるのではないか？

規則による統治は、階層の下の人々へは権力がそれほど委譲されない。だから上層部は、従業員の行動を制御しやすいと信じる。要塞資本主義や封建主義の時代から続く思考習慣だ。だが、より成功をもたらすのは、価値観に基づく指揮のほうだ。世界にまたがり、組織内では水平の交流がますます盛んになっている二一世紀型ビジネスにふさわしい価値観に基づく思考は、最初のうちこそ危険に思えるかもしれないが、最終的には企業により大きな力をもたらす。価値観に基づく思考によって、すべての個人が無条件に、組織の利益にかなう行動を自由にとれるようになる。

以前、ボーイングの社長兼CEOだったハリー・C・ストーンサイファーが、社内不倫を理由に取締役会から辞任を勧告されたことがある。あのときボーイングは、対応策として行動規範を修正し、従業員間のある種の関係を禁止、もしくは制限してもよかった。だが、彼らがとったのははるかに興味深い行動だった。ボーイングの筆頭取締役で、非常勤の会長でもあったルイス・プラットはこう断言した。「取締役会の結論は、この一件がハリーの判断力に悪影響をおよぼし、会社を率いる力を弱めかねないというものでした……CEOは仕事だけでなく、プライベートでも非の打ちどころのない行動をとって当然です。取締役会は状況を鑑《かんが》みて、妥当かつ必要な決定を下せたものと確信しています。私たちは懸命に名誉の回復に努めております。不適切な行為が認められた場合、断固とした措置がとられることは、全従業員が理解していなければなりません」[*19]

つまりボーイングは、この会社の人間は規則よりはるかに強力な基準である「世評」に応えて行動しなければならない、というメッセージを発したのだ。自社によい評判をもたらすことも仕事の一部であり、誠実さはボーイングの核心にあること、そしてこれを忘れると最高幹部さえ職を失うことになる——従業員たちはすべてを即座に理解した。ボーイングは規則のかわりに自社の価値観を称えることで、従業員との連帯を強めた。同社では、どの従業員もこの考え方を自分の内面に取りこまなくてはならない。そうすることで会社の求めにより積極的に関わり、会社の目標に常に照準をあわせて

「やってもいい」から「やるべき」へ

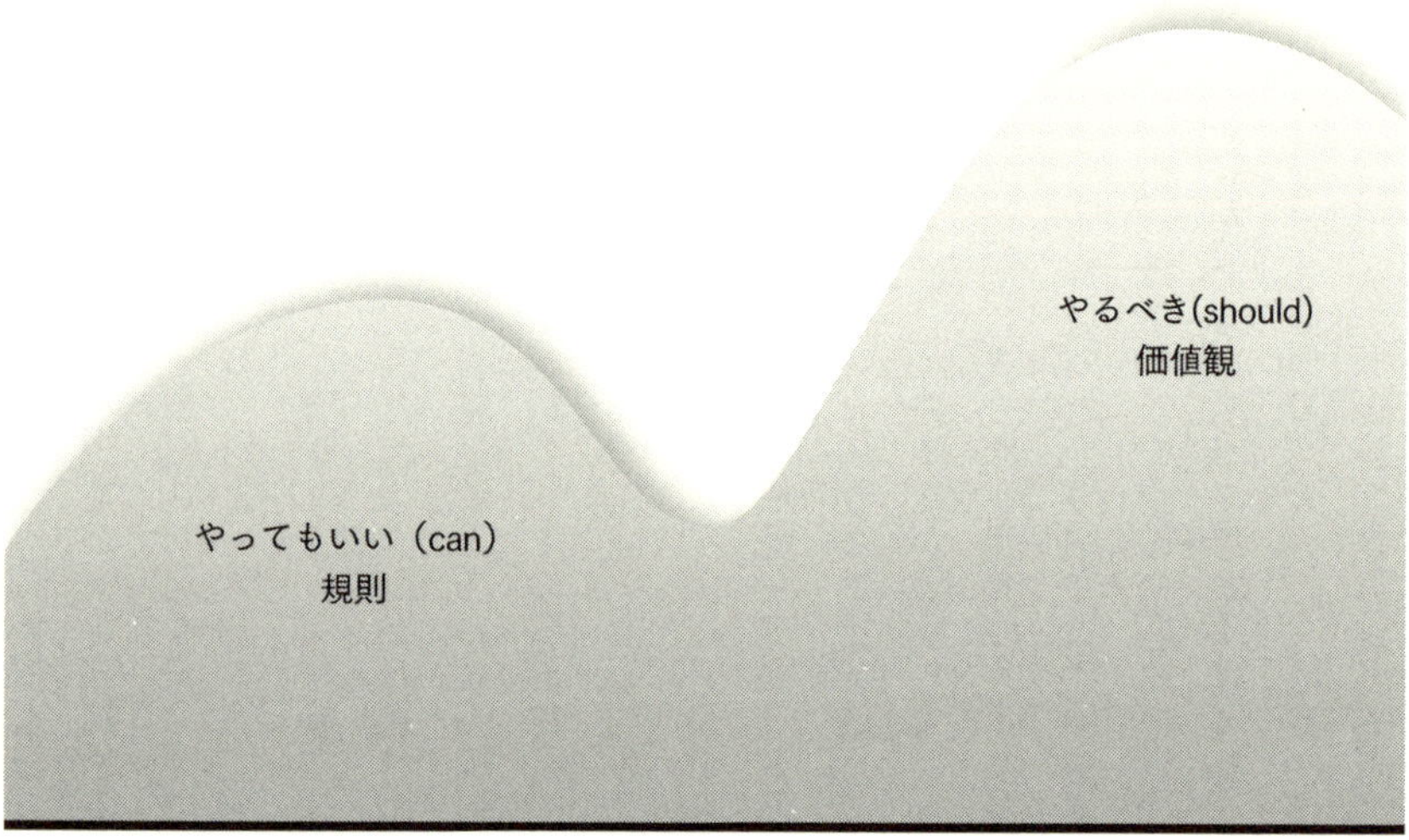

いる。価値観は一見、規則より間接的に思えるが、じつは、こちらのほうがずっと強力なのだ。

巨大ファストフードチェーンであるマクドナルドでも、さほどスキルを必要としない接客スタッフにまで、自社の価値観が浸透している。「マクドナルドでの体験はすべて、カウンターやドライブスルーでの、あの三〇秒の交流に凝縮されているのです」。イリノイ州オークブルックにあるマクドナルド本社で、CEOのジム・スキナーはそう言った。

実際、彼はそれを経験して今がある。マクドナルドで働きはじめたのは一九七一年、当時はイリノイ州カーペンターズビルの店長見習いだった。「従業員と顧客の関係を発展させるのは、おそらくもっともむずかしい仕事でしょう。マクドナルドでは、一一九か国で数十万人の従業員が五〇〇〇万人のお客様にサービスを提供しています。そこには共通の価値観が不可欠です。効果はてきめんです。価値観を明らかにすることで、マクドナルド・ブランドを提供するすべての人間が、お客様と接する決定的な瞬間に成功するとはどういうことかを理解してくれるのです」[20]

「やってもいいか、いけないか（can or can't）」という考え方は、個々の状況のHOW、たとえば顧客の喜びを最大にするにはどうすればいいか？　会社の評判をあげるにはどうしたらいいか？　この会議でもっと成果をあげるにはどうしたらいいか？　といったことを考える時間を節約するが、他者との交流では消極的な姿勢を助長してしまう（「マニュアルには何と書かれているだろう？」「私の職務は何だろう？」「検討課題は何だろう？」……）。この思考モードにあるとき、人は契約や規範さえ守っていれば、やりたいことをやっていいのだと思いこむ。

だが、価値観に基づいて思考すると、個々の状況と積極的に関わるようになる。価値観は他者への働きかけを促進する。その結果、やるべきことをどうやるかにエネルギーが注がれるようになり、そのエネルギーが人々を動かし、ウェーブを起こす推進力となる。情報経済では、この外向きのエネルギーのほうが成功の推進力として理にかなっていることは言うまでもない。

「やってもいい」から「やるべき」へ。規則から価値観へ。この転換は、あなたの考え方やエネルギーの向け方、意思決定の方法、ひいては目標達成の道筋に大きく影響する。新しい言葉で考えるのは、外国語でやりとりするのと同じだ。最初は厄介に感じるかもしれないが、いったん新しい言葉をマスターしたら、自発的に学んだぶん、ネイティブスピーカー以上に文法力を身につけることがしばしばある。

規則と価値観の相互作用を理解し、「やってもいい」と「やってはいけない」の世界から自由になること、それはHOWの世界の文法をマスターするのに欠かせないステップだ。

6章 実力を発揮できる集中力を保つために

この世で誉れある生き方をするもっとも確実にして近い道は、実際にそう見えるようにすることである。
——ソクラテス

毎夏、英国で開催される全英オープンは、もっとも古く、おそらくもっとも名高いプロゴルフトーナメントだ。その二〇〇五年大会、ゴルフ発祥の地、スコットランドのセント・アンドルーズで行なわれたこの大会で、優勝候補のひとりと目されていたのがデビッド・トムズだ。全米プロゴルフ選手権（PGA）の元チャンピオンで、そのシーズンもすでに優勝一回、トップ10入りを六回果たしていた。

ところが、第二ラウンドの朝、異例の事態が発生した。トムズは競技委員のテントに入っていくと、困惑する委員にこう打ち明けた。「前日のラウンドで、ペナルティに相当するプレーをしてしまったかもしれない」。トムズによると、「ロードホールバンカー」で有名な一七番ホールで中距離のパットをはずしたあとタップインしたが、そのときボールが風でかすかに揺れていたかもしれないという。まだ動いているボールを打つことはルールに反する。トムズは確信が持てないことを理由に、自らその大会の出場資格を取り消したのだった。[*1] メジャートーナメントの出場資格を自ら抹消する——

並のスポーツマンシップではできないことだ。しかもその原因が、実際にあったかどうかわからない、ほかに見た者もいないというのだから驚きだ。

しかしトムズは以前から、ＰＧＡツアーで人格者として知られていた。慈善団体を設立して、虐待を受けたり見捨てられたり、経済的に恵まれなかったりする全米の子どもたちを支援し、二〇〇五年にはハリケーン・カトリーナの被災者のために、現場の救援活動にも積極的に参加した。大らかでまっすぐな人柄。彼を悪く言う人間を見つけるのは至難のわざだ。

私は彼のものの考え方そのものに、トップレベルのパフォーマンスと成功を手にするカギがあるように思えた。そこであるとき、トムズと連絡をとり、率直に尋ねてみた。「二〇〇五年大会のとき、あなたは何を考えていたのですか？」。すると彼は、つぎのように話してくれた。

デビッド・トムズ　一七番ホールのことを考えはじめたのは、最初のラウンドを終えて、ホテルの部屋に戻って少しばかり頭のなかを整理したときです。動いているボールをタップインしたとすれば、ペナルティが科される。ボールが動いていたかどうかははっきりしないが、スコアカードにはすでにサインしてしまったから、もし動いていたとすれば失格になる。そして私は覚悟したのです。

翌朝、早めに起きて競技委員のテントに行き、委員長にことの次第を話しました。委員長はそのプレーを録画で確認した。でも、自分には何も見えないと言いました。そして最終的に、「きみしだいだ」と告げたのです。反則とみなしてもいいし、このまま第二ラウンドをまわってもいい。委員長としては、このままプレーを続けてもらってかまわない、という意味です。

でも、彼はそのあと個人的にこうつけ加えた。「もし優勝したら、どういう気持ちになるだろうね？」。委員長は私の直感的な反応を知りたかったのでしょう。それで私は答えた。何かを持ち逃げした気分になるだろうし、どうふるまったところでその感覚は長く消えないだろうと。もし私があのトーナメントで優勝したら、あるいは予選を通過したりしたら、それはほかの選手に対してフェアじゃないのはもちろん、自分にもフェアじゃない。

――つまり、あのトーナメントでプレーを続けるのは、どうしても無理だったと？

デビッド　そうです。

――それはどうして？

デビッド　そのあともずっとプレーしつづけたかったからです。あれは見過ごしにしていいものではなかった。とくに自分が優勝したとしたら、もやもやした気持ちが残ったでしょう。そんなことを考えていたらハッと気がついたのです。

不問に付すのはゴルフの流儀とも私の流儀とも違う。主催者側は目をつむりたかったかもしれないが、決断をくだせるのは私しかいなかった。だから……

――自ら決断した？

デビッド　そう。ルール違反かどうかに関係なく、私は疑念をかかえたまま生きていきたくなかった。だから自分で出場資格を取り消して、家に帰った。正しいことをしたと思いました。

――その判断が、その後のあなたのゴルフに影響していると思いますか？

デビッド　ええ。あのときの行動は、私自身にも、あのトーナメントに出場していたほかの選手にも影響をあたえることになりました。スポーツであれ、ビジネスであれ、それは同じでしょう。

——そうですね。ただ、彼らはあなたのライバルで、あなたの仕事はそのライバルを倒すことだ。

デビッド　（笑いながら）ゴルフというスポーツは、自分で自分（の違反）を告発するのです。バスケットボールと違って、審判に咎められるまでファウルをくり返したりはしません。ほかのスポーツにスポーツマンシップがないと言うつもりはありませんが、ゴルフは基準が違うのです。私もまさにそういうふうに育てられてきた。そうあるように導いてくれるのがゴルフなのです。

帰国したときは、メディアにかなり注目されましたが、ほとぼりが冷めると、すっきりした気分になりました。罪を告白したようにね。すべてを話して、すべてをやり遂げたあとは気分がよくなるものです。

——気分がよいと、ゴルフにもよい影響があると思いますか？　いや、逆にこう訊いたほうがいいのかもしれない。心に葛藤があると、ゴルフにさしさわると思いますか？

デビッド　すっきりした頭、あるいはすっきりした心なくして、存分に力を発揮するのは非常にむずかしい。プレーの準備は体だけでなく、心にも必要なのです。

——どうしてでしょう？

デビッド　精神の力が肝心だからでしょうね。雑念があったら集中はできない。ほかのいろんなことにもあてはまるのでしょうが、ゴルフではまちがいなくきわめて大事なことです。どんな状況でも心をクリアにし、集中しなくてはならない。立ち直る力、ボギーを叩いたあとバーディーで巻き返せる力は、もっとも大事な力のひとつです。そこにこそプレーヤーの心が表れるのです。

――ゴルフは精神的にはいちばんむずかしいスポーツだと聞いたことがあります。ほかのスポーツでは人がボールに反応する。ボールが来たらバットを振るとか、パスをキャッチするとか。でもゴルフボールはプレーヤーに打たれないかぎり、永遠に芝の上でじっとしているからだと。

デビッド　（笑いながら）たしかにそうですね。

――だから私は、ゴルフのすばらしさ、そしてゴルフに人格が表れる理由は、何をするかよりもどんな心がまえでボールに向かうかというところにあると思うのです。

デビッド　ええ、そのとおりです。ポイントは、プレーという旅のあいだに何が頭に浮かぶかです。スポーツ精神科医のボブ・ロテッラが、「自分のイメージひとつで、ひどいショットにもなれば、いいショットにもなる」と言ったことがあります。

どんな秘訣があるのかわかりませんが、偉大なプレイヤーは、ゴルフコースにいようがいまいが、どこにいても心の平安がある。技術を学んで訓練を積むのなら誰にでもできますが、本当にいいプレイヤー、すばらしいプレイヤーの内面には凡人と一線を画す何かがあるのです。それをビンに詰めて売ったら、大金持ちになれるでしょうね。（笑）

――その方程式に、誠実さはどう関係するのでしょうか？

デビッド　誠実さの元をただせば、自分は正しいことをしている、仕事に満足していると知ることにあるのだと思います。私にとっては、ほかの人たちを支援し、自分が手にしたのと同じようなチャンスを彼らにも手にしてもらうことが常に大きな喜びです。社会に恩返しをしていると感じられることが重要なのです。誠実さや手本を示すことでもいいし、何かを捧げることでもいい。誰もがそうだとは言いませんが、私の場合、足跡を残していると知ることで、足どりにはずみがつくのです。

――セント・アンドルーズでも、立ち去るときの足どりははずんでいましたか？

デビッド　ええ。あのとき私は正しいことをしていると感じながら大会をあとにしました。「正しいことをした」と言えることで、つぎにボールをティーにのせたときも頭がすっきりして、気が散ることがなかった。さらに言えば、模範を示すことも、私にとっては大きな意味がありす。たとえば、クラブでプレーしている若いゴルファーが、スコアを正しく記録せず、しかもそれをあまり気にしていないとしたら、私は彼にこう思ってもらいたい。「トムズがしたことを見ろ。ぼくもしらを切るのはやめるべきかもしれないな」

――デビッド、あなたはまれに見る人物だと思います。ゴルフは個人競技、世界を敵にまわして戦っているようなものなのに、あなたはツアーの参加者や関係者、ファン、あなたを尊敬する人たちと自分とが、常につながっているように語る。あなたは何をするときも、そうした責任を引き受けようとしているのですか？

デビッド　人は見ているものです。あなたがどのようにふるまい、どんなことをどのように語るかを。でも、いつもそれが正しく受け止められるとはかぎらない。自分の意見や気持ちを伝えないほうがいいというわけではありませんが、人はあなたを、外見や、他の人にどんな影響をあたえているかで判断します。だからゴルフコースの中であれ外であれ、しっかり手本を示したければ、いつもそのつもりで過ごさなくてはなりません。他人から誇りに思われるような生き方をしなくてはならないのです。

もちろん、一定の結果を出し、一貫した生き方をするにはプレッシャーがつきまとうし、失敗は毎日のことです。けっして期待どおりにはいかない。たとえ一ラウンドを六一で終えても、「どうして五九でまわれなかったんだ?」と後悔するでしょう。それでも、いずれはその生き方が自分の身に深く根づいてゆくのです。だから、「いいか、これが私の生き方だ。週七日、一日二四時間ずっとこうでなきゃいけない。自分の家族、友人、応援してくれる人たちを大切にしないと」と心がけつづけています。

もし普段の人格と、ゴルフコースにいるときやカメラがまわっているときの人格がまったく違ったら、いつも自分の背中が気になるでしょう。でも私の場合は一致しているから、そんなにむずかしいことじゃありませんよ。[*2]

トムズのように、毎年のように賞金ランキングの上位に名を連ね、来る日も来る日も第一線で活躍する人は、やはりゲームに集中するすべを心得ていた。

あなたをテストします

誰の頭のなかにもいくつかの声があり、常にほかの声より大きなものもあれば、小さいものもある。いくつかの声が協調することも少なくない。すべての声が協調しているとき、頭のなかは穏やかで、思考は友人どうしの会話のように秩序正しく展開し、焦点があい、集中力が高まり、最高の状態で機能する。だが、それ以外の場合は、それぞれの声が相手を言い負かそうとする。あたかも夕食の席で起きるきょうだい喧嘩のように、私たちの心をかき乱し、前進や効率化を妨げ、母親が一時間かけてこしらえたキャセロールを台なしにする。

人間であるかぎり、心の乱れは日常茶飯事だが、じつは私たちは、心が乱れていることに気づいていないことも多い。ここで、試しにテストをしてみよう（ずるをして先に正解を見ないように）。

問題：二〇〇五年に、グーグルでもっともよく検索された言葉は何か？

二〇〇五年はニュースの多い年だった。ハリケーン・カトリーナがニューオーリンズをはじめとしたメキシコ湾岸一帯に壊滅的な被害をもたらし、アジアで発生した津波はたくさんの命を奪った。敬愛されたローマ法王が逝き、新法王が選出された。テロリストがロンドンの地下鉄を襲撃した。心に残る出来事は多く、重要な課題もいろいろあった。だが、これらはいずれもリストの最上位にはランクされていない。

まだ正解がわからない方のために、ヒントを出そう。あなたは二〇〇四年のNFLスーパーボウルに出場したチームをおぼえているだろうか？　あれはスーパーボウル史上、最大級の盛りあがりを見せた大接戦だったが、熱心なアメフトファンでもないかぎり思い出せないだろう。では、その試合のハーフタイムに何があったかは？　それならおぼえているにちがいない。

二〇〇五年のグーグルの検索ワードナンバーワン、それは、"Janet Jackson（ジャネット・ジャクソン）"だ。前年の二〇〇四年二月の初めにこのエンターテイナーが犯したささいな過ちが、二〇〇五年を通じて人々の心に残りつづけた結果だった[*3]［訳注：ジャネット・ジャクソンはハーフタイムショーの途中で右胸を露出させてしまった。のちに共演者のジャスティン・ティンバーレイクがこれを、「衣装の不具合」による事故だったと釈明」。

優勝チームをおぼえている者はほとんどいないのに、「衣装の不具合」という言葉は何年も世界中でくり返し口にされた。数百人の選手が頂点をめざしてしのぎをけずってきた一年間の集大成、二〇〇四年の最強の二チームであるニューイングランド・ペイトリオッツとカロリーナ・パンサーズが相まみえた決戦は、劇的な展開だった。スーパーボウルといえばアメリカの国民的行事、毎年、もっとも多くの人に視聴されるスポーツイベントである。アメリカのみならず、世界で何百万もの人がテレビで観戦した。ところが、ほとんどの人は二秒間映し出された星型のジュエリーのことしかおぼえていなかった。ジャクソンの過ちは、フィールドでの偉業（残り四秒で四一ヤードのフィールドゴールを決めたペイトリオッツがパンサーズを32－29で下した）[*4]をかすませてしまった。大変な努力と偉業の象徴である優勝決定戦は忘れ、たった二秒間の規則違反は記憶にとどめる――いったいどうしてこうなるのか？

ところで、あなたはずるをしなかっただろうか？

じつはこのテストは、ジャネット・ジャクソンとは何の関係もない。全英オープンにおけるデビッド・トムズの美談を読んだすぐあとに、「ずるをして先に正解を見ないように」と言われたあなたがどう感じたか？　ここがポイントだ。ここまで読み進めるあいだに、その注意を思い浮かべたか？　ずるをする可能性を指摘されて侮辱されたと感じたか？　そのせいで、集中できなくなって、もう一度、読みなおしたか？　先に正解を見てしまわないように、読む速度をゆるめたか？

たいていの人は、ずるに対して神経をとがらせている。ずるをしないようにと、さりげなくでも注意されると、とたんに信頼されていないのではないかという疑念が頭をもたげてくる。そして、頭のなかの声はたちまち騒がしくなり、心が乱される（ときには無意識のうちに）。「私を何だと思ってるんだ?」。かくして私たちの心はゲームから引き離される。

ちなみに、ジャネット・ジャクソンの「衣装の不具合」に対して、連邦通信委員会（FCC）へ寄せられた苦情はおよそ五〇万件にのぼり、それを放映したテレビ局にはFCC史上最高額となる罰金が科された。問題の行為を罪はないとみなすか、不適切とみなすか、不快とみなすかは、ここではおく。ただ、人々が、eメールやインスタントメッセージやブログも含めて井戸端会議をしているあいだに失われた生産力は、推計数億ドルに達したという。*5

ささいな言動が招く大きな損失

当然のことながら、あなたが上の空になっても、ゲーム自体は終わらない。遅れを取り戻そうとするあなたをよそに、ゲームはてきぱき進められていく。クレイジー・ジョージの情熱と誠実さがつくり出すのがポジティブなウェーブ、つまりイノベーションや成功の原動力となるウェーブだとすれば、ジャネット・ジャクソンたちがつくり出すのはネガティブなウェーブ、心の乱れと集中力低下のウェーブだ。

先ほどのテストが示しているように、HOWの小さな過ちは、さまざまな害を招く。ビジネスコンサルタントのスティーブン・ヤングは、そんな一瞬の出来事を指す新しいマネジメント用語を流行らせた。名づけて「ささいな嫌がらせ《マイクロイネクイティ》」。*6 会議での不適切なボディランゲージ、からかうような口調での質問、タイミングの悪い下品なジョーク……、いずれも自分と同僚との距離を縮めたくて犯す過ちだが、これが組織のすみずみにヒルのごとくまとわりついて、少しずつ生産性を吸い取っていく。同僚と話をしながらメールチェックをすれば、その同僚の時間も、メールの相手も軽んじることになる。

誰かがプレゼンテーションをしているときに腕時計に目をやれば、プレゼンターの努力の成果を却下することになる。

勤務評定の書き方しだいで、業績のあがらない従業員が奮起してデスクに向かいもすれば、やる気を出せないまま履歴書を書きなおしもする。

こうした小さな過ちが、人間関係に不信と不安をもたらし、集中力を低下させる。不信と不安は自分と他者の「確実性のギャップ」を広げ、目の前の職務や共通の目的に傾注すべきエネルギーを、駆け引きや生き残りといった心配事の方向へとそらす。そして、集中力を失った個人やチームは、必ずといっていいほど失敗する。

ではここで、また問題を出そう（今度はテストではない）。ここ一、二週間に届いたeメールのうち、つぎのいずれかの気分を味わったことは何回あったか？

●こんなことには同意していない
●むかつく
●なぜ上司にも〝ｃｃ〟が入っている？
●私の印象を悪くしたいのか？
●気分を害された

●ぜんぜん笑えない
●どうしてこんなもので私の受信トレイをいっぱいにする？

その不快なメールを誰かに転送した？　友人や最愛の人に、「今届いたメールのことで、ちょっと聞いてもらいたくて」と電話をかけた？　嫌なメールの送り主を見かけたときに苛立ちがよみがえって接触を避けた？　心にさざ波を立てるｅメールや電話がひとつあるだけで、人は目の前の仕事に集中できなくなるが、この手の心の乱れは四六時中起きている。そのたびに悪感情が生まれ、それが積もると大きな損失が生じる。

ビジネスであれば、こうした過ちが引き起こす心の乱れは、集中力とともに、職務を果たす能力もそこなう。ランチタイムに同僚に向かって発した不適切なひとことが、セクシャルハラスメントの告発に発展することだってある。するとチーム全体、そして経営陣の関心はたちまち事実関係の調査へと向かわされる。気の置けない友好的な関係が、ぎくしゃくしたよそよそしいものになり、たちどころに生産性が低下する。競争の激しいグローバルビジネスの世界で成功するのはただでさえむずかしいが、ひたむきに勝利をめざせないとなれば、もはやチャンスはない。

心の乱れは測定できる。たとえば、ある研究によると、携帯電話で話しながらの運転は、飲酒運転よりさらに危険であるらしい。別の調査でも、携帯電話で話しながらなのと、飲酒しているのとでは、後者のほうが運転しやすいという結果が出ている。飲酒運転は通常の運転より注意散漫になるが、携帯電話で話しながらの運転は、それよりもっと集中力をそぐ。この実験は、人がものごとをスムーズに運ぶのに、心を安定させ集中させることがいかに大事かを示している。*7

5章で、イエナファームとミシガン大学ヘルスシステム（MUHS）の、法に対する取り組み方の違いを紹介したが、法廷闘争に注がれる時間、金銭、労力は、組織の集中力を激しくそぐ。企業が存在するのは、ものをつくったり、サービスを提供したり、深刻な問題を解決したり、効率を高めたり、人類をより豊かにしたりするためであって、訴訟でよりよく戦うためではない。

法人向けソフトウェアを大企業に販売していたあるビジネスマンは、高収入のキャリアを捨てて独立し、妻と義理の弟といっしょに、ロサンゼルスの洒落た界隈にジェラートの店を出した。[*8] バジルとリモンチェッロ、チョコレートマティーニといったグルメ向けのフレーバーをそろえたところ、店は大当たりし、売上げはたちまち予想の三倍にのぼった。ところが、一か月がすぎたころ、収益のほぼすべてが、近所の訴訟好きなパン屋との裁判費用に消えてしまった。

そのパン屋は、ジェラートとともに店で売っているハム・アンド・チーズ・クロワッサンは、厳密には「サンドイッチ」もしくは「ペストリー」とみなされるのではないか、だとするとうちの商売の侵害になり、賃借契約違反にあたると難癖をつけたのだ。

大企業なら、これよりはるかに大規模な悲運に見舞われる。まったく取るに足らない訴訟でも、証拠開示手続きの費用に数百万ドルかかることがあるし、重大な案件ならマンアワーにして数千時間ぶんの業務妨害を被ることもある。

人間、生きていればいい日もあるし、悪い日もある。職場でも家庭でも心が乱されることはある。「衣装の不具合」も起きる。だが、それらを認識し、ゲームへの集中をそぐ心の乱れの抑え方を身につけることができれば、競争相手に一歩先んじて、エネルギーをより生産的に使えるようになる。ゲームに集中する、つまり自分の内面と正しいHOWの両方を理解し、制御できるようになるには、たゆみない努力が必要だが、小さな過ちが大きな損失の原因に発展するこの時代にあって、その重要性はかつてないほど大きくなっている。

「理不尽」がもたらす害

ロールパンを買いにパン屋に入ったとしよう。カウンターの奥、客から見えるところにサンドイッチをつくるスペースがあって、そこには大きなパン切りナイフが置いてある。ロールパンを注文したあなたは、包みを手渡そうとするカウンターの店員に、半分に切ってバターを塗ってもらえないかと頼む。すると彼女は、愛想はいいものの、「すみません、お切りできないんです」と言う。そこであなたは、同じように愛想よく、どう見てもパン切り用のナイフが目の前にあることを指摘する。それでも店員は、ロールパンを切ることは店の方針に反するのでと断り、プラスチック製のフォークとバターを差し出した。さて、あなたはどんな気分になるだろう?

サンドイッチを売り、パン切りナイフを常備しているパン屋が、客のためにロールパンを切れない理由などあるはずがない。おそらく店主は、このばかげた規則にもそれなりの意味があると思っているのだろう。以前、ロールパンを切ろうとした店員がけがをしたとか、ナイフを手にした客が誰かを人質にとって強盗を働くかもしれないとか、ロールパンは手でちぎって食べるもので、ナイフを入れてはいけないと考えているとか。

だが、どう意味づけても、この不条理は解消されない。だからあなたは反応する。腹が立ち、不当に扱われたとか、ばかにされたと感じるかもしれない。店員を怒鳴りつけたり、騒ぎ立てたりするかもしれない。あるいは、席についてロールパンと紅茶を前にぼやくかもしれない。このように、自分の信念と相反する考え方への適応を求められたときに生じる感情的な反応は、「不協和」、より厳密には「認知的不協和」と呼ばれる。[*9]

このばかげたパン屋の話は、じつは本当に私の同僚が経験したことだ。悪気はないにしても、理不尽なメッセージを突きつけられると、人は感情的になり、頭のなかの声が暴れだす。変化するのは心だけではない。脳のシナプスにも変化が現れる。研究によれば、このような状況に陥ると、脳の論理的思考をつかさどる領域の働きは停止し、感情をつかさどる領域が活性化するという。不協和は、明晰に考える、合理的にふるまう、適切に判断するといった能力を物理的に阻害するのだ。[*10]

企業は矛盾に満ちたメッセージをたえず発信しているが、それがもたらす不協和がどんな結果を招いているかには気づいていない。部下に意見を述べるよう促しておきながら、話を聞いている最中に何回も電話に出て話の腰を折る上司がいる。しかもそのうちの一本はゴルフ仲間からのものだったりする。しっかり検討を重ねた自分の提案は必ず受け入れられる、そう信じてやってきた部下は、そんな上司の態度を見てどんな気分になるだろう？　彼は、つぎに新しいアイデアが浮かんでも、自分の胸にしまっておくかもしれない。

個人への信頼や権限委譲を語りながら、上司のサインがなければ経費請求を認めなかったり、発注書に複数のサインが必要だったりする会社は数知れない。従業員を信頼していると言うなら、その信頼は行動で示すべきだ。書類に記入して上司のサインをもらい、さらに経理の承認を取らなければ、一〇ドルのビジネスランチ代さえ精算してもらえないとしたら、あなたはどう感じるだろう？　もしかしたら、面倒をこうむった見返りとして、私用の領収書を一、二枚まぎれこませる人が出てくるかもしれない。

たとえば、こんなお店があったらどうだろう。笑顔でクレジットカードを読み取り機に通し、数秒で代金を徴収しておいて、こちらが返品を希望すると一〇分以上列に並ばせ、書類に記入して個人情報を渡すよう求めたあげく、店長の承認をもらわなくてはならない――こんな経験をした店に、あなたはこれからも通うだろうか？

この店は、店員に対しても「われわれはあなたたちを信頼して代金の受け取りをまかせる。だが、返金をまかせるほどは信頼していない」という不協和を生じさせている。釈明として、「金銭に関しては不正や詐欺が行なわれる可能性が高いから、精査が必要なのだ」と言うかもしれない。だが、すでにおわかりのとおり、信頼は信頼から生まれる。本当に信頼されていると感じていれば、おそらく従業員はその信頼を裏切らない。裏切らないことが自分のためにもなるのを本能的にわかっているからだ。反対に、経営陣や会社に軽視されているとか、信頼されていないと感じた従業員は、こっそり仕返しをしたりする。経費報告書をごまかしたり、レジの金に手を出したりして、不当な負担の見返りを得ようとするかもしれない。規則をさらに強化するのは、システムの抜け道探しをしたくなる環境を整えているようなものだ。

不協和の反意語は「協和」である。物事が調和してひとつにまとまるという意味だ。協和しているメッセージは周囲の人々を鼓舞し、連帯感を強める。強いシナプスが築かれ、ウェーブが生み出される。長い目で見て有益なのは、経費の精算を求める従業員に信頼しているというシグナルを送ることだ。申請書のチェックはランダムな精査で対処して、信頼を裏切った少数の者は厳しく処分すればいい。煩雑な手続きを制度化することで、誰も信頼していないというメッセージを発信するのはけっして得策ではない。

人は筋の通らない不協和のメッセージ（ロールパンを切らないパン屋など）を受け取ると、その発信者とのつながりを断ち切ってしまう。物理的にも精神的にも孤立する。あなたがウェーブを始めても訝《いぶか》しげに様子見し、やがておもむろに、なんの熱意も見せずに立ちあがる。あるいは、完全にスタジアムの外に出てしまう。

不協和は、新しいことを学んで順応しようとする人にも深刻な害をおよぼす。この点について、スイスの発達心理学者ジャン・ピアジェは、「調節」（対立する複数の概念を調和させること）は、「同化」（新しい概念を真実として受け入れること）よりもむずかしいと言っている。[*11] 人はすでに知っていると思っている事柄と矛盾することを学ぶよう求められると、以前からの知識を信じこんでいる場合はとくに、抵抗を覚えるということだ。脳の研究では、人はこのような場合、不協和のメッセージを拒絶すると気分がよくなることがわかっている。つまり、脳が褒美をあたえているのだ。

エモリー大学の心理学教授ドリュー・ウェステンは、民主党と共和党それぞれの熱心な支持者の脳をスキャナーにかけながら、さまざまな候補者のネガティブな情報を伝えて評価させるという実験を行なった。[*12] すると、どちらの党の支持者も、候補者の矛盾点や偽善をすぐに見つけたが、それは自分が支持しない候補者にかぎられていた。支持する候補者についてのネガティブな情報を受け取ったときは、脳の論理的思考や学習をつかさどる領域のスイッチが切れ、強い感情をつかさどる領域が活性化していた。感情的になると、不協和の情報を簡単に拒絶できる。そして、ここでエンドルフィンが分泌された。エンドルフィンは一種の脳内麻薬で、人の心を温かみや幸福感で満たす。脳が信念を曲げずに不協和を解決した被験者に、褒美をあたえたのだ。

年々変化のスピードが速くなっているビジネス界では、変化する環境にうまく適応した組織やチームに褒美をあたえるのが常だ。だが、従業員に矛盾したメッセージを発している企業や、たてつづけに方針を変える企業、業務に一貫性がない企業に属する従業員は、かえって適応や変化を拒みかねない。事態がいよいよ手に負えなくなって行き着く先は、パンを切らないパン屋がいるカフカ的な不条理だ。

認知的不協和に関する別の研究によれば、何かを学習していて困難や不安、屈辱を感じた場合でも、自分の信じていることが無用だとか、的はずれだとか、価値がないとは認めにくいという。もし認めれば、自分はだまされていたと認めることになるからだ。[*13] かくしてパン屋の店員は、いくら説得されても、愛想よく本物の笑顔で、ロールパンを切ることは店の方針に反しますと言うことになる。

従業員に業務《ゲーム》に集中するよう強く求める企業でも、そのための環境整備はずさんなことが多い。シロタ・サーベイ・インテリジェンスが三年にわたってフォーチュン一〇〇〇社の社員一二〇万人を対象に行なった調査によると、入社時は大多数が熱意にあふれているにもかかわらず、半年後には八五パーセントの企業で士気が著しく低下し、その後数年にわたってさらに落ちていくという。[*14] この結果は、経営陣の能力不足をはっきり示している。彼らは、従業員の大半が仕事に求めるつぎの三つを実現するための、方針と手順を考案できていない。

①公平：賃金、諸手当、雇用保障などに関して、敬意をもって公正に扱われること
②達成：仕事、業績、雇用主を誇りに思えること
③友愛：同僚と良好かつ生産的な関係を築くこと

この調査でも明らかにされた、不協和がもたらす最大のコスト、それは冷笑主義《シニシズム》だ。企業が信頼を裏切り、自ら公言した理念や価値観に従わなくなると、従業員の熱意は食べ尽くされ、干からびた骨でできた冷笑家だけが残る。

冷笑家は、人間のモチベーションとなるのは名誉や利他的な要因ではなく、もっぱら利己心だと考える。彼らは自分と他者の行動のあいだに疑念を生み、「それでどうなる?」「価値なんかあるのか?」と疑う癖がついている。疑問をいだくことはかならずしも有害ではない。状況しだいでは健全な反応になる。だが、率直に検討した結果ではなく、反射的に、無意識の習慣として疑うのは、自分を周囲の出来事から遠ざけるだけだ。

シニシズムは、人間関係の邪魔になるだけではない。企業の収益にも打撃をあたえる。調査によると、ひどい冷笑家の従業員は会社に苦情を申し立てることが多く、貢献度も低い。彼らは、いい仕事をしても経営陣が報奨をあたえてくれるとは思っていない。*15

シニシズムは、ガソリンを食うSUVさながらエネルギーを消費する。冷笑家だらけのスタジアムでウェーブをつくり出すことなどできない。どれだけ熱意をこめて説得しても、どれだけ誠実にイニシアティブを発揮しても、冷笑家は手を引っこめたままじっと座り、チームの力になりたいというあなたの望みを、どうせ自分がのしあがりたいだけにちがいないと解釈する。徹底的におだてるという手もあるが、冷笑家の毒に蝕《むしば》まれて枯れ草同然になるのがおちだろう。

「シニシズムは企業を毒殺する」と言うのはジョン・ワナウスだ。オハイオ州立大学でマネジメントと人的資源を研究するこの教授は、三年にわたって一〇〇〇人以上の労働者を調査し、こう結論づけた。「シニシズムがあふれると、会社と職務全般に対する従業員の考え方がその色に染まる」[16]

心の平安を保つコツ

あなたは、みすみす不協和の被害者になってはならない。そのためにも、新たな思考のＨＯＷを身につける必要がある。そうすれば、誰でも不協和の気配を察知し、脳に不協和が侵入するのを最小限に抑えることができる。そのための第一のステップは、すでに見てきたように、不協和が心や感情にどんな影響をおよぼすかを知ることだ。そして第二のステップは、感情的に反応するかわりに、いくつかの戦略のなかからひとつを選んで、矛盾を解消することだ。

もっとも一般的な解消法は、従来の考え方を変える、である。[17] たとえば、ある人が、納入業者というものは信頼できないから監視しなければならない、という信念を持っていたとしよう。ところが、よく調べてみると、発注ミスをした納入業者の大半は、自分たちの利益を度外視してミスを報告していたことが判明した。さて、どうするか？　誤解による気まずさを払拭するには、新たな認識に照らして業者の監視手順を見直せばいい。これで感情的な反応を手順の改善につなげることができる。

あるいは、新しい考え方を強化するという手もある。ある実験で研究者たちは、被験者に性差別的なジョークを聞かせた。そして被験者が笑ったところで、そのジョークが差別的な意味あいを持っていると指摘する。続いて、フェミニズムに関する意識調査を行ない、その結果を、ジョークを聞かさなかったグループと比較した。するとジョークを聞かされたグループのほうが、男女平等に気を遣って回答する傾向が見られた。被験者は、新しい考え方が強化されたことで、それまでいだいていた性差別的な観念と、新しく敏感になった男女平等の観念のバランスをとるようになったのだ。

さらには、ゴールに達することで、不協和がもたらす感情が消えることもある。人は何かを達成したいという願望が強い場合、活動の妨げになる対立概念を矮小化する傾向があるからだ。たとえば、高さに恐怖を感じたロッククライマーは、ゴールにたどり着くために、自分の恐怖心を笑ったりするという。

矛盾の解消策はほかにもある。新しい情報によって、深く根づいた信念がぐらついて激しく動揺したとき、その感情を表に出すと心を曇らせていたもやが晴れることがある。感情を吐露することが平常心を取り戻す助けになり、心の乱れを最小限に抑えてくれるのだ。また、不協和を生む考え方の発信源を特定できるなら、単にそれを避けるだけでも、ゲームに集中できるようになる。

職場に「摩擦」を起こしていないか

仮に、有名大学のＭＢＡを取得した、前途有望で活力あふれる若き女性がいたとする。彼女には、必死に自分の地位を守ろうとしている上司がいる。ある日、彼女はその上司から、他社の求人に関する、一見どうということもないｅメールを受け取った。そこにはこんなことが書かれていた。「すばらしいチャンスだと聞いている。知りあいに誰か興味を持ちそうな者はいないだろうか？」。その仕事はあやしいほど彼女にぴったりだ。ふと、大学のＭＢＡプログラムで教わったことを思い出した。若い有望株の台頭に脅威を感じた上司のなかには、自分のポジションを守るために、間接的なやり方でその脅威を排除することがままある……。他社の魅力的な仕事を見せるやり方は、見事にその要件を満たしていた。このメールは、じつは私を蹴落とす計略なのだろうか？

以来、彼女はそのメールに秘められた意味を頭から振り払うことができなくなった。自分の身を守るために何かをすべきなのかと思い悩むあまり業務に集中できなくなり、生産性にも影響が出はじめた。どうしていいかわからず、友人にも相談した。典型的な心の乱れの兆候だった。

心に生じた不協和のせいで、今までの安定した自信と信頼が消えうせた。いまや、勤務時間は不安と緊張に満ちている。如才のない機敏さも失われていった。

やがて、彼女は上司と屈託なく接することができなくなった。その気づまりな関係にほかのメンバーも気づくと、以前は円滑に機能していたチームが停滞しはじめた。要するにこの上司は、彼らのあいだのシナプスを信頼と支援で満たすどころか、それまでの成果を台なしにしてしまったのだ。信頼で満たされていた空間に疑念の雲がかかれば、意思の疎通ははかれない。かわりに政治的な緊張が生まれ、ささいなことで口論が始まり、士気は急速に低下する。同僚どうしで苛立ったり、侮辱を感じたりするようになると摩擦はさらに悪化し、巻きこまれた人たちが反撃し、いよいよ本物の対立がシナプスを曇らせていく。

この上司のメールのせいで、もっともひどい傷を負うのは果たして誰なのか？　生産性が低下した女性か、自分の不安のためにチームの結束を犠牲にした上司か。あのeメールにはまったく他意がなかったのかもしれないが、上司がもっと率直で透明性のある伝え方をしていたら、つまりＨＯＷを正していたら、こういう事態は避けられただろう。

あなたのＨＯＷがあなたのＷＨＡＴと同じように細かく観察される透明性の高い世界。そこでは、あなたと同僚のあいだのシナプスをウェーブづくりに最適な状態に保つことが何より重要だ。それには注意とケアが欠かせない。心の乱れ、不協和、シニシズムが蔓延すると、シナプスが行き交う空間を汚染する。そしてそこに摩擦が生じる。

摩擦とは、接触するふたつの面が反対方向にこすれあうことで発生する力のことだ。組織の場合、心の乱れと不協和が、ともに働こうとしている人々のあいだに侵入したときに摩擦が生じる。摩擦は前進を妨げる。エネルギーを奪う。そして熱を生む。過剰な熱は人々を不快にし、その熱を冷ますには、さらにエネルギーが必要になる。これ以上たとえ話を続けなくても、熱くなった労働者の生産性がどうなるかはおわかりだろう。オーバーヒートした労働環境を快適にするために、マネジメントのエネルギーがどれだけ必要かも知っているはずだ。

心の乱れ、不協和、そして摩擦は、組織のなかに別々に生じることもあれば、互いに混ざりあって永続的な破壊のスパイラルを生み出すこともある。大小の心の乱れが強力な不協和を生じさせ、それが摩擦を招く。この状態がさらに悪化すれば、摩擦によって発生した熱によって発火する。そして、あなたのエネルギーが目の前の仕事からそれ、結束していたチームが対立し、分裂する。

何を信じるか？

話をデビッド・トムズに戻そう。彼はプロゴルフ界でAの山の頂上にいる。ゲームへの集中をそぐ要因を完全に掌握している。自分のパフォーマンスに失望したときには、頭のなかの声と格闘して熱くもなるが、より深いレベルでは、もっと大きな目標の妨げになる落とし穴が潜んでいることを知っている。だからそうした状態を未然に防いだり、うまく手なずけたりできる。

実力を発揮できる集中力を保つために

トムズは規則とその番人は自分の行動の「床」であって、「天井」ではないと理解している。仮に彼があの大会でプレーを続けることを望んだとしても、競技委員たちはそれを認めただろう。規則によれば、彼は何もまちがったことはしていないのだから。だが、やはり規則には限界があることをわかっていた賢明な競技委員との会話を通じて、トムズは続けるべきではないと判断した。

彼は規則を、つまり「やってもいい」と「やってはいけない」を理解している。規則が適用されるところでは、それに従ってプレーするが、彼が生きているのは「やるべき」の世界だ。彼が重んじる、正直、他者への恩義、リーダーシップ、誠実といった価値観は、規則を超えたところにある。そして、これらの価値観こそが、トムズをさらなる高みに向かわせている。規則はゴルフの精神にも、ゴルフに対するトムズの愛にも、卓越性を求める彼の純粋さにもふれることはできない。

ゴルフが個人競技であるにもかかわらず、トムズが自分の成功を、より大きな世界と結びつけていることは、多くの人の胸を打つ。彼がつながりと責任を感じている対象は、家族、ファン、ライバルでもある仲間のゴルファー、さらにはゴルフを始めたばかりの、コースを近道したりパットを省くといった安易な誘惑と闘っている若者にまでおよんでいる。

トムズは、このガラス張りの世界では、自分の行動がすべて記録に残り、キャリアが続くかぎりつきまとうことも知っている。自分の行動は公私で分けられないこと、それ以外の生き方をすれば不協和がはびこる人生になることを、本能的に理解しているのだろう。トムズが勝者に不可欠だと信じる「心の静けさ」とは、協和、つまり自己と調和する能力にほかならない。

つまるところ、デビッド・トムズはトーナメントでの勝利以上のものを求めてやまないのだ。彼は日々、自分と自分のまわりに集う人々をつなぐシナプスを、信頼、誠実さ、協和で満たそうと奮闘している。自分の行動を見た人々が、そこに「意義」を見出せるように。そう、この意義の追求こそ、彼の人生の道しるべなのだ。

長きにわたる成功を手にするには、私たちもトムズと同じように正しい道の選び方を学び、心の乱れや不協和を抑え、人と人をつなぐシナプスの透明性を高めなければならない。

法の番人がいつもいるとはかぎらない。法がいつも明快な答えを教えてくれるともかぎらない。助言者や師に指示を仰げば私たちを導いてくれるかもしれないが、一日の終わりには、頼れる者は自分以外にいなくなる。私たちを導いてくれるのは、場当たり的な「今できることは何か？」ではない。根本的な「何を信じるか？」だ。

第 III 部

行動のHOW

ロースクール時代からの友人、デビッド・エレンは、通信とエンタテインメントのリーディングカンパニーであるケーブルビジョン・システムズで働いている。現在の肩書きはケーブル、通信、番組編成担当上級副社長兼法務責任者《ゼネラルカウンシル》だ。

二〇〇五年、デビッドと会った私は、ケーブルビジョンを支援できそうなLRNのソリューションをまとめた。そしてそれを、わが社の営業担当役員の名刺とともに彼に送った。翌二〇〇六年半ば、ケーブルビジョンは、アダム・ロスマンという企業コンプライアンス担当の上級副社長を迎えた。コンプライアンスに力を入れ、発展させるためだった。そのアダムが、現状把握を兼ねて相談を持ちかけたのがデビッドだった。

「デビッドはケーブルビジョンを高く評価していた」。私たち三人が当時の話をしているとき、アダムはそう述べた。「そしてあのとき、ダヴとの関係についても、隠し立てせず率直に話してくれたんだ」[*1]。アダムに相談されたデビッドは、LRNについて説明し、前年に私が送った資料をアダムに渡したのだ。

そしてアダムは私に電話をかけ、臨時のアシスタントに伝言を残した。だがどういうわけか、その伝言は私に届かなかった。「まったく返事がなくて、こんなことではLRNのイメージが悪くなると思った」とアダムは言ったが、本当はもっと辛辣な印象だったにちがいない。それでも、私のまとめた資料には感心してくれ、今度は資料に添えられていた名刺の営業担当役員に伝言を残した。

「普通ならあんなことはしない」とアダムは言った。ケーブルビジョンとの取引を望む会社はほかにいくらでもある。アダムは折り返しの電話がかかってくることには慣れていても、自分から二度も電話することなどまずなかった。「デビッドの推薦がなかったら、ありえないことだった」

ところが、またしても電話はかかってこなかった。私がデビッドに資料を送ってからアダムが電話をかけるまでに、その営業担当役員が会社を辞めていたからだ。おまけに技術的なミスで、彼のボイスメールは停止も転送もされないままになっていた（テクノロジーが私たちをつなげもすれば、隔てもすることを示す一例だ）。

数か月後、アダムにばったり会ったデビッドは、LRNとの話はどうなったかと尋ねた。するとアダムは、「伝言を二回残したが梨のつぶてだった。率直に言って驚いている」と答えた。今度はデビッドが驚いた。そしてこう続けてくれたという。「きっと何かのまちがいだ。ダヴはそんな人間じゃない。彼らにもう一度チャンスをあたえるべきだ」[*2]。デビッドの強い反応にアダムは感じ入った。

アダムがある会議でLRNの私の同僚クリス・カーチナーと同席したのは、その二週間後だった。デビッドの意見が気になっていたアダムは、クリスに声をかけ、事情を話してみた。するとクリスは大いに恐縮し、二日後、使われなくなったメールボックスに未返信のボイスメールメッセージが見つかったと連絡してきた。アダムの不満を今度はきちんと受け止めたのだ。

この時点で、私にもようやく事情が伝わった。私はすぐデビッドに電話をかけて謝罪した。アダムは、最初に折り返しの電話がかかってこなかったとき、LRNに駄目の烙印を押したも同然だった。当然だ。HOWを正すよう導く会社から無視され、軽んじられたら、どれだけ奇妙に思えることか。デビッドとの会話が関心のウェーブを起こし、アダムに行動を起こさせたのに、われわれの不注意がその流れを止めた。われわれのＨＯＷはまったく正しくなかった。

私たちの関係は、そこで終わってもおかしくなかった。だが幸いなことに、デビッドとの間には、私が長年かけて培った信頼があった。彼は、私が何よりもＨＯＷを重視していることを知っていた。その信頼が、ＬＲＮに第二のチャンスをもたらした。

関係が保たれた要因はまだある。ひとつはアダムに対するデビッドのＨＯＷだ。最初にＬＲＮとコンタクトをとるべきだと推薦したとき、デビッドは私との関係についてなんら隠し立てしなかった。われわれの失態を知った直後も信頼して再考を強く訴えた。だからこそアダムは動いた。そしてもうひとつの要因は、ケーブルビジョンにとってふさわしい協力会社を探してみせるという、アダムの粘り強さと徹底ぶりだった。

アダムは、クリスが迅速に状況を確認し、率直に非を認めたことに感銘を受けた。結局、その後の数か月間をかけて、ケーブルビジョンはＬＲＮとの取引を真摯に検討してくれた。最終的には、現在のニーズにもっともふさわしいと判断した競合他社を選んだが、それでも私は彼らと強い信頼関係を築けたことに深い意義を感じている。彼らのニーズの変化とともに、対話は続いていくだろう。

瞬間のミス。技術的な単純ミス。即答が求められている現在では、ちょっとしたミスが、長期の成功かつぎの職探しかの分かれ道になりうる。もっと重要なのは、個人間のシナプスの強化と拡張だ。私からデビッドへ、デビッドからアダムへ、アダムからクリスへ――このようなウェーブを日々つくる必要があるのだ。

というわけで、この第Ⅲ部では、行動のＨＯＷを見ていくことにする。相互にネットワーク化された世界での行動とは、どうあるべきなのだろうか。

7章 いつでも、どこでも、あなたのままで

日光は最高の殺菌剤である。
――ルイ・ブランダイス（合衆国最高裁判所判事）

自転車愛好家のあいだでは、長年にわたり、クリプトナイト（現在はインガソール・ランドの一部門）の製造するロックこそ、自転車防犯グッズにおける金字塔とみなされていた。二〇〇一年、バイシクリング誌は同社のニューヨーク3000をこう評した。「U字ロックを発明したこの会社は、飽くことなく盗難防止のレベルを上げていく……自慢の愛車の安全を望むなら、これ以上のものはない」[*1]。当のクリプトナイトも、このU字型の装置を「タフな世界のタフなロック」[*2]として売り出していた。

ところがそこに、クリス・ブレネンが現れた。ブレネンは二五歳のサイクリング愛好家で、自転車ファンが集まる小規模のオンライン掲示板の常連だった。二〇〇四年九月一二日、彼はそこに短い書き込みをした。頑丈さで有名なクリプトナイトのロックが、一〇セントのBICのペンを使えばほんの数秒で誰にでも開けられる、と。[*3]その書き込みから一四時間後、今度は別のユーザーが、ブレネンの言うとおりにやってあっさり開いた様子をビデオで投稿した。

製品の欠陥の詳細が、数時間で世界中に広まった。その衝撃はとてつもなかった。二日とたたないうちに一万一〇〇〇人以上がこのスレッドを訪れ、四万人以上がビデオをダウンロードした。

一方、騒動が始まってまもなく、このフォーラムのユーザーたちが心配してクリプトナイトの広報部長に連絡をとり、重大な欠陥についての注意を呼びかけていた。クリプトナイトは長年にわたって見事な顧客ロイヤリティを築いていた。ロックの所有者たちは、抜け目ない泥棒がはびこる前にクリプトナイトを助けたかったのだ。

だが、クリプトナイトは何の手も打たなかった。オンラインの一部マニアが騒いでいるだけだと判断したからだ。事実は違った。ほかのオンラインフォーラムがこの掲示板にリンクし、ブロガーたちがけたたましく欠陥を吹聴しはじめた。一週間後、アクセスは三四万回、ダウンロードは三万件にまで跳ねあがった。[*4] さらに、ボストン・グローブ紙、ニューヨーク・タイムズ紙、そしてAP通信がこの話に飛びついた。数年前なら対処可能な厄介事にすぎなかったものが、数百万ドル級の大打撃へと変貌したのだ。クリプトナイトが正式な対応を練ったのは一〇日後だった。このブランドが果たしてきた約束そのもの、長年の努力はすべて水の泡となった。

ユーティカ大学で広報活動《パブリック・リレーションズ》学科の助教授を務めるパトリシア・スワンは、「問題感染《イシュー》」と呼ばれるこうした現象を研究し、クリプトナイトの失敗に関する論文も発表している。スワンは言う。「対応しないというクリプトナイトの判断は、フォーラムの投稿者たちをいっそう煽りたてることになりました。大勢で文句を言わなければ会社は無視するのではないか、という不安を強くしてしまったのです」。そして、さらに続けた。「インターネットはゲームのルールをすっかり変えてしまいました。かつてはこのような事態に対応するのに、準備する猶予が数日、少なくとも二四時間はあった。でも今では、野火のように猛烈な速さと勢いで広まる。いったん広まった風評はコントロール不能です」[*5]

二〇世紀は、マスメディアによってつぎつぎに話題が変わる「上意下達型《トップダウン》コミュニケーション」で成り立っていた。情報は集中化した経路を流れるため、せき止めやすく、制御しやすかった。スワンが指摘したように、風評をコントロールする時間もあった。強力な組織、強力な社会、強力な人々は、こうした垂直の情報構造を拠りどころとしていた。だが、それも過去の話だ。

ワイアード誌の編集長として知られたケビン・ケリーは、二〇〇六年五月にニューヨーク・タイムズ・マガジン誌にある文章を寄せた。その一節を紹介しよう。

シュメール人の粘土板の時代から現在までに、人間は少なくとも三二〇〇万冊の本を生み出してきた。さらには、七億五〇〇〇万の記事やエッセイ、二五〇〇万の歌、五億の画像、五〇万の映画、三〇〇〇万のビデオ、ＴＶ番組、ショートフィルム、そして一〇〇〇億もの公開ウェブページを……しかし完全にデジタル化すれば、この全部を（現在の技術レベルでは）一ペタバイト［訳注：一ペタバイトは約一〇〇〇万ギガバイト］のハードディスク五〇個に圧縮できる。五〇ペタバイトを格納するには小さな町の図書館くらいの建物が必要になるが、未来のテクノロジーをもってすれば、あなたのｉＰｏｄにすっぽり収まるだろう。[*6]

「知識は力なり」というフランシス・ベーコンの格言は、彼が生きた一七世紀と変わらず今も正しい。知識や情報が事実上、制御不可能となった今、その力は世界中のすべての人々に移りつつある。私たちは新しい現実に順応し、それを活用しなければならない。

トップダウン式の階層で成功するのに役立ったスキルや習慣は、もはやさほど重要ではない。強くてもコミュニケーションの足りないリーダー、へつらうイエスマン、強引なセールスマンはみな急速に旧世界の遺物になりつつある。スタジアム内でいちばん立派な肩書きを持っているだけでは、ウェーブはつくれない。今、求められるのは、水平なネットワークを通じて、アイデアとイニシアティブとでまわりの人々を結集させる能力、人と人のあいだに強いシナプスを築く能力だ。

誰もが平等に情報へアクセスできれば、より多くの人が情報に通じたうえで行動できる。クリプトナイトはそのことを苦い経験から学んだ。同社は傷ついた評判を、製品のリコールと再設計というかたちで修復したが、情報世界では真実から目を背けることがきわめて困難だと思い知った。クリプトナイトの甘い見通しと無気力ぶりは、大きな公開イベントと化したが、他人事ではない。ばれないと思いこんで、シカゴで見込み客にあることを語り、フェニックスの客には別のことを伝えるセールスマン、上司がすぐ矛盾に気づくことを忘れて、出張についてあることないことを報告する者……。履歴書で大学の学位を詐称しても、たった一〇ドルの経歴調査であっさり暴かれる時代であることを忘れてはならない。

今日の世界の透明性には二種類ある。ひとつは「テクノロジーによる透明性」だ。たえず進化する、ネットワーク化された世界によって私たちにもたらされる透明性、いわば名詞としての透明性だ。クリプトナイトはこの状況の犠牲となった。もうひとつは「個人間の透明性」だ。こちらは、何をどうやるかというＨＯＷに重きを置く行動の透明性、あり方の透明性、いわば「透明である」という動詞としての透明性だ。能動的な透明性と言ってもいい。

ふたつの透明性は、互いを相乗的に活気づける。「世界にさらされる恐れを、新しい能力と行動とに転換するにはどうすればいいか？」「透明性に能動的に取り組むにはどうすればいいか？」――これこそが、今日の成功に書かせない課題だ。

企業も「性格」で判断される

ここ数年でもっとも世間をにぎわせた裁判のひとつに、スコット・ピーターソン事件がある［訳注：二〇〇二年、カリフォルニア州モデストでレーシィ・ピーターソンがクリスマス・イブに失踪、殺害された事件。臨月間近のレーシィとともに胎児も遺棄された残虐性、それに「ハンサムな夫と明るく家庭的で人気者の妻」という、絵に描いたような幸せな家庭の悲劇が話題を集めた］。この公判で陪審は、被告に死刑を言い渡した。評決がくだされたあと、私はテレビで陪審員のひとりがインタビューに答えるのを見たが、どのようにして結論に達したのかと訊かれた陪審員は、こう言った――ピーターソンが妻と胎児の殺害について有罪であることは明らかだったが、ピーターソンの愛人アンバー・フライの安っぽい不倫行為の証言は、死罪判決に大きく影響した。何よりもフライの証言からピーターソンの性格と意図が明らかになった。[*7]

この発言に私は衝撃を受けた。専門的に言えば、フライの証言はピーターソンに「殺意」と「悪意」があったことを訴えたものだ。殺意も悪意も曖昧で立証不可能だ。にもかかわらず、それが陪審員にとって重要な情報になったという。陪審員長のスティーブ・カードーシも、注目に値する発言をした。ピーターソンが裁判で証言したら、自分を助けることができただろうかと訊かれた彼は、こう答えた。「いや、彼の過去や正直さのレベルを考えると、私たちに話をしたら、かえってまずい結果になったでしょう。たとえ正直に話したとしても、私たちは信じなかったと思います」[*8]

この件をきっかけに、私は過去数年間のほかの有名な事件を振り返ってみた。メディアをうまく利用する達人、マーサ・スチュワート〔訳注：カリスマ主婦として一世を風靡したアメリカの女性実業家〕の証券詐欺と司法妨害の裁判では、ミリアム・ゴールドマン・シダーバウム判事が量刑判断に際し、スチュワートが捜査官に対する偽証で有罪判決を受けたのち、反省を示したかどうかを考慮した。だがスチュワートは、判決後に授賞式やハンプトンズでのセレブパーティなどに出歩いていて、訴訟を有利に運ぶことはできなかった。[*9]また、ホテル女王のレオナ・ヘルムズリーは、裁判所に対して否定的な態度を隠そうとしなかった。彼女の有名な「税金を払うのは庶民だけ」という発言は、とんでもなく侮辱的で、彼女に重い刑罰を科す一因にもなった。[*10]

性格を評価することはむずかしい。それでも私たちは昔から、日々、人の性格に評価をくだしている。自分のためになにげなく評価する場合もあれば、人の運命を左右するような重大な評価をする場合もある。その結果の持つ意味が、取るに足らなくても、きわめて重大でも、私たちの評価基準は変わらない。犯罪者に極刑をあたえる場合だろうが、路上生活者に一ドル渡す場合だろうが、性格の評価は大きな役割を果たしているのだ。

そして今、企業までも性格で評価されるようになってきた。そのことを私が実感したのは、二〇〇六年に、連邦住宅抵当公庫、通称ファニーメイが財務上の不正行為で四億ドルの罰金を科されたときだ。[*11]ロイター通信によると、この巨額の罰金は、「ファニーメイの『傲慢で非倫理的な』企業文化が、従業員に収益の水増しをさせたという事実によるところが大きく、ファニーメイの問題点には、経理およびコーポレートガバナンスの基準違反だけでなく、過剰なリスクを冒す一方でリスク管理がずさんであることも含まれる」[12]という理由によるものだった。

また、連邦住宅公社監督局（ＯＦＨＥＯ）の局長、ジェイムズ・Ｂ・ロックハート三世は、ＰＢＳの『ニューズアワー』に出演した際、こう明言した。「この公庫全体の文化を変えなくてはならない。われわれはいわば、公庫の徹底的な見直しを求めているのです」[13]。三年前だったら、ロックハートは「彼らには適切な内部統制やコンプライアンスのメカニズムが欠けていた」とでも述べただろう。それが今では、「ファニーメイの魂を深く調べたところ中心に腐った部分があり、傲慢で非倫理的な企業文化から逸脱が生じたと判断した」と言っている。私たちは日常的に人の性格を判断しているが、こと企業に関しては、ごく最近までそういうことはなかった。組織に性格があるとは思えなかったからだ。

かつて、会社を要塞化できたころは、外から見える姿をコントロールすることができた。壁を高くし、遠くからでも見える旗を代理として胸壁に掲げれば効果的だった。従業員が法律を犯したとき、それが会社ぐるみかどうかを判断するのに、その会社がコンプライアンス通報窓口《ホットライン》に多額の投資をしていたら、陪審は、この会社は正直で努力しているとみなすしかなかった。ホットラインは自己管理の代理だが、企業の偽らざる、日々の行動を深く調べることはできなかったから、代行や代理で良し悪しを判断せざるをえなかったのだ。

企業の多くは、コンプライアンスや安全確保などの任務を負うプログラムや部署によって体面を保った。そして、スキャンダルに巻きこまれたり不正行為で訴えられると、プログラムの過失とした。どの都市にも犯罪者がいるように、どの組織にも腐ったリンゴがある。行政の改善姿勢を判断する材料は、犯罪の根絶をめざす法律と努力であり、企業の改善姿勢を判断する材料は、社員の規律を正すために設定するプログラムや方針である――というわけだ。たしかに、犯罪をなくすというリーダーの努めの代理として、都市の法律と会社のプログラムはほぼ同じ機能を果たしている。悪人の逸脱行為のために、市長を逮捕したり会社を処罰することはない。法律用語では、不正を未然に防ぐこうした行為を、リスクの精査《デュー・ディリジェンス》と呼んでいる。

工業化時代の資本主義では、代理や代行が一定の役割を果たした。履歴書は職歴の代理であり、コンプライアンス・プログラムは金融業界と規制当局に、会社が規制に配慮していることを告げるのを代行した。前職でもらっていた給料は、あなたの市場価値を伝える代理となった。私たちは自分の価値をもっともよく示す指標を選んで前面に出し、世間に見えるようにした。

代理や代行は、効率的で明白な先行指標でもあった。この指標を追跡すれば、簡単に進行を追うことができた。たとえば、カスタマーサービスの窓口対応を改善したければ、研修プログラムを設けて一定の規則や基準を導入すればよかった。プログラムを修了した数千人の従業員の実績をいちいち監視・追跡するのは費用と時間がかかりすぎる。だから、修了率を成功の効率的な目安とした。

ただし効率は、工業化時代のアヘンだった。二〇世紀の大半を通じて、社会が代理や代行を松葉づえのように頼りにしていたのは、詳細な情報をリアルタイムで得るのは困難で高くついたからだ。だが、そんな時代は終わった。ほんの数年前と比べても、企業の内部事情は格段に見通しがよくなった。チャットルーム、オンラインフォーラム、財務報告書や取引データへの即時アクセス、世界中のニュース報道……すべてオンラインですぐ検索することができる。

私の知りあいに、企業の従業員の安全面におけるリスク低減に協力している弁護士がいる。彼は事件の審理の仕方を説明する際、まずこう言った。「私が毎月ハードドライブをいくつ運び出すかわかりますか？　それが最初にやることです。われわれはそれをチェックし、事件に関する発言や意見にじっくり目を通していく。会社の内部事情が、提出命令ひとつで手に入るのです」

このように、社会のあらゆる面で情報へのアクセスが容易になると、組織に対する評価の仕方も、その組織に期待されるものも変化せざるを得ない。もはやホットラインを設置するだけでは十分ではない。従業員に意識調査をすれば、ホットラインで告発することを不安に感じていないか、あるいは告発しても名前が洩れることはないと信用しているかどうかは簡単にわかるだろう。組織の規範、価値観、習慣を評価することで、私たちはどんどん組織の性格を見きわめるようになっている。

消費者も顧客も規制当局も裁判官も陪審も、いまや「性格」という観点から企業を見ている。取引先の企業の性格に、今までよりも注意を払っている。人々は、この企業は誠実か、どんな性格かと自問するようになった。誰もが、プログラムや代理の奥にある企業の文化を見ているのだ。毎日、すべての商取引で。

グローバル企業では、パートナー候補の内部を徹底的に調べる。新たな協力関係を築くには透明性が必要であり、そのためには信頼が不可欠になるからだ。また、きわめて優秀なMBA取得者たちの多くが、公正な取引と個人を重んじることで定評のある会社で働けるなら、報酬の額にはこだわらないと断言している。さらに、最近のLRNの調査では、回答した従業員の九四パーセントが、自分の会社に対して、価値観への強い決意《コミットメント》があることが重要だと言い、八二パーセントの人が、コミットメントが疑問視される会社で高給を得るより、給料は減っても価値観を原動力とする会社で働くほうがいいと答えた。[*14]

こうした考え方は、今後もっと広く深く浸透し、企業に関するあらゆる評価に影響をおよぼすにちがいない。誰もがこんなふうに尋ねる日も近いだろう。「この会社には、機敏に反応する文化があるのか、それとも摩擦と不協和だらけの文化しかないのか？」「あのチームのメンバーには、力を存分に発揮して創造し、目標を達成する自由があるのか、それともメンバーの努力を阻害するシステムと文化に邪魔されているのか？」「共通の信念、態度、志のもとに団結した逸材ぞろいの会社なのか、それとも利害が競合する者どうしで社内の優位を奪いあうような会社なのか？」

かつてはソフトとされていた要素が、賃借対照表《バランスシート》や資産のように大きな比重を占めるようになりつつあるのだ。

ごまかせば命とり

テクノロジーによってもたらされた透明性は、代理と代行のベールをはがし、個人と組織をかつてないほど世界にさらしている。そして、この新たな無防備さは、私たちの行動のあり方に深い影響をおよぼしている。

ロチェスター大学ウィリアム・E・サイモン経営大学院のジェイムズ・A・ブリックリー教授は、透明性がビジネスのHOWにあたえる影響を数量化すべく、売り手と買い手の典型的な商談を調査した。たとえば、高品質な化学化合物の売買契約の場合、高品質の化合物が低品質のものより高いのは当然としても、その品質が確かかどうかはわかりにくい。もし、買い手が化合物の純度を簡単かつ安価にチェックできるなら、売り手は品質をごまかしたりしないだろう。すぐに発覚し、契約がご破算になるのだから。だが、チェックがむずかしいなら、品質をごまかす可能性は否定できない。[*15] 正規品をつくるのに一〇ドルかかるのに、ごまかした製品が五ドルでできる場合、絶対見つからないなら、売り手は五ドルの利益を得ることになるからだ。

かつての買い手は、左手が何をしているかを右手が知ること（すなわち、売り手や製品についての情報を得ること）は今よりずっとむずかしかった。このため、ごまかそうとすることもできた。だが、製品の情報が速く、広く、安く広められるようになると、ごまかすことによるデメリットのほうが大きくなった。不正行為はすぐに発見され、拡散され、長期にわたる評判と売上げの低下につながる。売り手が製品をしっかり保証できなければ、買い手は支払う額を減らしてリスクを少なくしようとする。かくして売り手は、正しいことをしたほうが得だと悟ることになる。

ブリックリー教授の調査は品質を変数としていたが、ここでの本当のポイントは品質ではない。信頼と透明性、そしてＨＯＷだ。最高の人材を募集するにしろ、見込み客と交渉するにしろ、企業は裁判所でも世論という名の法廷でも、今まで以上にレベルの高い自社の文化を示さなければならない。

企業はＷＨＡＴ（品質）だけではなく、ＨＯＷによっても判断されるようになった。良質のテニスシューズをつくっても、ベトナムの労働者を搾取しているのなら十分ではない。給料がよくても、従業員に対する評価が低いような方針なら十分ではない。約束の八〇パーセントを守っても、競合他社が一〇〇パーセント守っているのなら十分ではない。企業に対する世界の見方はすっかり変わった。もう元に戻すことはできない。

「オープン」に勝る戦略なし

相互にネットワーク化された世界で変化する代理や代行のあり方を、もっとも如実に表わしているのは広告業だ。

広告やマーケティングは、顧客にアピールしたい会社の代理として活躍してきた。たとえばラジオとテレビの草創期、広告主が印刷物から自由になり、音声や映像を使いはじめたころの広告は、おおむね消費者に語りかける方式で、その多くは日常的な体験の再現だった。その結果、より誠実で、より庶民的で地に足がついているように見えるCM出演者は一躍人気者となった。そのひとりがロナルド・レーガンだ。当時B級映画の俳優だった彼は、ラジオCMに登場し、あのリラックスした調子で、ボラクソ・ウォーターレス・ハンド・クレンザーが、ペンキからグリースまで手についたあらゆる汚れを落とすと語った。「仲間はみんな、太鼓判を押す。きっとあなたもそうなりますよ」[*16]。そのメッセージは、シンプルながら直接的で、商品情報もあった。

さらにテレビが普及すると、広告人たちは映像の力を巧みに操りはじめた。およそ四〇年間で、広告はどんどん洗練され、イメージの描き方にも磨きがかかった。CM回数は増え、圧倒的な力を持つようになった。商品の独自性を確立させようと努めた賜物だった。

CMは、庶民的な友人の時代から抽象的なアイコンの時代へと進化した。マルボロマン、カーネル・サンダース、ジョー・キャメルといったCMキャラクター、さらにはナイキのマイケル・ジョーダンのような実在の人物までが、消費者の感情や願望を表すシンボルとなった。マーケターの目標は、強力な「ブランドイメージ」の確立であり、「ブランド認知」だった。さらに一九九〇年代に入ると、ブランドメッセージはひどく抽象的で凝ったものになり、商品そのもののアピールはさほど重視されなくなった。

そして今、状況は再び一変しつつある。情報に簡単にアクセスできる今日の消費者は、以前よりもずっと賢い。彼らはあっさりイメージをかいくぐり、商品の真実にたどり着く。米国でいち早くこの現実を感じとったのは、映画のマーケターだった。

二五年前は、その年の目玉となるような大作映画はまずニューヨークとロサンゼルスの数館で公開されたものだ。そこでよいクチコミと批評家（観客の代理）の称賛ではずみをつけてから、週を追って全米で本格公開する。さらには国外のマーケットへ進出するという流れだった。ロサンゼルス・タイムズ紙によると、当時の興行成績上位作は、公開第一週の収益が総収益の一二パーセントにすぎなかったらしい。*17

その後、シネマコンプレックスの成長と一斉公開とによって、映画会社は一日で世界各国の数千にもわたる映画館で作品を公開できるようになった。封切り前に作品を観るのは評論家と各地で数回行なわれる試写会の観客だけ。だからマーケターは作品のブランド構築をほぼ完全にコントロールできた。これほどうまく商品を市場にあわせて特徴づけた産業はほかにない。ハリウッドの権力は、映画の製作陣からマーケターへとシフトした。大作映画はきまって最初の週末に総売上の三分の一を稼ぎ出す。クチコミによって評価が修正される前に、がっぽり利益をあげるわけだ。

だが、そこにaintitcool.com（エイント・イット・クール・ニューズ）をはじめとするウェブサイトや、映画について語りあうブログや掲示板が現れた。今では、まだ製作中の映画を覆面試写会《スニークプレビュー》で観たニュージャージーの観客が、その感想をネットに書き込むこともある。公開されたばかりの映画が突然、あちこちで議論されてもおかしくない世界になったのだ。

マーケターがすべてをコントロールする時代は終わりつつある。最近のロサンゼルス・タイムズ紙に「即時的コミュニケーションの技術によって、クチコミの役割がすっかり変わった」と語ったのは、フォックス・サーチライト・ピクチャーズのCOO（最高執行責任者）、ナンシー・アトリーだ。[*18]「クチコミは以前は都市部に限定されていましたが、近ごろではeメールやテキストメッセージのおかげで、大陸をいくつも横断します。クチコミの意味が、根本的に変わってしまったのです」

ロサンゼルス・タイムズ紙の最近の調査も、この考えを裏づけている。それによると、一〇代とヤングアダルト層（映画館の観客に占める割合がいちばん高く、ネットにもっとも親しんでいる世代）のほぼ四〇パーセントが、映画の鑑賞中、鑑賞直後、あるいはその日のうちに感想をシェアするという。即時的コミュニケーションが、その映画の成否を瞬時に決める。ヒットになるのか、公開第一週の週末が終わらないうちに早々に打ち切ってDVD発売に切り替える運命になるのか、それを決めるのはもはや企業ではない。市場だ。

この傾向は、ほかの分野にも浸透しつつある。たとえば「リアルな人々。リアルなレビュー」を謳い文句にするウェブサイト、Yelpでは、素人レビュアーのコミュニティがあり、ここにログオンすれば、ホットドッグスタンドから五つ星レストラン、街角の金物店にいたるまで、あらゆる店舗に関する感想をシェアできる。

Yelpは、二〇〇四年後半にサンフランシスコで立ちあげられると同時に、人々に衝撃をもたらした。ザガットやミシュランといったガイドブックの匿名レビュアーと違い、Yelpのレビュアーたちは詳しいプロフィールを書き込む。彼らはまた、共通の関心事という絆で結ばれている。そのおかげですぐに信頼が築かれ、「よいYelp」という評価が得られると、一夜で店のレジを鳴り響かせた。

「顧客とのやりとりは、もはや一回かぎりの交流ではない」とロサンゼルス・タイムズ紙に語るのは、情報産業リサーチを専門とするアウトセル・インクのメディアアナリスト、ケン・ドクターだ。[*19]「最高の体験をしたにしろ、最悪な体験をしたにしろ、顧客はドアから外に出たとたん、メガホンを手にして自分の体験を世界に告げることができる。その意見が公正であろうとなかろうとです」

賢明な経営者は、この新たな現実のなすがままになったりはしない。なかには、レビュアーの意見を活かしてすぐに製品を改良する経営者もいる。「すぐにフィードバックが得られるので、事業のやり方そのものが変わりました」と語るのは、レストラン「ウーラ」のオーナーシェフ、ウーラ・フェンデートだ。「昔は売上げが鈍っていることに、あとになって気づいたものでしたが、今はほとんど即座にわかります。何かあったら、つぎの日にYelpで見て修正できるんです」

クチコミの効果が増して、サンフランシスコ・クロニクル紙の批評家より、バークレー在住の一般人の意見のほうが信用されたりするのは、企業のメッセージとマスメディアに人々がうんざりし、シニカルになっているからである。だが、さらに掘り下げてみると、そこにはもっと深い理由がある。代理がメッセンジャーの役割を果たせるのは、受け手がそのメッセージを信頼し、しかも比較対象になる別の情報がないときだけだ。誰もがつながりあい、あふれる情報にすぐアクセスできる世界では通用しない。「この最新型のおもちゃにお子さんは大喜び」と玩具メーカーがアピールしても、ネットを見れば、その製品を購入して子どもに使わせた親のレビューを読める今、ことの真偽はすぐにわかる。

先進的な企業は、すでにこの事実をふまえ、クチコミが発生するところにマーケティング予算をつぎこんでいる。大がかりなテレビCMキャンペーンの予算は年々減らし、かわりにニューメディアが可能にした直接的アプローチに費用をあてているのだ。米国新聞協会によると、二〇〇五年に広告主が新聞広告に費やした額は約四七四億ドル、テレビCM費は四六二億ドル、DM広告費は五二二億ドルと同程度だ。これらマスメディア広告の前年比成長率は五パーセントほどという。それに対して、ターゲットを絞ったインタラクティブ広告（対話型マーケティング）の費用は、九七億ドルから一二五億ドルへと前年比三〇パーセント近い伸びを示すと推定されている。[*20] ちなみに、米国クチコミマーケティング協会（WOMMA）は、こうしたクチコミ（WOM）マーケティングを、「人々に製品やサービスについて話すきっかけをあたえ、その会話をはじめやすくするもの」と定義している。[*21]

　実際、巷では斬新な戦略が毎日のように登場している。たとえば「バイラルマーケティング」は、おもしろかったりためになるメッセージを提供することで、それを見た消費者がインターネットやeメールで指数関数的に商品を広めるのをねらいとしている。また、「エバンジェリストマーケティング」は、伝道者《エバンジェリスト》やボランティアを養成し、企業にかわって積極的にメッセージを広めてくれるよう促し、「コーズマーケティング」は社会的大義を支援して、その大義を意識する人々から敬意と支持を勝ち取ることをめざす。さらに「モバイルマーケティング」は、携帯電話を使って新規、既存の顧客と双方向の対話を構築し、「ブランドをポケットのなかへ広げる」[*22] ことで、多種多様な目的（メールで募集する懸賞、ダイレクトレスポンスの取り扱い、カスタマーサービス管理、ブランド構築など）を果たしている。

　興味深いのは、こうした直接的で個人的なアプローチが、多くの点でメディアの草創期に先祖返りしていることだ。当時の人々は、ロナルド・レーガンのような、信頼を寄せる人物からメッセージを受け取っていたことを思い出してほしい。

マスメディア広告の効果が薄れてきたのは、人々がそれを信じないからだが（情報時代では、広告の主張に反する客観的事実にいくらでもアクセスできる）、もっと重要なのは、消費者はもう購入を決めるときに広告をさほど必要としていないという事実だ。二〇〇五年にギャラップが実施した年次ガバナンス調査によると、「ニュースを完全に、正確に、そして公正に報道するという点で、マスメディアを信頼すると答えるアメリカ人はわずか半数」で、ほぼ四分の三が信頼を感じていた一九七六年のピーク時から大幅に減少している。[*23] また、最近のインテリシークの調査では、消費者の八八パーセントがクチコミ広告を信頼する一方、新聞広告を信頼できると答えた人は五六パーセント、テレビとラジオでは四七パーセントにすぎなかった（ちなみに、「専門家」を信頼する人は二七パーセント、有名人を信頼する人は八パーセントだった）。[*24]

「このような変化が起きているのは、消費者と顧客が冷ややかだからです」。大手広告会社レオ・バーネット・ワールドワイドの元会長兼CEOリンダ・ウルフは、私にそう語った。バーネットに在職中、ウルフは八〇か国以上、二〇〇以上のユニットにまたがるグローバル事業を管轄していた。今も広告界でもっとも影響力を持つ人物のひとりである。「消費者のブランドや商品との関わり方は、以前より洗練されてきています。今の消費者は、目の前にあるもののインチキさを見抜く。本物かどうかを見極める目利きで、事情に通じてもいる。だからこそ、もっと本物らしさを求めるのです」

マーケターにとっての新たなチャレンジは、潜在顧客がいかに「確かだという印象」を持つようにするかだ。人々にそれを確かだと思ってもらうには、HOWを正し、メッセージや市場を操作していない場で交流することが不可欠だ。ウルフは、「ガラス張りの世界では、あなたの意図が正直で信用できるものでなくなったとたん、ダメージを受けかねません」と言う。「消費者はそのとき、だまされた、ごまかされたと感じる。裏切られたと思うのです。せっかくうまく信頼関係を築いても、企業がそこにひびが入るようなまねをしたら、裏切られた思いを大きくするばかりです」

消費者と直接、オープンな対話でつながり、それによって市場にウェーブを起こす――これが今日のマーケティングの新しいHOWであり、もっとも重要なことのひとつだ。ダンスクラブにさくらを送りこんで商品の宣伝をさせるのは、もはや巧妙な手口でもなんでもない。最近の調査では、相手にさくらだと身分を明かしたエバンジェリストマーケターのほうが、伏せていたマーケターより強い印象をあたえることがわかっている。広告という高度に練りあげられた世界でさえ、個人的に、そして透明性をもって市場に働きかけるほうが、操作しようとする者よりも得るところが大きいのだ。

大量の情報にアクセスできるようになったことで、私たちが受け取るメッセージの読み方は根本的に変わった。代理や代行を通じた生き方、管理、そして自己表現は時代遅れになった。「顧客を獲得できるかどうかは、本物かどうか、適切な関係を築けるかどうかにかかっています」とウルフは言った。「極度に断片化された今日のメディアは、顧客ごとの関心や欲求に沿って働きかけ、そこから関係を築いていく。非常にエキサイティングな時代とも言えます。あなたの商品に信頼を寄せている人と、今まで以上に一対一の、より豊かな関係、はるかに深い関係を築き、彼らと連携することができるのですから」

「市場とつながる」とは、もはやブランドイメージやブランド認知を広めることではない。それは「ブランドの約束」を主張することであり、企業と市場のあいだに直接的な関係を築くことだ。「約束」は「イメージ」よりも深い。約束には、あなたが保証するもの、あなたが自分に寄せている期待、さらにはどんな行為や行動でそれを守るかといったことが含まれる。「肝心なのは信頼です」とウルフは言う。「信頼こそがカギです。首尾一貫した姿勢を示しているブランドは、信頼を築き、信用を築き、関係を築くことができる。そして、そのようにして成立した関係は堅固で、簡単には壊れないのです」

問題は商品について何を語るかではない。いかにして顧客にとって実りある確かな体験をつくり出すかだ。「私たちはみな、自分や自分の会社が何をよりどころにしているのかについて、常に明快かつ透明でなければならない」。ウルフはそう締めくくった。「明快であれば、顧客にはすぐに伝わる。単純なことです」

謝罪していますか？

ガラス張りの世界では、人目にさらされるという恐れがつきまとう。だが透明性とは、あなたに対して起きるばかりではない。それは、組織や個人が身につけるべきものでもある。

たとえば、あなたは「すみませんでした」と言うことができるだろうか？

ビジネスでは口に出しにくい言葉だが、昨今はあちこちで耳にするようになった。たとえば二〇〇五年六月、ノースカロライナ州シャーロットを拠点とする、米国で四番目に大きな銀行ワコビア・コーポレーションは、すべてのアメリカ人、とりわけ黒人のアメリカ人に対して謝罪を表明した。同社が委託した歴史調査で、前身にあたる銀行のうちの二行が、南北戦争以前に奴隷を所有していたことが明らかになったためだ。[*25]「私たちは過去を償うことはできないが、そこから学ぶことはできる。他に類のない苦闘、勝利、貢献、そしてアメリカの過去と現在における重要な役割も含めて、アフリカ系アメリカ人の物語について理解を深めていくことはできるのです」と同行は述べている。[26]

やはりアメリカの大手銀行であるＪＰモルガン・チェース・アンド・カンパニーも、二〇〇五年初頭に、同行の母体となった二行がローンの抵当として数千人の奴隷を受け入れていたことを認め、「野蛮で不当な制度」に加担したことを謝罪した。[27]またアップルは、二〇〇六年半ばにストックオプションの日付をごまかした不祥事が発覚したとき、三か月にわたって内部調査を実施し、その結果をウェブサイトに公表した。そこにはＣＥＯのスティーブ・ジョブズの謝罪文も掲載されていた。ジョブズは全面的にこの問題の責任をとった。「アップルの株主と従業員に対し、私の監督下で起きたこうした問題について謝罪いたします。これはまったくアップルに似つかわしくないことです」とジョブズは言った。「今後は残る問題をできるだけ速やかに解決するとともに、こうした事態が二度と起きないよう適切な改善策の導入に取り組みます」[28]

さらに、シティグループの会長兼ＣＥＯチャールズ・プリンスは、他文化に対する気づかいを、少々芝居がかった態度で示した。儀礼としての謝罪が深く文化に根差している日本に飛び、公の場で頭を下げ、同社の日本における違法行為に遺憾の意を表明したのだ[29]〔訳注：二〇〇四年、シティバンク、エヌ・エイ在日支店は、富裕層向けのプライベート・バンキング部門で不当な販売取引やマネーロンダリングなど、多数の違法行為をはたらいたとして金融庁から行政処分を受けた〕。その数日後、プリンスはニューヨークの日本協会でスピーチをした。「組織の遺産を大きくする必要を顧みず、短期的思考に陥っていた例がいくつかありました……これはシティグループの流儀ではなく、弊社のほかの事業のやり方を反映するものでもありません……ビジネスをどのように行なうかは、少なくともどんな規模でビジネスを行なうかと同じくらい重要です」[30]

謝罪は、責任を受け入れることであると同時に、不当な扱いを受けた側に権力を譲ることでもある。許すか許さないかの決定権を相手にゆだねるということだ。また、謝罪するときは、あえて無防備にならなければならないが、これは透明性の究極の行為であり、ガラス張りの世界を自分の味方に転じさせるきわめて興味深い行為でもある。

謝罪は常にまちがった行為のあとにくるがゆえに、喪失を伴う。敬意の喪失、信用性の喪失、信頼の喪失。謝罪は本来、改善をめざし、ダメージの軽減をめざすものである。にもかかわらず、非を認めたら組織の多額の収入や、個人の仕事、生活、自由が犠牲になりかねないようなときは、何とか避けたい気持ちがとてつもなく大きくなる。もうダメージは受けているのに、なぜ非を認めてさらに責任を負わなくてはならないのか？　というわけだ。ＣＩＡの古い決まり文句が耳に鳴り響く。「何も認めるな。すべてを否定しろ。逆に非難しろ」[*31]（これもまた、情報のコントロールを主目的とする組織がもたらした要塞型思考の名残だ）。

実際、訴訟が多い社会では謝罪は奨励されない。規則のつくられ方からいっても、双方が責任を否定して裁判沙汰になり、法廷で罪をなすりつけあうようになっている。イエナファームが旧東ドイツのオリンピック選手たちとの訴訟でとった立場のように。

ところが、ガラス張りの世界では真実が勝利をおさめる。「いまや私たちが書くことや言うことにアクセスできる番犬が何十万頭もいることを、誰もが認識しなければならないのです」。フロリダ州のジャーナリズムシンクタンク、ポインター・インスティテュートのロバート・スティールは最近、サンディエゴ・ユニオントリビューン紙でそう語った。「インターネットの広がりによって、誰もがより速く簡単に責任を問われるようになるでしょう」[*32]。そうなったとき重要度を増すのは、失敗による損失の流れをせき止める能力、ミスを前にして能動的にふるまう能力だ。5章では、米国でもっとも評価の高い医療組織のひとつ、ミシガン大学ヘルスシステム（UMHS）が、医師に謝罪の訓練を受けさせ、訴訟と医療過誤のコストを削減したことを紹介した。この組織のミッションは、最終的な利益を増加させるだけでなく、コミュニティとのあいだの信頼を修復することであり、そのことで長期の繁栄を築くことだった。

現役の軍関係者を主なサービス対象とする健康保険会社、トライウェスト・ヘルスケア・アライアンスでは、二〇〇二年、本社のノートパソコンが二台盗まれた。その結果、氏名、住所、生年月日、社会保障番号、そして一部のクレジットカード番号まで、なりすまし犯罪の成功率を高めるために必要な一式が外部に漏れてしまった。当時としては、米国史上最大の情報盗難事件だった。[*33] 保険会社が信頼をなくせばどうなるか？ トライウェストにとっては命とりになりかねなかった。

このとき注目に値する行動に出たのが、社長兼CEOのデイブ・マッキンタイアだった。「最初に考えたのは、『重大なまちがいが起きたことを五五万人に伝える最速の方法は何か？』でした」。彼は二〇〇万ドルをかけて、被害を受けた顧客にただちに連絡をとり、質問や相談を受けつけるインフォメーション・ホットラインを設置した。さらには、一般の人や事業主にこうしたセキュリティ侵害の修復、予防方法を指導することにも献身的に取り組んだ。結局、マッキンタイアは大きな過失を、個人情報漏洩防止運動に対する功績で米国PR協会から優秀賞を授与されるまでにしてみせたのだ。[*34]

公の謝罪が冷笑家の格好の餌食《えじき》となることは、否定しない。冷笑家たちは、人はみな利己心から行動すると信じている。だから過ちを認めて挽回する試みを見ても、こう言うだろう。「ハードドライブが持ち出されたとき、しかるべき注意は払われていたのか？ 顧客の個人情報がセキュリティ侵害や盗難に遭いやすい場所に放置されていたのはなぜだ?」。それでも、謝罪はまっ先にすべきだ。「ここからどう進むのがいちばんいいのか?」「失った信頼を回復するにはどうすればいいのか?」――謝罪はこんな疑問に答えるものだ。

研究によれば、謝罪することは正しい行為であるばかりか、賢明な行為でもあるという。オハイオ州立大学フィッシャー・カレッジ・オブ・ビジネスで、経営および人的資源を担当するロイ・レビスキー教授らによってなされた研究が、二〇〇四年のジャーナル・オブ・マネジメント誌に発表されている。それによると、「ビジネス上の関係で失った信頼を修復するには……進んで責任をとり、償い方を提案する姿勢が求められる」[*35]。冷笑主義《シニシズム》はあらゆるかたちで周囲を蝕もうとするが、能動的な透明性は冷笑家の存在とてものともしない。その信憑性が、冷笑家の疑念をも和らげるからだ。

マッキンタイアは「すみませんでした」のひと言で先手を打った。「やってもいいことは何か?」ではなく、「やるべきことは何か?」と自分に問うことで、会社を救う迅速にして透明性のある行動ができた。謝罪はある程度の自己利益も含むものだが、それが心からのものであれば、他者への気遣いもまちがいなく含まれる。また、謝罪して権限が相手に移れば、こともスムーズに運ぶ。

6章でふれたオハイオ州立大学の調査は、従業員のシニシズムが、入社当初の意欲をいかにそぐかを解き明かしたが、じつは、この調査は、会社と経営者がそうした状況を逆転させる方法も明らかにしている。その方法とは、経営者が従業員に対して、会社の成功も失敗も正直にオープンにするというものだ。「計画が失敗した場合、経営陣は信用できて検証可能な原因を従業員に示さなくてはなりません」。そう述べるのは、調査を実施したジョン・ワナウス教授だ。「経営陣が失敗を犯したのなら、彼らは率直にそう言わねばならない」[*36]

つまり、透明性はシニシズムの「解毒剤」になる。謝罪は相手に対する信頼を示す行為だ。だから、受け手は自然に、その信頼に信頼で応える。このことは、ポール・ザックの信頼ゲームの実験でも明らかになった。すべての人に信頼が届くわけではないが（一部には壁が高すぎる人もいる）、届いた人とのあいだには信頼を回復する基盤ができ、それがあなたを未来へと導く。進んで示す透明性は、さまざまな場面であなたを優位に立たせてくれるのだ。

超難関を突破した秘訣

ボストンのロースクールにいたころ、私はある男とボート仲間になった。名前はシグ・バーベン。頭が切れるがひょうきん者で、多才。文武両道だったが、クラスで一番というほどではなかった。ある日、その彼が、ハーバード・メディカル・スクールの入試面接を受けたときの話をしてくれた。「学長室に入って椅子に腰かけたんだ」と彼は言った。「この面接にはいろんなことがかかっていたからね、部屋の空気は重苦しかったよ。学長はデスクの後ろに座って、僕の成績証明書を両手で持ったまま、しばらく何も言わなかった。ようやく僕の目を見ると、成績証明書をかかげて、こう言ったんだ。『きみ、私はこれよりいい成績をたくさん見てきたよ』。僕ははっとしたけど、学長をしっかり見返して言った。『僕もです……僕も同じです』。それからは話がはずんだんだ」

当時の私は、学長に対するシグの率直さが理解できなかった。彼のレベルを考えると、無謀にも思えた。その行為の非凡さがわかったのは、ずっとあとのことだ。シグは入学を認められ、今ではカリフォルニア大学サンフランシスコ校の整形外科部門で優秀な助教授として活躍している。彼が合格したのは、部屋に漂う空気やさまざまなプレッシャーに屈することなく、正直さを貫いたことが大きい。彼は、「じつは母が病気で、この学期を休学したせいで成績が下がったんです」などとは言わなかった。一切の言い訳をせず、誇張や嘘も並べず、自分ももっといい成績を見たことがあると認めただけだった。

学校や会社で何かに応募するとき、たいていの人は自分とは違う人間を演じようとする。上司のご機嫌をとらなければならないとか、「どんな手を使ってでも前に進め」という昔ながらの文化の圧力に負けるのだ。その気持ちはよくわかる。とくにビジネスの世界では、求職中の身ほど弱い立場はない。新しい職場で働けるかどうかは、人生に重大な影響を与える。何しろ私たちは起きている時間の大半を職場ですごし、体力と知力の大部分を仕事にそそいでいる。仕事以外の生活を支える資金もそこから得られるのだし、職場ですごす時間が、なんであれ最終的な成功というゴールに向かって人生を進む大事な道になるのは確かだ。

仕事とあなたの関係は、ゾウと結婚することに似ている。あなたはゾウ（会社）のお尻のポケットに入れるくらいゾウを信頼しなくてはならない。あとはあなたがポケットにいることをゾウが忘れて尻に敷かれることがないよう祈るのみだ。仕事の選択をまちがえれば、成功への道は遠ざかる。創造性や成長を抑えこむ環境では、持てる力を存分に発揮できない。悪い関係はこれまでに築いたかけがえのないネットワークを壊し、あなたの職歴にぬぐいようのない汚点を残す（ビジネス界は過失のない離婚を信じないし、ゾウは記憶力がいい）。

これまでなら、雇用のプロセスは、綿密に演出された、会社と応募者のダンスとして説明できた。そこでは双方が自分の情報をコントロールして提供し、望ましい結果を得ようとする。面接を受ける側は、履歴書という紙の上に自身のイメージを構築する。自分を飾り立てて最高の顔を前面に出し、長所を強調して弱点がうまく隠れることを願う。単純にでっちあげる者も多い。

ニューヨーク・タイムズ紙の求人市場リサーチチームが実施した最近の調査によると、なんと求職者の八九パーセントが履歴書に大小の嘘を書いていた。典型的なものは、まかされている仕事を誇張する、雇用された日付を偽る、前の仕事を辞めた理由を捏造《ねつぞう》するといったものだ。[*37] また、タイム誌の最近の記事によると、採用候補者の経歴調査を行なう会社、インフォリンク・スクリーニング・サービスでは、求職者の一四パーセントが学歴を詐称していると推定している。もちろん、組織の側も負けてはいない。独自のダンスを披露し、過去最大の成功例を提示して、求職者を誘惑する絵を描く。[*38]

だが、こうした目くらましは、もう通用しない。情報テクノロジーのおかげで、応募者の嘘を発見するコストは、ただ同然になっている。実際、今では九六パーセントもの企業が、ごく普通に従業員候補者の経歴を調査している。一九九〇年代半ばにはほんのひと握りの会社で占められていた信用調査業界も、二〇〇七年には約七〇〇〇社で構成される二〇億ドル産業に成長した。求職者の側も、ブログや掲示板、チャットルームで企業の内部事情を詳しく調べ、将来の見通しばかりか、日々の職場の様子についてもかなり正確な情報を得ている。

言うまでもなく、ビジネス上のすばらしい人間関係は、当事者たちの連帯から生まれる。企業と新入社員が将来のビジョンをともに緊密に共有できれば、その関係はより生産的で充実したものになるはずだ。では、どんなビジョンを共有すれば、心から連帯することができるのだろう？　職務内容？　給料？　福利厚生？　生産目標？　こうした目安で、あなたは鼓舞され、真に団結することができるだろうか？

もし、ここで「成功」と答えたとしたら、それは最悪の答えだ。今挙げたような外面的な目安を根拠に仕事を探せば、会社にとどまれるのは、キャリア上の目標や願望が会社の状況と一致しているあいだだけだ。あなたは、会社のミッションが自分のキャリアに役立つあいだだけ懸命に働く。そこにある連帯は偶然によるもので、深くはない。

一方、もしキャリア上の決断を、何かを残したい、何か価値あることを生み出して人々に提供したい――つまり、何か意義のあることをしたいという意欲に刺激されてくだすなら、そこにはより深い連帯、HOWに基いた連帯が生まれるだろう。人と企業が真に連帯するのは、価値観のもと、ひとつの目標を追求するHOWのもとであって、個人的な成功や努力の成果のもとではない。

個人と組織が、事業を推進するHOWをともに受け入れたとき、その連帯はもっとも長つづきする。ワトソン・ワイアット・ワールドワイド・ワークUSAの調査によれば、従業員が自社のミッション、目標、価値観を理解して受け入れている会社は、そうでない会社に比べて収益が二九パーセントも高い。[*39]

ただし、HOWによって成果を生むためには、ありのままの自分を見せなければならない。シグはハーバードの面接で、そのことを本能的に理解していた。相手にオープンでいることは、本物の自分を世界に提示する最良の方法だ。シグが入学を勝ち取ったのは、真価が問われる瞬間に自分を包み隠さずに示したからだ。成績はそこそこだったのに、正直さのおかげで全人格を、自信と誠実さを併せ持つ人間であることを見せることができたのだ。

私も、LRNへの就職を希望する高いレベルの応募者を何人も面接してきたが、自分の弱点について話してほしいと求めると、「気にしすぎる性質です」とか「仕事中毒です」といった、弱点と見せかけて強みを訴える、型にはまった回答がほとんどだ。改善が必要なスキルを正直に語る人はめったにいない。だから誠実な言葉を耳にすると、印象に残る。

今では透明性が説明責任、強み、相互理解への道として解釈されている。もはや「超空の覇者」のコスチュームを身にまとう必要はない。スーパーマンになろうとすることや、みんなに好かれようとすることは、もう強みにはならない。弱点を隠すことは情報のコントロールと同じで、今日のビジネスの流れに逆らって泳ぐことだ。

今度、面接の機会があったら、自分を大きく見せたり、自分以外の人間になろうとするのではなく、こんなふうに言ってみてはどうだろう。「じつは、このふたつは得意ではないのですが、ほかのふたつはかなり得意です」。その会社で仕事を得る可能性がきっと高まると思う。雇用主がスキルを求めるのは確かだが、もっと重要なのは、あなたが会社の目標とともに歩める人物かどうかだ。企業理念を重視していることで知られる大手企業パタゴニアの設立者、イボン・シュイナードは最近、NPR（ナショナル・パブリック・ラジオ）の番組『マーケットプレイス』でのインタビューでこう言っている。「従業員を雇うとき、私たちは情熱を求めます。その情熱から、その人が生き生きした人だと伝わってくる。そこに可能性があるのです」*40

仕事のスキルの多くが、業種や職種に関わりなく応用できるようになった今、最高の才能を求める企業は、特定の技能をさほど重視しない。重きを置くのは、その人のHOWだ。採用者は、あなたの率直な言葉を聞いてこう考える。「ほう、この候補者は自分のことも、自分にどんな貢献ができるかも知っているようだ。自覚を持った人間となら、いっしょに仕事ができそうだ」

正直に答える

同僚、顧客、サプライヤー、戦略的パートナーはみな、あなたと同じスタジアムに座り、つながっている。全員が同じ考えをいだけば情報は強力になるし、一貫したメッセージをより多くの人に広めていけば、このうえなくパワフルになる。ひとつの場所からスタジアム全体を自発的に流れていく強力なウェーブを起こすには、手の届くすべての人に直接、共通の目標に向かって足並みをそろえてもらうしかない。

共通の目標をもっとも速く達成するには、積極的な透明性が欠かせない。積極的な透明性は、人々にオープンで平らな場所で会うよう呼びかけ、信頼と協力を促進する。そして、人々の疑念を取り除く。

透明性は、真実を語るにとどまらない。もしも、透明性を動詞の形で採り入れ、透明になることができたら、あなたは新しい世界状況を、自分の競争上の強みにできる。ビジネスはもはや戦争ではない。だからビジネスから戦争を取り除くスキルを磨かなくてはならない。これまで見てきたように、他者に対してあえて無防備になることは、彼らがあなたに対して無防備になる条件をつくり出す。生物学的にも組織的にも、信頼は信頼を生み、相互にメリットをもたらす。無防備さは、強みなのだ。

昨年、私自身がそれを体験した。アラン・スプーンとのビジネスディナーの最中のことだった。世界中の成長企業に投資するベンチャーキャピタル、ポラリス・ベンチャー・パートナーズのマネージングゼネラルパートナーで、ワシントン・ポストの元社長であるアランは、そのときLRNへの投資に関心を示していた。私も、彼がチームの一員になることに関心があった。

食事の最中、アランがある分野に関する私の業績を率直に訊いてきた。取締役会からはどう評価されているのか、と。私はためらうことなく（ありがとう、シグ！）、こう答えた。「かなり低い評価をつけられるでしょうね。Cマイナスかな」。アランはひどく驚いていた。

白状すれば、私がざっくばらんにそう答えたのは、どのみちばれるだろうと思ったからではない。彼を触発して仲間になってもらおうと思ったからだ。また、私が自分の課題を理解していて、何がうまくいっていて何がうまくいっていないかを正直に言える人間だということをわかってもらうためでもあった。より親密な協力関係をつくり出し、より速く連帯するために、私は透明性の力を活用した。むろん、アランが何か月もかけて真実にたどり着くのを待つこともできただろう。だが私は、その場で明かすことで強力な招待状を差し出した。そのほうが長期的には私に有利に働くと知っていたからだ。

数か月後、アランはLRNの取締役会の一部メンバーが参加するミーティングに出席した。そして、そのすぐあとに私に電話をしてきた。私が正直に答えた点について、彼らに直接尋ねた結果、私のオープンな態度に改めて感銘を受けたという。取締役会の評価は、私が自己申告したほどには厳しくなかったのだ。

人をもてあそび、目的のためなら手段を選ばない策略家ならこう言うかもしれない。「あらかじめ何かネガティブなことを言っておけば、あとで確認したときに思ったより状況がよいとわかって、うれしくなるということだな」。そうではない。正しいことでもまちがった理由で行なえば、あとで必ず裏目に出る。人や組織をだまそうとすれば、相手はそれを察知し、疑いの目で反応するようになる。率直さが持つ力は、まさに邪心がないところにある。狡猾さやごまかしで偽の安心感と信頼をい

いつでも、どこでも、あなたのままで

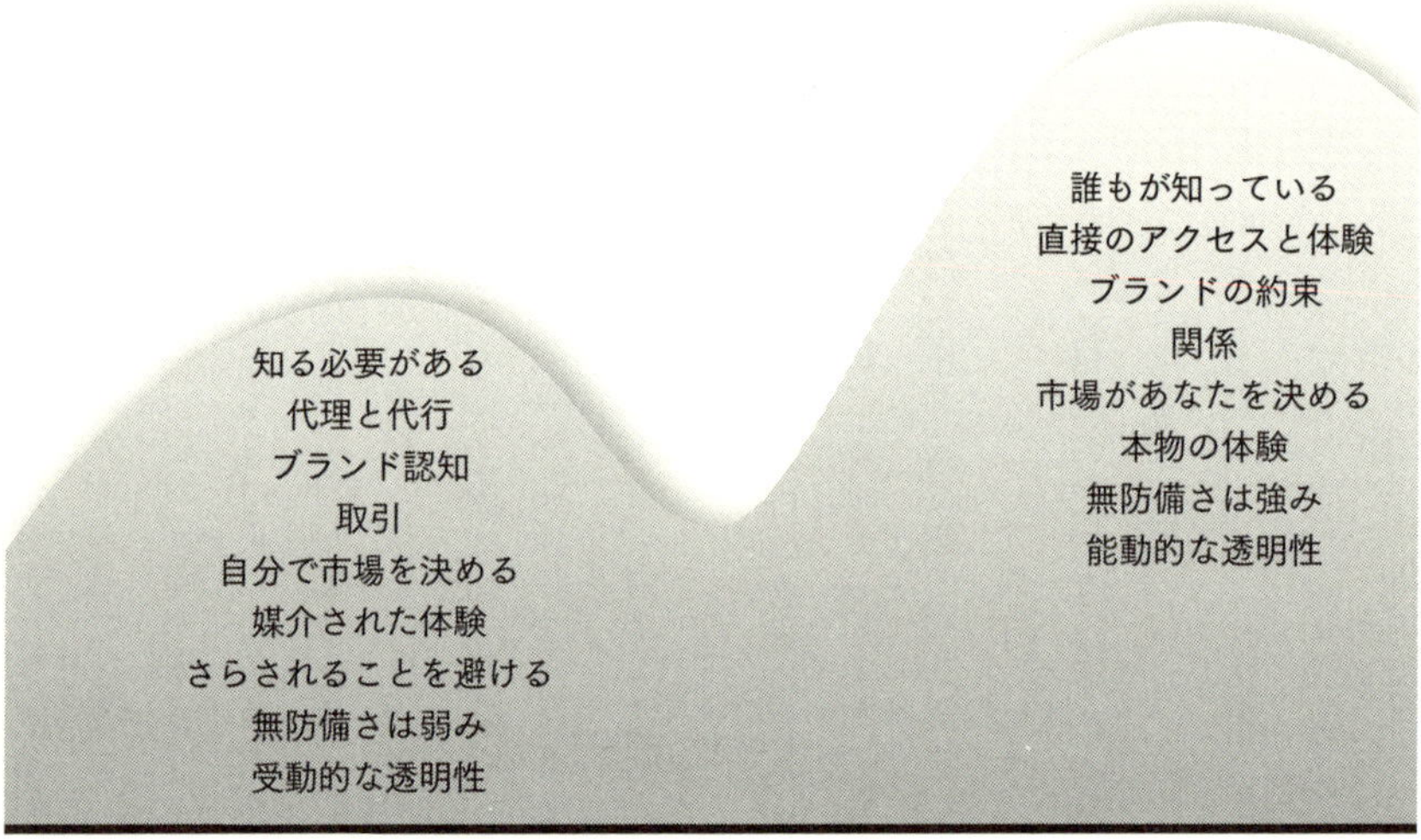

だかされてきた人が、だまされたと知ったときにどれほど否定的な反応を示すかは想像がつくだろう。そこまで行ったら、もうあと戻りはできない。古い格言にもこうある。「一度だまされるのは向こうの恥、二度だまされるのはこっちの恥」

話を戻そう。ご想像のとおり、私には超空の覇者のコスチュームを脱ぎ捨て、アランに心を開くさらなる理由があった。自分の弱みをさらけだせば、深い協力関係を結ぶまたとない機会をつくり出すことができる。それは、一時の金儲けよりはるかに有益な関係だ。自分の弱点を正直に話したことで、私はアランが投資する可能性のあるお金より、アラン本人にこそ価値を感じているのだと示すことができた。結局のところ、私がLRNを最終的な収益以上に意義のある存在にしたいと思うように、アランも単なるパトロン以上の存在になりたいと思っていた。

私は自分を、単にまばゆく光るホイールのように見せるのではなく、ギアとして提示した。そのギアには強い歯があるが、彼が噛みあうことのできるスペースもある。私の透明性はアランに、互いに噛みあうことで達成できるビジョンを示した。それは「意義ある活動の上昇スパイラルを起こすような、緊密な協力をつくり出す」というビジョンだ。アランとポラリスはその後まもなく、LRNに投資し、私は彼に取締役就任を要請した。アランはいまや私たちの組織にとって不可欠な存在だ。

正直であるとはどういうことか？ オープンであるとはどういうことか？ 原則を尊重して行動するとはどういうことか？ その答えのひとつは、シンプルであるということだ。マーク・トウェインがかつて書いたように、「真実を話しなさい。そうすれば何もおぼえる必要などない」[*41]。嘘と欺瞞に慣れた世界、ああしろ、こうしろと私たちをそそのかす数百ものCMを日々に見せられる世界にあって、透明性や率直さはとてつもなく清々《すがすが》しく感じられる。誰もあなたのHOWを真似できない以上、個人に対して進んで示すあなたの透明性は、まちがいなく強力な差別化要因になるだろう。

8章 信頼のつくり方、守り方

相互の信頼は相互の利益以上に人間の結束を強める。友人はめったに利益をもたらさないが、安心させてくれる。
――H・L・メンケン（ジャーナリスト）

数年前、ブログが一大現象になりはじめたころ、ニューヨークを拠点に活動するジェイソン・コトキというウェブデザイナーが、自身のブログKottke.orgに興味深い話を書いた。それは、屋台でコーヒーとドーナツを売る、通称ラルフに接して感じたことをつづったものだった。

「受け渡し口に近づいて、七五セントのドーナツをひとつ注文した」とコトキは書いている。「彼がドーナツをよこしたので、僕は一ドル札を窓から渡した。するとラルフはカウンターに散らばっている小銭を指差して、僕の肩越しに『つぎの人！』と叫ぶやいなや、つぎの客の応対を始めた。僕は札を置いて小銭の山から二五セント硬貨をつかんだ」

ラルフのこの行動に興味を引かれたコトキは、調査を開始した。「何歩か離れてから振り返り、五分間、この店と客のやりとりを観察した。誰もがぴったりの額を置いていくか、ラルフに断らずに自分でおつりを取るかしていた。ラルフはコーヒーを注いだりクルーラーを取り出したりするのに忙しくて、お金のことにかまっていられなかった[*1]」

観察をしながら、この風変わりなやり方の何が得で何が損なのかを考えるうち、コトキはラルフがものすごい数の客をさばいていることに気がついた。ためしに近くで営業している似たような屋台を二軒のぞいてみると、二軒とも、客ひとりにつき平均してラルフの二倍の時間を費やしていた。時間あたりの客数が半分ということだ。

コトキは経済学者ではないが、すぐに悟った。「ラルフは客を信頼し、客はそれに感謝して信頼を返している（少なくとも僕はそうだった）」。コトキはまた、見過ごされがちなことにも気がついた。「信頼という環境が生まれると」と彼は書いている。「いいことが起こりはじめる。ラルフは二倍の客に応対でき、客は半分の時間でコーヒーが手に入る。時間が節約されるから、みんな常連になる。常連はラルフのビジネスを安定させ、いい評判を広めるから、どの客もおつりをごまかそうという気にならない（店を回転させてラルフの仕事を続けさせるためだ）。正しいおつりをもらう客が増えれば、ラルフの利幅は大きくなる……」

売上高の増加は、顧客ロイヤリティの構築に必要なマンツーマンの接客時間を減少させたが、この事例を見るかぎり、ラルフの顧客ロイヤルティはむしろ増大した。顧客を信頼することで、人々はすぐそばのライバル店ではなく、ラルフから毎日のドーナツを買うようになったのだ。

私たちはしばしば信頼の重要性を見過ごしてしまうが、実際には、何かに挑戦するときも、チャンスをつかむときも、信頼は不可欠だ。ウォーレン・バフェットは、「信頼はわれわれが吸う空気みたいなものだ」と言った。「そこにあるときは誰も気づかない。しかし、なくなると誰もが気づく」[*2]

私たちが不確実性に満ちた時代でもうまく機能しているのだって、信頼のおかげだ。確実性のギャップ（理想とする安定と現実社会の不確実さとのギャップ）が大きくなると、私たちはそれを埋めようとして何かを探す。その何かが「信頼」だ。信頼は不確実性から生じる恐れをなだめる。不確実性が高い時代になればなるほど、私たちは信頼をもたらすものに注目する。だからこそ、やるべきことをどのようにやるかという行動のあり方も重要になってくる。信頼はかつてないほど重大な、人々の交流の通貨になっているのだ。

信頼は景気にも影響する

ビジネス界では昔から、信頼の利点は知っていた。ただ、その利点の測定の仕方やデータが明らかでないため、どうしていいかわからずにいた。

たしかに、ビジネスにおける信頼の価値を理解するには、客観的な数量化が必要だ。つまり、信頼を感情の領域から、観察可能な領域へと移動させなければならない。幸いなことに近年、研究者たちが、その数量化に着手した。そして、驚くべき真実が明らかになった。使い古しの決まり文句で言うなら、信頼は金にもなれば理にもかなうのだ。

二〇〇二年、ブリガム・ヤング大学マリオットスクールのジェフリー・H・ダイアー教授とソウル国立大学経営学部の朱尤進《チュウジン》教授は、コトキの考察を実証した。米国、日本、韓国の自動車メーカー八社を含む約三五〇のバイヤーとサプライヤーの関係を調査したところ、信頼と取引コストのあいだに直接的な、そして劇的な関係を発見したのだ。

調査の結果、もっとも信頼されていないバイヤーは、もっとも信頼されているバイヤーの六倍ものコストがかかっていた。同じパーツ、同じ種類の取引なのに、六倍も割高だったのだ。追加になった費用は、取引に伴う選択、交渉、コンプライアンスのコストに加算された。この点についてダイアーとチュは、ノーベル賞経済学賞受賞者ダグラス・C・ノースの発見を引いている。すなわち、これら余分にかかった取引コストは、あらゆるビジネス活動の三分の一以上を占める。また、もっとも信頼されていない会社は、もっとも利益が少ないことも確認された。

彼らはさらに、信頼と、ゆるぎない価値を生み出す行動との関係も調べた。ニワトリが先か卵が先かと同じく、どちらがどちらを導くのかははっきりしなかったが、データは明らかに、どの企業も相手の企業に信頼を示すと、重要な情報の共有が増え、それがより高いレベルの信頼につながることを証明していた。彼らがインタビューをしたある自動車部品会社の役員は、つぎのように答えている。

わが社では、「信頼度が低い自動車メーカーB」よりも「信頼度が高い自動車メーカーA」に新製品のデザインを見せることが多い。理由は単純です。「自動車メーカーB」はわれわれに所有権のある設計図を入手すると、それを競合他社に送り、もっと低いコストでつくれないかと打診することで知られているからです。彼らは競争入札を維持しようとしているだけだと主張していますが、わが社が公平に扱われるとはとても思えません。それで、彼らには新しいデザインを持って行かず、より安定した長期的関係が見込める「自動車メーカーA」にデザインを持っていくわけです。[*3]

人と人のあいだのオキシトシン反応のように、会社間の信頼も、さらなる信頼を導く。信頼は、協調して新たな価値を生み出す、行動の上昇スパイラルをスタートさせるのだ。「信頼は独特のガバナンス（統治・運営）のメカニズムとして機能する」とダイアーとチュは結論づける。「取引のパートナーが信頼を築くために何らかの投資をすると、しばしば同時に、その関係に（取引コストの最小化以上の）経済的価値が生み出される」

だが、ラルフのようなごく小さな店の商いや、ダイアーとチュが調査したような中規模ビジネスに共通する原則が、より規模の大きい企業やビジネスにもあてはまるのだろうか？　そう考えたとき私は、ある話を思い出した。世界最大のメディアコングロマリットであるバイアコムの執行副社長にして、法務責任者《ゼネラルカウンセル》、書記役《セクレタリ》のマイク・フリックラスから聞いた話だ。

M&Aの分野で成功をおさめたフリックラスは、一九九〇年代に、当時最大手だったメディア企業、パラマウントとブロックバスターの買収交渉をするためにバイアコムにやってきた。以来、同社の成長と企業買収において中心的な役割を果たしている。そのマイクと私は、長年ビジネス上のつきあいがある。だから私は、彼が一流の法律家というだけでなく、企業の経営陣にとって真のアドバイザーであることを知っていた。そこである日、彼の日々の仕事にとって信頼がどのような意味を持つのか尋ねてみたのだった。

「超大型の取引の場合、取引にかかるコスト自体はそれほど大きな問題じゃない」と彼は言った。「戦略上もっと重要なのは、そもそもわれわれとビジネスをしたいと思う相手がいるかどうかだ[*4]」

この話をしたとき、バイアコムは中規模の合併話を進めていたが、常日頃、公正な取引をしてきたおかげで、きわめて有利な立場にあると彼は語った。「世間の人々はわれわれを十分信頼してくれている。だから、合併のターゲット候補に最初に接触した時点で、一連の独占権が得られる。『私たちにまかせてくれ』と言えば、われわれとともに前進したい相手ならたいてい、身を委ねてくれる」

だが、これだけではまだ根拠に乏しい。私はマイクに、最大規模の取引でも信頼と利益は直結するのか？　と尋ねてみた。「もちろんだとも」。彼は即答した。「信頼は資本コストの面でも重要だ。大きな取引で資金が必要になっても、ビジネスプランの詳細は言えないことが多い。競争上の優位がそこなわれるからね。だからマーケットは、信頼と会社の過去の一貫性とをよりどころにする。信頼があれば、彼らは低金利で資金を貸してくれる。数十億ドルの取引でも、こちらが優先パートナーであれば、株式相場よりも低価格で手を打ってくれるというわけだ」

この信頼と経済的利益の関係は、マクロ経済レベルにまでスケールアップする。研究によれば、ある社会で経済が成長し繁栄するには、社会全般の信頼が一定レベルに達している必要があるという。信頼がなければ投資は停止し、経済活動は停滞する。一九九五年に、著書『「信」無くば立たず』（三笠書房）で最初にこの仮説を立てたのが、フランシス・フクヤマだ。彼は、国の富は「競争する能力と同様に」「社会の信頼のレベル……によって条件付けされる」と書いている。[*5]

4章でも紹介した神経経済学者のポール・ザックは、信頼と繁栄の関係に関するフクヤマの考えをさらに押し広げた。「われわれの分析から明らかなように、信頼のレベルがかなり低い場合」と、ザックはジャーナル・オブ・ファイナンシャル・トランスフォーメーション誌で報告している。「投資率も非常に低くなり、収入は停滞し、さらには減少する」[*6]。経済学者はこれを「貧困の罠」と呼ぶ。社会がいったんこの状態に陥ると、信頼不足による下方スパイラルが生じる。

「貧困の罠の主な原因は、実効性のない法制度にある。信頼一般の低下を招き、その結果、投資も少なくなる」とザックは言う。「プラスの経済成長に必要な閾値《いきち》レベルの信頼が、ひとりあたりの収入を増大させている。だが国が貧しければ貧しいほど、十分な投資を生み出して生活水準をあげるために多くの信頼が必要とされる。そのため、信頼レベルの低さからくる貧困の罠から逃れるのは困難になる」。社会的な確実性のギャップがあまりに大きくなると、それを埋めることはほとんど不可能になるのだ。

法律が得意とすることのひとつは、経済的繁栄に必要なだけの一般的な信頼をつくり出すことにある。これは私の言う「床」のひとつである。ザックの研究によれば、一般的な信頼は、北欧諸国や東アジア諸国で高く、南米、アフリカ、旧社会主義国では低い。ある調査では、無作為に選ばれたふたりが、社会のなかで互いを信頼する能力が測定されたが、それによると、ブラジルでは三パーセント、ペルーでは五パーセントの人だけが、自国の人間を信頼できると答えたのに対し、ノルウェーではそれが六五パーセント、スウェーデンでは六〇パーセントだった。また、米国は三六パーセントと、一九九〇年の五〇パーセントからダウン、英国は一九九〇年代からずっと四四パーセントを維持している。

ザックは、信頼と繁栄のあいだに直接的で数量化可能な関係も発見した。ある社会における企業投資率は、直接的に信頼のレベルを反映するというのだ。一般的な信頼が高いところでは、国の投資率(GD=総投資額を国民総生産で割ったもの)も相応に高い。その逆についても同じことが言える。同様の直接的な関係は、信頼とGDP成長率のあいだにも存在し、他者を信頼できると考える人の割合が一五パーセント増大するごとに、ひとりあたりの収入は一パーセント上昇していた。つまり、米国における信頼が三六パーセントから五一パーセントに増大したら、すべての男性、女性、子どもの平均収入は、年間約四〇〇〇ドル成長することになる。職業人生のあいだに約三万ドルの収入が追加される計算だ。

とはいえ、信頼と繁栄の密接な関係には落とし穴もある。アダム・スミスの主張する相互利益を基盤とした資本主義を正しく理解していない人々は、まったく規制のない自由競争市場を強く要求しがちだ。彼らは、規制がなければ何でも達成できるという幻想をいだいているが、これもまた規則に縛られた考え方にすぎない。自分の達成できる能力を、規制の制約との関連から定義しているからだ。実際はそうではない。

比喩として交通信号を考えてみよう。信号は私たちができるだけスピーディに、効率的に、そして安全に動きまわれるようにする。信号のおかげで、ほかのドライバーや歩行者の動きが予測しやすくなり、ある程度の確実性が生み出される。そしてそういうとき私たちは、完全なる自由市場を求める人たちのように、一度や二度は自らの手で法律を勝手に変えて、赤信号を無視して進んだり、速度制限をオーバーしたりして速く目的地にたどり着こうとする。

ところが興味深いことに、停電ですべての信号が消えて法律が機能しない状態になると、人は猛スピードで突進するのをぱたりとやめる。予測がつかない場合は誰もが慎重になり、スピードより安全性を優先する。法がなくなったとたん、報酬よりリスクに目がいき、運転を楽しめなくなるのだ。

同じことは、もっとコントロールがむずかしい人間関係、ひいては市場にもあてはまる。経済活動でも、不確実性が高くなると誰もがスローダウンする。信頼の輪は縮小し、以前ほどリスクを負わなくなる。リスクに対する報酬がずっと大きくなってもだ。

一九九〇年代半ば、カリフォルニア大学ロサンゼルス校社会学部の准教授で副学部長のピーター・コロック博士は、このことをある実験で証明した。彼は、被験者がふたつの環境で商品を交換するゲームを用意した。そのふたつとは、品質は不確実だが取引相手が確実な場合と、商品の品質は確実だが取引相手が不確実な場合だ。その結果、被験者の行動はつぎのようになった。

①品質の不確実性が高い環境では、取引相手と個人的な信頼関係を結ぼうとする傾向が強かった。

②品質の確実性が高い環境では、利益が少なくなる可能性があっても、未知のパートナーではなく、以前の取引で信頼できると確認できたパートナーを選ぶ傾向が強かった。

このように、人はリスク要因を避けて行動しようとする。だから不確実性が高い時代は、経済活動が停滞する。[*7]

アーチェリーの的のように……

安全で、確実で、未来を見通せる理想的な状態（天井）と、世界の現在の状態（床）のあいだにあるのが確実性のギャップだ。では、もしも世界を不安定にする要因が重なって確実性がどんどん低くなったら、ギャップは広まるのだろうか？　天井は上がったり下がったりするのだろうか？

じつは、これはひっかけ問題だ。なぜなら、確実性のギャップは垂直方向に広がるものではないからだ。少なくとも私はそう信じている。もしもあなたが、世界や市場でイノベーションを起こし、進歩するのに十分な信頼をつくり出しているなら、ひたすら進みつづければいい。安全性や確実性は、上を仰ぎ見てもない。それは、あなたのまわりに水平に広がっている。

床にアーチェリーの的が置かれ、あなたがその的の中心に立っているところを想像してほしい。あなたのまわりには、いくつもの同心円が広がっている。赤、青、緑、白……その輪の一つひとつが、これまであなたが埋めてきた信頼のギャップだ。その信頼のギャップを埋め、輪が大きくなればなるほど、あなたは安心できる。信頼の輪の広がりに限界をもうけるのは、あなたの想像力だけだ。

では、今度はフットボールスタジアムの中心に立っているところを想像してほしい。あなたのまわりにはともに働く人たち、ともに遊ぶ人たち、いっしょに暮らす人たち、愛する人たちがいる。同心円のかわりに、信頼で満たされた個人間のシナプスが、スタジアムいっぱいに広がっている。あなたはこの大きな人間の集団と強くつながっていればいるほど安心できる。そして、あなたの成功に欠かせないウェーブを、スタジアム中につくり出せる。

とはいえ、これを日常生活で実行するのは簡単ではない。実際に信頼できる環境で長く満ち足りた経験をしてきた人なら、高い確実性も思い描けるだろうが、裏切りと利己的な行為がはびこる環境に苦しんできた人は不信しか想像できない。

それでも、「信頼に満ちた世界」というビジョンは展開できる。もちろん、知識の旅と同じように、信頼の輪を想像する能力も、Bの山からAの山へとひとっ飛びには向上せず、一度にひとつの関係、一度にひとつのグループ、というように徐々に積みあげていかなければならない。山に登るときのように、ひとつの頂をきわめなければ、つぎの頂は見えない。ときにはCの谷でもがき、そこではまちがった人を信頼して裏切られることもあるだろう。だが、その場所を脱け出せれば、過去はどうあれ、可能性の極限までたどり着くことができるのだ。

「TRIP」を始める

私たちはすでに、信頼が強力な化学物質で脳を満たし、その物質が恐れを減らすことで人と人の絆を強めることを知っている。また、信頼が確実性のギャップを埋め、真の繁栄の実現を妨げる不安や臆病さを打ち負かすことも知っている。さらには、信頼が信頼を生み、時間の経過とくり返しによって深まっていくことも知っているし、信頼が協力や価値観といった上昇スパイラルを刺激することも知っている。そして、信頼がウェーブを活気づけ、そのウェーブが人と組織の絆を強めることも――。

信頼は、信頼を生み出すのに必要なエネルギーと同じだけのエネルギーを生み出し、リスクを負ってでも行動することを可能にする。つまり信頼は、積極性や推進力をもたらす。そこには人を鼓舞する力がある。

ただし、信頼とは何かを深く理解するには、長い旅が必要だ。そこで私は、あなたの旅の道しるべとして、つぎの四つのキーワード「ＴＲＩＰ」を紹介したい。

Ｔ：trust（信頼）
Ｒ：risk（リスク）
Ｉ：innovation（イノベーション）
Ｐ：progress（進歩）

以下、順に見ていこう。

信頼

ＴＲＩＰの「Ｔ」は信頼（trust）のＴだ。あなたと今、会ったばかりの私が、あなたを信頼すると決めたとしたら、徳が高いのは、あなたを信頼した私か、それとも信頼されたあなたか？　アリストテレスは、信頼を示す者は徳が高いと言った。会ったばかりにもかかわらずあなたを信頼するということは、私はあなたに、私を失望させたり、私と公正に接したりする権限を委ねていることになる。無防備で、リスクを負うのは私のほうだ。信頼することは、何かを放棄し、他者に力を譲ることだとも言える。いずれにしても、密接につながった世界で外に目を向けるために欠かせないステップだ。信頼は相手に力をあたえるが、それが美徳であるがゆえに、信頼する側にも力をあたえる。信頼はリスクも含むが、同時にＴＲＩＰを動かすエンジンを提供するのだ。

リスク

ＴＲＩＰの「Ｒ」はリスク（risk）のＲだ。「リスクなくして報酬なし」という常套句もあるように、ビジネスでも人生でも、リスクはリターンと比例する。合理的なリスクを負えば、それだけ多くのことが達成できるということだ。

人は、不確実性が高い環境では信頼の輪をなかなかつくれない。ピーター・コロックの実験でも明らかになったが、私たちは不確実性が高いと、身近なところでパートナーを探すようになる。自分をさらす相手を、過去に取引をしたことのある人、何らかの関係がある人、評判や推薦などを通じて信頼関係を強化できる人に限定するようになる。

信頼がないとき、確実性のギャップはグランドキャニオンのごとく立ちはだかる。そういうときの私たちは、車のスピードを落とし、より慎重に行動し、友人や仲間の輪を小さくして保守的になる。

だが信頼があれば、すべては逆転する。私たちは安心し、大胆に行動できる。上司から怒られるおそれがなければ、自由に発想し、発明する。もっと実験し、たとえ失敗しても貴重なことを学んだと自信を深める。信頼が多くなればなるほど、より大きなリスクを負うことができるのだ。

実際、信頼に満ちたチームは信頼のないチームの成績を上まわることを示す研究結果もある。*8 信頼は人に、リスクを負う力をあたえる。あなたが砂浜に立っているなら、どんなに頑張っても高くは飛べないだろう。だが、バスケットボールのコートだったら、もっと高くジャンプできる。ビジネスの躍進も同じだ。土台がしっかりしていれば、より多くのイノベーションが芽を出せる。同僚やパートナー、会社間のダイナミックな関係も、信頼がなければ浜辺の砂をつくり、信頼があれば硬い床をつくる。

イノベーション

TRIPの「I」はイノベーション（innovation）のIだ。密接につながったガラス張りの世界では、誰もが人目にさらされやすく、見つけられやすい。つまり、リスクは高くなる。情報はコントロールしにくく、より無防備にもなる。そのようななかで、リスクを引き受けイノベーションを成し遂げるには、周囲に信頼の輪を築き、前後左右のいくつもの横のつながりを活かして仕事をするしかない。空間や専門分野を超えて協力しあう水平な世界で、制約がなく多様性に満ちた世界で、異種混合に長けること、相互関係の広大な地勢を網羅できる強力なシナプスをつくることが成功のカギだ。

互いが信頼で結ばれていれば、誰もがもっとリスクを負ってみようという気になる。制度自体にも挑み、問題を解決しようと思うようになる。上司や同僚からの批判を恐れて小さな箱にとどまったりはしない。

ビジネスで大事なのは、常に境界を押し広げることだ。そのためには、ふだんから地図のない領域に足を踏み入れる必要がある。いちかばちか賭けてみること、より高く飛び、より速く走り、革新的な戦略、製品、システムをつくり出す。そして何より競争相手よりも深く考えることだ。信頼があれば、リスクを負う。リスクを負う覚悟があれば、イノベーションは一気に現実味を帯びる。たとえば、クチコミによって商品を広めるバイラルマーケティングも、消費者に対する信頼があって初めて成立した発想の飛躍、マーケティングのイノベーションのひとつだ。

現状に甘んじると、停滞と衰退を招く。過去の偉大なイノベーションを思い起こしてほしい。そこでは必ず何らかのリスクを負っていた。資産をつぎこみ、エネルギーをつぎこみ、得られたかもしれない利益も犠牲にした。何より彼らはリスクを負った。それができたのは、成功できるという信念、旅の途中で誰かが助けてくれるという確信、ゴールにたどり着かなくても罰は受けないという安心感があったからにちがいない。

進歩

TRIPの「P」は進歩（progress）のPだ。イノベーションを起こすと進歩する。ここでいう進歩には、製品、サービス、利益の進歩だけでなく、個人の進歩も含まれる。考えてみれば、私たちが毎日懸命に働くのは、すばらしいことを達成したり、チームを助けたり、人々の生活を豊かにしたりしたときに得られる満足感を求めているからでもある。その意味で、進歩は意義の追求とも密接な関係にある。私たちが旅（TRIP）に出るのは、何かを成し遂げたいから、現実の問題を解決したいから、そして長く残る価値あることをしたいからだ。

Cの谷を苦労して進み、Aの山を登るとき、私たちは人間として成長し、以前よりパワーも能力も向上し、来るべき長い旅に出る強さを得たことを知る。そして、さらに高い山をめざす。旅とはそういうものだ。

もうひとつの「TRIP」とは？

信頼はリスクを負うことを可能にし、それがイノベーションにつながり、進歩を生み出す。TRIPは、二一世紀の新たな世界で成功するための基本法則だ。

ところでTRIPは、じつはもうひとつ別の頭字語でもある。こちらの「T」は透明性（transparency）のTで、それが信頼をもたらす。私は、ジョンソン&ジョンソンで副社長およびゼネラルカウンセルを務めたロジャー・ファインと、信頼について議論したことがある。話の途中で、彼は核心にふれた。「信頼を生むためには、透明性を保ち、正直であることです。透明性は、その人がすべての真実を、そう、真実だけを語っていることを知らせます。そして相手も、それを一瞬にして理解します。われわれが陪審制度を信じるのも、陪審員がそれをかぎ分けることができるからです。信頼するのに必要なのは、常識と人間の本能だけでしょう。誰がだまそうとしていて、誰が本当にすべてを見せているかはすぐにわかる。みんな、それを感じとるんですよ」*9

信頼と透明性は連動している。あなたが透明性を発揮しているとき、人々はあなたが、悪いこともいいことも、ネガティブなこともポジティブなこともすべて語っていると感じている。あなたは嘘をつかず、自分の利益に反することも隠さない人間だと感じている。

もうひとつのＴＲＩＰの「Ｒ」は、評判（reputation）のＲだ。評判は信頼から生まれるが、一方で信頼を危うくもする（その重要性については次章で詳述）。

さらに、信頼はもうひとつの「Ｉ」である本能（instinct）を解放する。厳密に言うと、人間の本能は、その多くが消えたか退化している。現在、大半の人が本能による意思決定とみなしているのは、経験、判断、知覚に関するシナプスが複雑に絡みあって反応しているにすぎない。ともあれ、あなたが信頼に満ちた状態にあれば、これらのシナプスの連携は強くなり、脳内で途切れることなく迅速に伝達しあう。その結果、あなたは利益をもたらす決定を瞬時にくだすことができるようになる。

スポーツ選手はこのことをよく知っている。たとえばゴルフでは、攻めの姿勢でいけばより少ないストローク数でカップインできるかもしれないが、そのぶんＯＢやバンカーにつかまる危険も増す。調子がよくて自信があるならそのリスクも負うだろうが、自信がなければより安全なラインをねらうはずだ。同じことは、テニスやバスケットボールのような、展開が速くてプレーの前にじっくり考える余裕がないスポーツにもあてはまる。テニス選手がきわどいドロップショットやライン際へのパッシングショットを試みるのは、自分のストロークを信頼しているときだ。自信がないときは、より安全なショットでチャンスをうかがう。

成功を導く環境に信頼は欠かせない。信頼のもとに一〇〇〇分の一秒単位で本能的にくだされる判断は、熟考された決定よりも強力で、成功することも多い。

そして、残るはもうひとつの「Ｐ」だ。もし、あなたがいつもＴＲＩＰして着実に進歩しているのなら、「Ｐ」は永遠の繁栄（perennial prosperity）を表すことになる。利益（profit）のＰではない。利益の追求は進歩にはつながらない。進歩は、人々にとって価値あるものを追求するところから生まれるものだ。

ふだんの行ないが窮地を救う

さて、TRIPを理解したあなたの次なる課題は、どうやってこのTRIPを始めるか、言い換えれば、まずはどうやって周囲の人々と信頼を築くかである。

答えは言うまでもなく、HOWのなかにある。私たちは、HOWを正しく行なう人を信頼しやすい。オープンで前向きで正直な人、信用や機会を分かちあう人、十分コミュニケーションをとる人、相手と強いシナプスを築いて約束を守る人……、つまり誠実な人を信頼する。

あなたには今すぐ、自分のまわりで信頼の輪をつくっている人や会社を見つけてほしい。オリンピックの五輪のように、スタジアム内で輪と輪が連結すれば、たくさんのウェーブがつくれる。勝者となるのは、より多くのリスクを引き受け、より多くの信頼をもたらす人だ。信頼、それは現代の通貨だ。この通貨は、かつてないほど貴重になっているが、あなたならきっと、ふだんに生み出せる。

先に紹介したバイアコムのマイク・フリックラスは、このことを経験から学んだ。「あれは一九九〇年代後半のことだ」とマイクは話しはじめ、つぎのように語った。

「私はバイアコムのために、大規模な合弁事業の交渉をしていた。ベンチャー事業の株式と引き換えに、大手エンターテインメント企業の事業を吸収しようとしていたんだ。私はそのチームを率いていたが、交渉は難航した。先方の交渉役は何とか話をまとめたいと思っていたようだが、いかんせん評価額が交渉開始時とは大きく変化していた。それで、最後の最後になって彼がやってきて、こう言った。『この件については、もっと検討が必要です。売却価格が大幅に変わりすぎている』。でも、こちらは価格の再交渉をするつもりなどなかった。そんなことをしても、こっちの株主にとっては有利に働かないからね。

主導権はこちらが握っていたが、交渉を成立させなければならないという重圧もあって、事態は緊迫していた。先方のある人物が売却価格の大幅な譲歩を求めてきたが、彼らにそんな権利があるとは思えなかったから受け入れなかった。ついには、誰かがテーブルを叩いて強硬姿勢をとってもおかしくない状況になってきた。こういった状況ではよくあることだが、相手が持てる力でなんとかしようとしていることばかりが目について、もっと大きな図が見えなくなっていたんだ。

だが、先方の交渉役はそれまではずっと、われわれに率直な態度で接していた。誰でもそういう人間には、『あなたはこれまで理解を示してくれた。だから、そちらの状況を何とかする方法を考えてみましょう』と言いたくなるものだ。結局、私は彼が非難されることのないように、ある策を追加した。おかげで彼はそれを報告して、チームを安心させることができた。私のほうも、価格自体は変更しなかったし、彼に授けた策にも費用はまったくかからなかった」

「数年後」とマイクは続けた。「私はバイアコムの別のM&A交渉を進めていた。今度は前回とは別のチームが交渉にあたっていたが、その交渉における先方の担当者が、さっき話したあの男だったんだ。この交渉もいくつもの複雑な事情から、歩み寄れないポイントで膠着《こうちゃく》した。彼とは以前につきあいがあったのだから、私が彼に直接電話することも考えたが、思いとどまってうちのチームにもう一度交渉させることにした。

そうしたら、その日遅く、チームのメンバーから連絡があった。例の交渉役に、私が彼の意見に納得できないものを感じていると伝えたところ、彼が即座に考えを変えたという。『マイクのために手を打とう』と言ったそうだ。数か月後、業界のイベントで偶然彼に会ったときには、もちろん感謝していると伝えたよ[*10]」

これは信頼の通貨価値を物語るすばらしい例だ。彼はこうも言った。「いい信頼関係があれば、話は格段にまとまりやすくなる。私の妻は、子どもたちにいつも『信頼のはしご』の話をする。このはしごは、一度に一段しかのぼれないが、一度足をすべらせると一気に下まで落ちてしまうとね。ここには、ビジネスにもあてはまる多くの真実が含まれていると思う。誰かが一度でも偽ったり、不公正な取引をしたりすると、信頼はたちまち失われる。それをもう一度築くのは容易じゃない。その先はかなり厄介だ」

信頼は、ときに無意識のうちに築かれる。あなたが会う人のなかにも、即座に信頼できると感じさせる人がいるはずだ。神経生物学者に言わせると、これは脳内のオキシトシンが、エラー検出や意思決定をつかさどる扁桃体に作用することで起きるらしい。ということは、あなたも相手のオキシトシンを放出させて信頼を増すような行動をとれば、こうした人のひとりになることができるはずだ

もしも一対一の関係であれば、ポール・ザックらが言う社会的愛着機構《ソーシャル・アタッチメント・メカニズム》を活性化させるような行動をとればいい。たとえば、大事な局面で直接会うこと、温かい握手とともにあいさつすること、頻繁に目をあわせること、いっしょに食事をすること、そして相手の家族や情熱の対象に関心を示すこと……、これらはいずれも信頼を促す。また、心からの気遣いが信頼性を高めることは科学が証明しているとおりだ（「心からの」という部分に注意してほしい。偽りの気遣いは無意識レベルですぐ

に見抜かれる）。

会社であれば、士気を向上するようなプログラムを導入することで、無意識の信頼を活性化できる。社内託児所、フレックスタイム、チームづくりのための旅行、スポーツ設備、家族休暇などは、会社のＰＲになるだけでなく、実際に血中のオキシトシンレベルを上昇させ、従業員の信頼と生産性を増大させる。職場内マッサージセラピー（米国政府をはじめとしたスキンシップを重視する人たちが利用している）も驚くほど効果があるという。[*11] マッサージは、会社はあなたを気遣っていますよ、というメッセージを伝えるだけでなく、その気遣いを人間どうしのふれあいで示すことで、オキシトシン反応を強く刺激するからだろう。

このようにして愛着を強めれば、あなたのスタジアムにいる人と人を結ぶシナプスは、どんどん強固になる。直に接する相手はもちろん、チームや会社全体にも広く適用すれば、より大きなウェーブがスタジアム中に広がり、そのウェーブは、あなたが会ったこともない外野席の人々にまで届くにちがいない。

ダイアーとチュはさらに、人が人を信頼するのと同様、組織が組織を信頼することもできると言っている。「組織間の信頼」とは、ひとつの会社が別の会社を「全員で信頼しようとすること」だと言える。その組織にどんな人がいようと、一人ひとりが一貫した行動をとれば、組織としての信頼を勝ち取ることができるのだ。[*12]

マイク・フリックラスの妻が子に語るとおり、信頼という梯子から落ちると、長く、厳しい現実が待っている。どんな人間でも、どんな組織でも、相手が自分の利益のためにだけ行動していて、双方の関係や利益を顧みていないという疑念が沸くと、信頼は壊れる。マイクは私に、自分のビジネス交渉の成否は、ほかの巨大メディア企業の法務責任者といかに信頼を築くかにかかっていると明かしてくれた。「その信頼関係があったからこそ」と彼は言った。「企業間で見解の相違が生じても友好的に解決してきたし、著作権侵害への対策や新たな補償ルールなど、業界全体に利害があるような問題の解決もうまく促してこられたんだ」

キンドラーのチャレンジ

二〇〇六年半ば、ジェフリー・B・キンドラーは、巨大製薬会社ファイザーのCEO、さらには会長に任命された。急速に変化する市場のもとで、同社の業績が平均を下まわってから数年後のことだった。つまり彼は、信頼が低下した環境で活動する企業を引き継いだ。正直なところ、昨今の人々の大手製薬会社に対する認識といえば、大儲けすることしか考えていない、というのが一般的だ。「このあいだ芝居を観にいったら、大きな笑いをとった台詞があってね。それが『製薬業界が発明した病気』を撲滅するチャリティイベントに行く人たちをネタにしたものだったんだ」とジェフは私に話してくれた。「われわれが病気をつくり出し、その病気の治療法を発明して金儲けをしようとしている――そんな話が一般市民に受け入れられているとしたら、ゆゆしきことだよ」[*13]

キンドラーは長年にわたり、そのビジネス感覚はもとより、ゼネラル・エレクトリックやマクドナルドで発揮したボランティア活動、多様性《ダイバーシティ》の実現、企業の社会的責任といった分野におけるリーダーシップでも認められている人物だ。ファイザーの取締役会が彼を会長に選任したのも、彼なら会社を刷新し、官僚体質を改め、市場のニーズに反応しやすくしてくれると確信したからだろう。ファイザーがＴＲＩＰに乗り出すために必要な人材だった、と言ってもいい。実際キンドラーは、このチャレンジに真っ向から取り組んだ。会社を引き継いだ際の最初の声明で彼が約束したのは、「ビジネスの流儀を事実上あらゆる面で変革する」ことだった。[*14]

　では具体的に、自社のステークホルダーと一般消費者の信頼をともに回復するという壮大な課題に、キンドラーはどう取り組んでいるのか？　私の問いに彼はこう答えた。「最初のステップは人々の話を聞くことでした」。そして、続けて言った。「私はこの仕事に就いてから膨大な時間をかけて、従業員、顧客、投資家、アナリスト、さらにはメディアからも話を聞いてきた。いちばんの目的は、彼らが何を考えているのか、業界や会社の何が気になり、何が不満なのか、そしてわれわれが適切な目標を果たしているのかどうかを知ることでした。私は不信の根源を十分理解したい。そのうえで、チームとともに大小さまざまな懸念を解消する方策を、われわれの計画、活動、意思決定に組みこみたい。顧客や患者さんに対して、気遣っていますと言うだけでなく、それを信用に足る行為で示すことが大切なのです」

　キンドラーのチャレンジは、荒海を往く超大型船の舵取りに等しいが、これはＴＲＩＰを始めようとするあらゆる組織が直面することでもある。ＴＲＩＰは、あなたが誰なのか、どこに向かいたいのかを知ることから始まる。キンドラーはしっかり話を聞くことで、人々とのあいだにより強いつながりを築いていった。そして行く手に立ちはだかる難題を理解し、それを受け入れると示すことで、組織全体に強いシナプスを張りめぐらす足がかりを得た。疑わしい点があっても好意的に解釈してもらえるようにもなった。

　キンドラーの姿勢は、新しいファイザーのビジョンも表現していた。彼は、高度な集中とあふれる活力をもって人々に奉仕することを誓った。彼は言う。「文化的にもほかの面でも、われわれが何者なのかを決定づける基本的な価値観、そしてそれにのっとった代表のあり方、表現の仕方、行動の仕方を、私はいつも探しているのです」

さらに、ファイザーに対する市場の信頼をどう回復するつもりなのか、という問いにはこう答えた。「薬の最終的な消費者は患者さんですが、世界に流通するわれわれの製品の多くは、政府や保険会社、商業団体などが購入しています。かつてなら、彼らに薬の代金を負担してもらって、患者さんが服用しやすくしてほしいと要求することもできたでしょう。しかし、もうそういう時代ではない。私たちも変わらなければならない。彼らは言い争いの相手でもなければ、問題の解決を押しつける敵でもない。パートナーなのです。だから私たちは、彼らの懸念や問題を理解して、双方にプラスになる解決策を見つける必要がある。一夜にしてではなく、時間をかけて、私たちがその解決策を受け入れ、話を聞き、彼らの懸念に対応しようとしていることを示せれば、必ず信頼を生み出せるでしょう」

キンドラーがやろうとしていることを実現するのは、大変なことだ。製薬業界には修復すべき橋が数多ある。人々の認識を変え、信頼を再建するには時間がかかるし、内省やハードワークも求められる。それは、言ってみればCの谷での苦闘だ。だが、難題を前にしたキンドラーの正直さは、力強い一歩になるはずだ。

「これは長いプロセスです」と彼自身が認めている。「これまでの行動を変えるには、格闘し、もがき苦しむことが避けられない。それでも、本気でジムに通って筋肉をつけていけば、誰だって、ひとまわりもふたまわりも大きくなり、競争相手を業績でしのぐようになるでしょう。信頼されたいなら、信用できる人間にならなければならない。現実をわかっていないとか、わかっていても受け入れないなどと思われたら、信頼してはもらえません。真実と違うことを言えば、相手にはそれがわかる。人に信用してもらうための必須条件のひとつは、正直でオープンで、現実的であることです」

約束を守って一貫した行動をすること、前任者の仕事をふまえて、それをさらに拡張すること（方針や手順を頻繁に変えると、人々は不安になり、信頼が弱まる）、原則にのっとって行動すること、価値観に基づいて考え、実行し、意義のある活動を追求すること……、これらはどれも、人々を鼓舞して信頼を引き出すすばらしい方法だ。あなたと他者とのあいだのシナプスが信頼を生む行為で満たされれば、その関係は人間的にも財政的にも、大きな利益をもたらすだろう。

信頼せよ。されど検証せよ

ジェイムズ・ポール・ルイス・ジュニアは、人々から信頼されていた。彼は敬虔なモルモン教徒で、足しげく教会に通う一方、ほぼ二〇年にわたってカリフォルニア州オレンジ郡でフィナンシャル・アドバイザリー・コンサルタンツ（ＦＡＣ）を経営し、退職基金で高利率の収益を求める人向けに、ふたつの投資ファンドを運営していた。

販促用の資料によると、ＦＡＣの成長型ファンドは最大四〇パーセント、インカムファンドは一八パーセントの年間収益を約束していたが、ルイスは「投資家からの紹介がない人の投資は受け入れず」[15]、そうした投資家の大半は牧師など教会関係者だったという。

つまり、ルイスは信頼に基づいたビジネスを行ない、人々は彼を信頼した。だが彼は、何に投資してこれほど目覚ましい収益をあげるのかは具体的に説明しなかった。質問されたときは、財政難の企業やリースの医療機器、保険ローンなどの事業を挙げたが、まだ曖昧だった。

事実はどうだったか？　投資家のもとに届くニュースレターと毎月の収支報告書には、彼が約束した収益が示されていたが、約二〇年にわたって、FACはおよそ三億一一〇〇万ドルを集めながら、まったく何のファンドにも投資していなかった。ファンドなど存在しなかったのだ。

二〇〇四年、ルイスは米国金融史上最大のポンジ型詐欺で三〇年の禁固刑に処せられた。彼は、新しい投資家から資金を手にすると、元からの投資家に収益を支払い、一方で数百万ドルを横領し、複数の妻やガールフレンドたちに貢いでいた。五〇〇〇人もの投資家から、彼らが退職後のために取っておいた資金をまんまとだまし取ったのだ（皮肉にも、最終的に詐欺を見抜いたのは、同じく投資家をだましたために七年間を刑務所ですごしたバリー・ミンコウだった。カーペットクリーニング会社、ZZZZベストのオーナーだったミンコウは現在、民間の詐欺調査官となっている）。[*16]

信頼は、確実性、予測可能性、行動、機会が交差する複雑な要素のなかから導き出される。あるときは意識的に分析した結果として。「この男は公平に接してくれたし、正直だから、信頼しよう」「この女性の評判には傷ひとつないから信頼できる」といった具合だ。またあるときは「この人は信頼できる」と直感で判断して。オキシトシンが脳内で発火し、信頼への扉を開くわけだ。だが、こうした無意識の信頼も、一連の信頼できる行為で裏づけされなければ梯子から落ちることになる。

あらゆる詐欺と同じように、ポンジ型詐欺も信頼があってこそ成り立つ。信頼の力はきわめて強く、それゆえ私たちのなかの最高の部分にも最悪の部分にも油を注ぐ。そしてこの世には、システムをもてあそび、信頼を悪用する者が必ずいる。そういう輩は、多くの人は世間知らずか愚か者か、その両方だと考えている。だから私たちは警戒心を持ち、賢くなり、いつどんな状況でもリスクの精査を怠ってはならないのだ。

ドーナツ屋のラルフは、毎日店を出し、日々信頼を積み重ねることが、大がかりなごまかしや悪用の抑止力となっていた。だが、もっと大きな組織では、誰もが詐欺や信頼の悪用を警戒しなければならない。残念なことに、いくら信頼の輪を広げても、だまそうとしたりシステムの裏をかこうとする者はいる。

「きょう誰かがバークシャー社内であることをしている。われわれが知っていたら、おもしろくないと感じることを」。ウォーレン・バフェットは、二〇〇六年にバークシャー・ハサウェイの経営トップに宛てた手紙にそう書いた。「それは避けられない……しかし、少しでも不正のにおいがしたらすぐに対応することが、抑止力としては非常に効果的だ。こういうことに対してあなたが、言葉はもちろん行動で態度表明することが、企業文化の大きな糧《かて》となるだろう。企業文化、それこそがルールブック以上に組織の行動のあり方を決めるのだ」[*17]

監視《モニタリング》と遵守《コンプライアンス》のシステムがないまま、巨大ビジネスに乗り出すことが無謀なのは当然としても、どのように信頼ある環境を維持しつつ、不正行為を見つけ、罰するかも、見逃せないポイントである。古いロシアのことわざが示すように「信頼せよ。されど検証せよ」だ（ロナルド・レーガン大統領はこれを、旧ソビエト連邦との外交でキャッチフレーズのごとく連発していたが、最初に英語でこれを使ったのは作家のデイモン・ラニアンだ）。

「信頼せよ。されど検証せよ」は、一見すると矛盾している。検証することは、信頼するのをやめたことを意味するのではないか？　例をあげながら確かめてみよう。

仮に、あなたがスタジアムの責任者だとしよう。そして従業員を招き入れ、「このスタジアムでは、あなたたちを信頼しています」と言う。ところがその一方で、あなたは複雑な経費報告システム（書式、経営者の承認、経理の署名、数々の条件）を導入する。これまで述べてきたように、こうした規則は従業員を、監視されているように感じさせる。いくら「あなたたちを信頼している」と言っても、あなたの行動が別のことを物語るのだ。

でも、規則を取り払ったら無秩序になるのでは？　いや、そうとはかぎらない。従業員に「正直に用紙に記入すれば払い戻す」と言えば、あなたの価値観に基づくその発言は、彼らに対する強いメッセージになるはずだ。その方針は、「私たちは旅の仲間だ」と言い、「協力して信頼しあえば、より速く、より多くの利益をあげて目的地にたどり着く」と言っているのも同然だ。

従業員との関係に信頼を織りこめば、コストは削減され、効率もよくなる。経費精算にかかる各種コストの減少、自発的なコンプライアンスの増加、結束の強化。ドーナツ屋でいえば、利用客に自分でつり銭を取らせるということだ。このやり方の利点を理解した従業員は、それを台なしにしかねない従業員を見張るようになるため、社内の自衛力も高まる。

では、怠ける者や人をあざむく者、あなたを出し抜いて余分にいくらか得ようとする者はどうするのか？　たしかにずるをする者はいる。それを防ぐ最善策は、ランダムな検証だ。従業員はみな、あなたが注意を払っていること、そして信頼を裏切る者を見つけるには注意を払うしかないことを知っている。注意するときのポイントは、会社のニーズを満たしつつ、信頼をそこなわないよう配慮することだが、その点、ランダムなチェックなら継続的な警戒を可能にしつつ、信頼できる人たちには負担を強いないですむ。信頼し、されど検証するとはこういうことだ。

信頼のつくり方、守り方

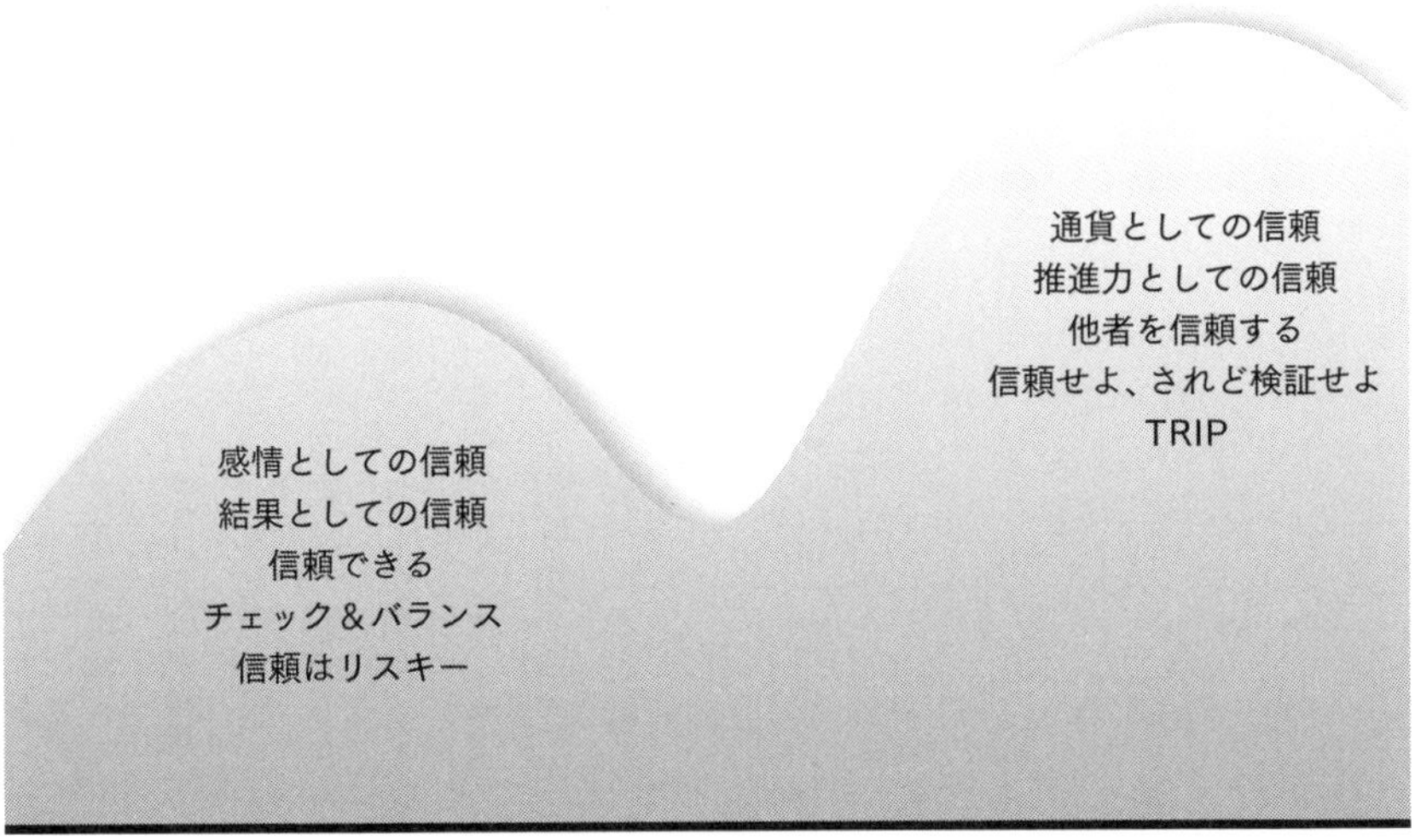

それでも、違反者が出たら？　規則に基づいた組織の場合は、不正行為が見つかるとただちにｅメールで通達する。そこには、「今後すべての経費の領収書は必ず……」といった文言に続いて、新しい規則や規約が書き連ねられている。誰かの不正行為が発覚すると、全員が官僚的で無駄な作業を増やされるという最たる例だ。

小学校のしつけもそうだ。教師は「ジョニーが席を離れたので、クラス全員で五分間居残りです」と言う。連帯責任を負わせるこの素朴な試みは、じつは逆の効果をもたらす。誰もがジョニーを嫌うようになり、団結していたクラスを分裂させるのだ。企業でも、ひとりの違反に対してグループ全体に責任を負わせると、似たような反応が起きる。みなが歩調をあわせるかわりに、個々が勝手にふるまい、自分の居場所を守るようになるのだ。

この点については、ＧＥとゴールドマン・サックスでＣＬＯを務めたスティーブ・カーが、よりよい対応策を教えてくれた。「一〇人のうちひとりがごまかしていることを発見したら、リーダーはその人間だけを徹底的に管理するのです。違反者はいちいち指図されていると感じることになりますが、彼はそうなって当然です。もし彼に上司を評価するよう求めたら、たぶん、『あの人は独裁者で、いつもガミガミうるさいんだ』などと言うでしょうが、ほかの九人は彼の言うことになど耳を貸さない。結果として、九人の信頼は無事に守られるのです」[*18]

信頼を犯した者に対する罰は、解雇という極刑に値するほど重大でないかぎり、信頼の撤回がいちばんだ。大人になったジョニーが経費を水増しして報告しているとわかったら、彼は信頼が回復されるまで監視されなければならない。このやり方は、スタジアムの残りの人にも強いメッセージを放つ。信頼は軽々しく受け取れる贈り物ではない。私たちはみんなでいっしょに、同じ梯子をのぼっているのだ。

9章　評判、評判、また評判

評判、評判、評判！
ああ、おれは評判を失った！
不滅の自分を失い、残っているのは獣同然の自分
だけだ。
おれの評判、イアーゴー、おれの評判が！
——ウィリアム・シェイクスピア
『オセロー』第二部第三場

　ここはベルギーの都市アントワープ。車が通らない石畳の道で、ひとりの男が黒いロングコートを身体に引き寄せ、岩に打ちつける波のごとく吹きすさぶ冬の風を寄せつけまいとしている。再び突風が吹いた。男は黒い帽子を押さえながら、大きな建物の扉をくぐる。なかは細長く天井の高い部屋。男はようやくコートをゆるめ、長く白髪交じりのあごひげを見せると、高い窓のある壁に沿って並んだ、二ダースばかりの簡素な木のテーブルを足早に通りすぎていく。「急がなければ」と心のなかで思う。「さもないと、日暮れまでに家にたどり着かない」。今日は金曜日、戒律を守るユダヤ人にとっては、夕方から安息日《サバス》が始まる日なのだ。

　奥のほうのテーブルに進んだ男は、白いシャツに黒いベストを身につけた男にあいさつすると、その向かいの席にすっと腰かけた。あたりは静かに会話する人々のざわめきで満たされている。

　奥さんは？　お子さん《デア・キンダー》は？　世間話もそこそこに、ふたりはイディッシュと英語とで活発な議論を始めた。どちらも時刻が遅くなっていることを承知している。ベストの男が黒の薄い革袋を開き、葉

書ほどの大きさの封筒を取り出す。男はコートを脱ぎ、封筒を開け、折りたたまれた白いティッシュペーパーを抜き出した。そしてテーブルの上でそれを慎重に開くと、いつもポケットに入れてあるルーペを取り出した。目を細めてその小さなルーペをのぞき、封筒の中身を調べる。それはダイヤモンド、世界でもっとも貴重な品のひとつだった。

会話を続けながらも、男は一ダースの石をじっくり調べていった。どれも卸値で二万ドルはする。熟練した専門家の目で、彼はそのうちの八個を選んだ。ベストを着た男が価格を告げる。男は一瞬考えたが、妥当な値段と判断し、住所が書かれた小さな一枚の紙をベストの男に渡した。ベストの男は八個のうち六個を住所といっしょに封筒に入れ、それを革袋に戻した。残る二個はティッシュペーパーにくるんで買い手に手渡す。男はそれをポケットに入れた。取引成立。そのしるしに、男たちは互いの目を見て握手をし、ダイヤモンド商が取引の最後に交わす伝統的な言葉をかけあった。「幸運と《マーゼル・ウ》恵みを《ント・ブルへ》」。男は、再びコートに身を包み、安息日の夕食が待つ家へと向かった。

つぎの月曜日、ベストの男は六個の石を教えられた住所に発送した。買い手のポケットに収まった二個のダイヤモンドは、別の都市のディーラーのもとに渡り、ベストの男は支払いを受けた。

何十万ドルもの取引が、約束どおりに運ばれるという誓約のもとに、握手と「幸運を《マーゼル》」だけで行なわれる――これが古くから続く彼らのやり方だ。互いのあいだで交わされる唯一の紙には、手書きの住所だけが記されている。

統制された市場が登場するずっと以前の古代から、すべての経済は何世紀にもわたって信頼と評判に基づいて組織され、管理されてきた。事業の背骨を形成していたのは、家族、あるいは同じ宗教や社会集団の一員といった絆だ。こうした閉鎖的、半閉鎖的なコミュニティでは、不正行為の噂がすぐに広まる。人をあざむいたり信頼を裏切ったりした者は、コミュニティから永遠に村八分にされ、それまでの評判と取引をする能力を打ち砕かれるという大きなリスクを負っていた。このようなビジネス形態は封建的だとか、現代ではごく一部にしか存在しないと考えられがちだが、冒頭に記したように、じつは、もっとも豊かな経済市場のひとつ、ダイヤモンドの取引では今も厳然と息づいている。

スペインの異端審問以降ヨーロッパ各地に広がった、「セファルディ」と呼ばれるスペインやポルトガル系のユダヤ人たちは、貸金業以外の経済活動をほとんど禁止されていた。そのため、過去数世紀のあいだにダイヤモンド取引を支配するようになった。

彼らのように定住の地を持たない人々にとって、ダイヤモンドには三つの魅力があった。きわめて貴重であること、広く求められていること、そして隠して持ち運ぶのが簡単なことだ。移動を余儀なくされても、財産をダイヤモンドにして運べば簡単に事業を始めることができた。「ダイヤモンド商」は最終的にアントワープにたどり着き、そこで歓迎された。近年ではロンドン、テルアビブ、ニューヨークでの取引も盛んになっているが、アントワープは五〇〇年にわたって世界のダイヤモンド取引の中心地でありつづけている。

ダイヤモンドの取引は、昔から従来のビジネスの枠外にあり、契約や法律では管理されず、信頼と評判がすべてだった。当初から取引はすべて口頭で結ばれ、握手と「マーゼル！」という宣言で成立した。莫大な額のダイヤモンドが、それだけで交換されてきたのだ。

その取引のかたちは、今日でも一四世紀とほとんど変わらない。依然として言葉が法的契約と同じ効力を持ち、合意された価格は最終的なもので変更できない、という意味を含む。いまどきのダイヤモンドのカット職人は、コンピュータやレーザーで石の形状を整えるのだろうが、取引そのものは、情報テクノロジーや現代のビジネス慣行とは一線を画し、ディーラーの評判と正直さがものを言う。ディーラーはダイヤモンドを自前の金庫に保管し、それを契約書も目録も査定もなしで出荷する。発注元のディーラーは、特定のグレードで何カラットと注文するだけで、購入前に現物を見ないこともあるという。

とはいえ、関係と評判を通じてしか参入できない結束の強いこの世界も、グローバリゼーションの影響は受けている。アントワープでは、毎年世界のダイヤモンドの約九〇パーセントと、研磨されたダイヤモンドの半分が売買されているが、近年はインドのグジャラート地域出身のダイヤモンド商が大量に流入している。*1 こうした新参者の大多数は結婚と信仰（主に、古代から続く禁欲主義的なジャイナ教）で結びついているが、インド人たちは同化するのも速い。多くがイディッシュとヘブライ語を学び、伝統的な「マーゼル！」で取引を終結させ、親睦パーティなどではきまってユダヤ教の戒律に従った料理を出すという。

結束の固い、しかし、風習、文化、慣習がかけ離れたふたつのグループが、毎年数十億ドル相当の小さな石を取引する。その際の「通貨」は、信頼と、信頼を維持する評判だ。

毎回の取引が握手だけで終えられたら、どれだけメリットがあるだろう。ライバルとその弁護士が六週間かけてすべての契約を文書化し、考えうるあらゆる違反をことごとく予防しようとしているあいだに、あなたは悠然とつぎに進むことができるのだから。日本では、高度に発達し、規制も多い経済大国でありながら、あらゆる事態の予測は不可能だという認識のもと、今も「誠意をもって接する」という精神にのっとってビジネスが進められるという。ダイヤモンド商と同じように、日本人にも自分たちの文化を反映したビジネスのかたちがあるのだ。

あなたの未来は評判次第!?

評判は信頼と同じくあやふや《ソフト》で、誰もが求めていながら、どうしたらそれが得られるかについて真剣に考えている人は意外に少ない。歴史を通じて、評判の重要性は常に自明のものだった。大半の人が、今よりも小さな半閉鎖的コミュニティで暮らしていたころは、互いに近くにいて顔なじみであるということが、私たちに規範内で行動せよという圧力をもたらした。そのことは、町が都市になり、コミュニティが大きくなってもほとんど変わらなかった。

二〇世紀前半まで、ヨーロッパとアメリカの大都市は、封建時代の小さな町や村の伝統を踏襲した地域構造のままだった。家族は何代にもわたって同じ地域に根を下ろした。人々はビジネスの大半を地元で、なじみの信頼する取引先とともに行なっていた。大企業も、世界がスローペースであるあいだは、時間をかけて信頼関係をつくり、それをもとに成長することができた。

ところが、二〇世紀の終わり近くになって、私たちの生活の底流をなす構造に著しい変化が起きた。急に豊かになり、移動が簡単になり、多国籍ビジネスが拡大し、経済の中心が農業および製造業から情報・サービス業へと転換した。そして、そのことがコミュニティに激変をもたらした。家族は散らばり、一〇〇年間変わらなかった地域に、新しい人々、新しい風習、新しい豊かさが流入した。情報通信テクノロジーの進歩によって接続性が増したことで、皮肉にも人々は離ればなれになった。今までより安く「遠くの人とつながる」ことができるようにはなったが、新しい仕事の関係で、三代にわたって家族が住んでいた町から三〇〇〇キロ以上も離れるようになったのだ。

この変化は、評判の重要性を高める「親密さ」と「伝統」という絆をも断ち切った。新しい都市や新しい仕事では、自分を変えることができる。アイデンティティはどんどん流動的になり、変化や成長のチャンスを切り開いた。コミュニティに順応しなくてはならないというプレッシャーもなくなった。二〇年ほど前までは、ある人の経歴と評判を徹底的にチェックすることはかなりむずかしかった。情報は今よりコントロールされ、ブロックも可能だった。だから場所を変えれば、過去に汚点があっても新しいスタートを切ることができた。

そして、どうなったか？ 社内における「評判」の重みが再び一変した。ビジネスはかつてないほど速くなり、広くなり、一時的になり、流動的になった。私たちをつないで情報を伝達するテクノロジーの圧倒的な力が、前例のないほど即座に、かつ安価に私たちを結びつけるようになった。こうして生み出された相互依存の強さは、かつて地域性で結びついていたころに勝るとも劣らない。ある意味では、いまや全世界が地元なのだ（今風に言えば「グローカル」＝グローバルであると同時にローカル）。そう、個人や企業が長期にわたる成功を築くのに、評判はかつてないほど重要になったのだ。

評判は、あなたのＨＯＷの総計とも言える。信頼を得られる行動、実績の数々、獲得した尊敬、あなたに対する人々の印象……。ガラス張りの世界では、評判があなたより先に部屋に入り、あなたが出ていったあとも、高まるか傷つくかして残る。評判はあなたの過去を記録し、将来の見込みもつくり出す。

就職したら退職するまで同じ会社で働きつづけるのが普通だったころ、世間の評判は昇進や出世には役立っても、キャリアを続けるうえではそれほど決定的ではなかった。会社には雇用の継続という伝統があったし、常に自分をアピールする必要もなかった。「私はＩＢＭの社員です」と言えば、その評判は生涯続いた。

だが今は違う。一般的な労働者は、生涯で平均一〇・五社で働く。[*2] 知識労働に専念する人が増えると、業界や職種ごとの専門性はさほど重視されなくなり、そのぶんキャリアを一新するのも簡単になった。経営側が人材を評価するときは、業界特有の仕事のスキルよりも個人の性格や評判から、その人の潜在能力を判断する。あなたの評判とアドレス帳（友人知人のネットワーク）は、かつてないほど大切だ。どちらも、あなたのHOWによってつくられるものであることは言うまでもない。

これを企業の側から言えば、もはや自社の評判が社員の評判に優先することはないということだ。ガラス張りの世界では、人々はあなたの行動の行間も、行動の仕方も見ている。評判になるのは、ちょっとした違いを表現できる従業員のいる会社だ。さまざまな責任が現場の従業員へシフトし、多くの従業員が前線へと押し出される。

そして、彼らは会社の顔になる。自分の行動いかんによって自社の評価が変わってくる。会社の評判は一人ひとりの評判を総合したものとなるが、その評判は個人のポジティブな行動からもネガティブな行動からも影響も受けやすくなる。ひとりの従業員の行為が、会社を破滅させることもあり得る。

個人がよい評判を築くには、人から認めてもらわなければならない。あの人はよいリーダーである、よい役員である、常にクリエイティブである、勤勉で頼りになる、人々に公正に接する、正直である……。だが、人が誰かを認めるのは、その人を信頼するときだけだ。あなたのよい評判は、あなたが従業員、同僚、顧客に信頼されたときに築かれる。言い換えれば、評判とは、あなたが時間をかけて育んできた信頼の輪の総計だ。

信頼できる人というと、一貫性のある人、誠実な人、本音で語って言葉に嘘がない人、常に最後までやり通す人などが思い浮かぶ。「一貫性のある生き方は、何よりも貴重で強力なもののひとつです」と言うのは、著名なラスベガスの開発業者にしてホテル経営者のスティーブ・ウィンだ。「ハンバーガーであれ、人間であれ、フランチャイズは一貫性から生まれるのです」

ウィンは過去三〇年以上、ミラージュ、トレジャーアイランド、ベラージオといったハイリスクのホテルをつぎつぎに建設してきたが、彼の名声＝評判のおかげで、どれも成功をおさめてきた。もはや彼のパーソナルブランドは、記憶に残る体験と同義語になっている。その証拠に、最新のリゾートであるウィン・ラスベガスでは、自筆のサインをロゴにしている。「私が成功してきたのは、一貫してエキサイティングで、ときにユニークな体験を皆様に提供してきたからです。一貫性は誠実さの目安です。誠実さなくして一貫性を生むことはできないのです」。誠実さがあれば信頼を生むことができ、信頼があれば評判を築けるというわけだ。

ちなみに評判は、それを広める人にも影響してくる。たとえば、私がニューヨークオフィスのマネジャーに電話し、重要なプロジェクトを任せようと思っているある人物について意見を尋ねたとしよう。このとき、マネジャーがその人物をどう評価するかによって、私のマネジャーに対する評価も変わってくる。もしも、マネジャーが絶賛したのにその人物が期待に応えなかったら、私のなかでマネジャーの評価は大きく下がるだろう。そしてたぶん、マネジャーの人を見る目に疑いを持つ。それがどれくらい尾を引くかは、マネジャーが常日頃築いている信頼の強さに左右されるとしても、打撃を受けることに変わりはない。

先に私は、評判は信頼から生まれると言ったが、その信頼は、評判と一致した行動をするかどうかで深まりもすれば失いもする。あなたとビジネスをする人々は、たぶんあなたの評判を知っている。もしも、あなたの行動がその評判を強めるか、少なくとも評判どおりであれば、彼らはあなたをもっと信頼するだろう。評判は、それを裏づける経験と組みあわさることで信頼を後押しする。だが、もしあなたが評判どおりの期待に応えられなかったら、相手の心は揺れる。そして、関係に不協和が生まれる。心の乱れと不協和から生まれるのは摩擦だ。相手は防御を強めてビジネスのスピードをゆるめ、後悔しない選択をするための時間を稼ごうとするだろう。

　修士課程の学生であるデイブ・チウとディディエ・ヒルホルストは最近、インタラクティブデザインを専門とするイタリアの非営利団体、インタラクション・デザイン・インスティテュート・イブレアで、「レンタシング（RentAThing）」を開発した。レンタシングとはｉＰｏｄに似た小型の、片手《ハン》で持《ドヘルド》てる交渉ツールで、「関係する人の評判についての情報を提供することで、よりスムーズな取引を可能にする」という。まさに「評判に基づくビジネス」を先取りしているといえる。*3

　チウとヒルホルストはこれを、鍬《くわ》の貸し借りを例に説明している。鍬の持ち主は、レンタシングに照らして借り手の評判を見極め、評判がよくなければレンタル料を高くし、よければ安くすればいい。図書館の本を期限までに返しているかとか、電話のメッセージに速やかに対応しているかなど、他の評判も組みあわせれば、設定料金はさらに変わるかもしれない。ふたりは、そう遠くない未来にレンタシングの情報がさまざまなビジネスに活用され、機械や個人が信用スコア［訳注：クレジットの返済などの信用履歴を分析して算出される信用度の点数］と同じように評判スコアを共有する日が来るのを夢見ている。

　また、カナダ人作家で、デジタル著作権関連の活動家であるコリィ・ドクトロウは、二〇〇三年に発表した小説『マジック・キングダムで落ちぶれて』（早川書房）で、「ウッフィー（whuffie）」という個人の評判スコアであらゆるものが無料で手に入る世界を想定している。

ウッフィーは、貨幣のない世界で通貨の役割を果たし、人間の行為の好ましさに応じて獲得されたり削減されたりする。小説では、誰もが頭に埋めこまれたチップで即座にほかの人のウッフィーを知り、その人のウッフィーを即座に増やしたり減らしたりできる。すばらしい交響曲を指揮したら、聴衆からウッフィーを得る。通りを歩いていて誰かを押したら、ウッフィーが減る。かくして、他人の評価によってのみ得られるウッフィーの獲得をめざして、誰もが人の役に立つことや創造的なことをしようとする。[*4]

レンタシングとウッフィー、このふたつの寓話的なビジョンは、どちらも情報テクノロジーと個人の行為が交差するネットワークコミュニケーションの世界にルーツがある。ここでは、評判は厳密に計算できる。

だがじつは、今もすでにオンラインコミュニティでは、信頼度に基づいてはじき出される評判システムが一役買っている。ミシガン大学とハーバード大学の研究者たちは、調査を通じて、人々の口から口へと伝わるクチコミは、多くの情報が失われたり省略されたりすることに気がついた。人間は表現力に富むが、コミュニケーションシステムとしては不完全だ（「伝言」ゲームを思い出すといい）。これに対して、eBayのようなオンラインコミュニティはどうか？　売り手と買い手はフィードバックスコアと短いコメントで互いを評価しているが、そのスコアとコメントは永遠に残るだけでなく、無数の人がアクセスできる。インターネット上の評判は、あなたの行為を北京の商人にもスウェーデンの主婦にも同時に広めるのだ。[*5]

研究者たちは続いて、eBayでの評判の正確な価値を見積もるべく、オンラインマーケットでのよい評判が、売り手にどれだけ影響しているかを調べてみた。彼らは、収集価値のあるポストカードを扱うことで名高いディーラーの協力を得て、まったく同じ一連のカードを、評判のいいディーラーのIDと、評判のよくないIDとで販売した。すると買い手は、評判のよい売り手には平均して八・一パーセント多く支払おうとした。信頼と同じく、評判も確実に数値化が可能になりつつあるのだ。

評判という名の資本

評判はいろいろなかたちで現れるが、いちばん明確なのはクチコミで、それに続くのが過去の業績を示す履歴書やこれまでの給与額といったところだろうか。会ったばかりの人の稼ぎや前職の肩書きを知って、「へえ、年間〇〇ドルも稼ぐような人には見えないな」などと思ったことが、あなたにもあるだろう。

私の友人のひとりは、かつてテレビCMを制作していた。この業界のスタッフは、大半がフリーランスで日給払いだ。友人も、定期的に初心者レベルの制作アシスタント（PA）から撮影監督（DP）まで、必要な数のスタッフを雇っていた。だが、給料の額にはかなりの幅があった。

CMスタッフは通常、一週間から一か月で一〇〇万ドル以上という短期の高予算プロジェクトのために集められる。一本撮れば解散だ。そのプロセスはさしずめ人員配置のプロが長期の事業で経験することの縮図のようになるが、ここまで入れ替わりが激しい状況では、評判がすべてといってもいいほど価値を増す。

例外は、DPのようなトップレベルのクリエイターたちだ。彼らの場合は才能がすべて。いわば業績がすなわち評判だ。彼らのHOW——プレッシャー下での落ち着き、チームワーク、コミュニケーションスキルといった個人的資質も重要ではあるものの、それほど重視はされない。だがそのほかの人々、とくにPAのようにスキルは低いが撮影現場がスムーズに機能するには欠かせない働きバチの場合は、評判ひとつで待遇が大きく変わってくる。

私の友人はつぎのように話してくれた。「映像業界に入ってフリーランスで生きていくなら、評判とクチコミだけが頼りだね。あるプロデューサーが別のプロデューサーに推薦してくれて、その人がまた内輪のネットワークの別の人に推薦してくれる。誰の保証もないのに雇われる人間はひとりもいないんじゃないか」

PAは、仕事の電話を受けると希望する報酬額を伝える。日給の額は、予算やプロジェクトの中身、個人の経験などによって大きく変わるが、PAは一定の範囲内なら希望額を言ってかまわない。「私はたいていPAの言い値を信頼する」と友人は言った。「ただし、彼らが言った額は、その人の能力の目安にもなる。もしPAが（当時の最高額である）日給二〇〇ドルと言ったら、本当に一流なんだろうなと期待する。モチベーションが高くて、自発的で、機材や手順を熟知していて、撮影の妨げになる問題も解決してくれるだろう、とね。それよりもっと低い額、たとえば一二五ドルと言ってきたら、この人はまだまだ修業中なんだとわかる。そのぶん期待することはずっと低くなるよ」

そして撮影当日、その期待がすべての基準になる。「言い値が低かったのに出来がよかったら、手間暇かけてでも仕込んでやろうという気になる。まちがいがあっても大目に見て、現場がのんびりしているときはチャレンジする機会を増やしてやったりね」と友人は言った。「でも、言い値は最高額だったのに仕事ができなかったら、その人間はつぎの日にはいない。冷淡に突っぱねるわけじゃないよ。フリーランスで働く人間にはクビを宣告したりしない。ありがとうという温かい言葉と握手、それに『すまないが、明日はこんなにPAがいなくてもいいんだ』のひとことでいいんだ」。映像製作というペースの速い環境では、進行を遅らせる人間を受け入れる余地はない。期待値に届かなかったら、仕事にあぶれるだけだ。

企業での雇用と解雇は、映像の世界よりもっと長いスパンだが、それでも年々、組織の動きを鈍らせる人は抱えこめなくなっている。ひとつの事業に携わる人々の絆が、以前より弱くなりつつあるのも一因だ。コンサルタント、パートタイマー、フリーランス、戦略的パートナー、その他あらゆる関係者が一時的に関わり、さまざまなシナプスを形成している。多様な機会への適応力と順応性を求められる今日、従来のような信頼と連続性を構築する時間はそれほどない。あなたもアピールする内容と実際の能力とのギャップがあれば、たちまち不信を招き、握手でお別れという結末になりうる。

だが逆に、あなたが評判どおりの働きをすれば、すぐに認められ、強いシナプスと大きなチャンスがもたらされる。信頼の輪が増え、評判という名の資本は増し、その資本がより大きなゲームで威力を発揮することになるだろう。

金銭より評判に群がる人々

一九八三年後半のある日、証券会社ドレクセル・バーナムの会議室ではブレインストーミングが行なわれていた。メンバーは、高利回り債券部門の長を務めるマイケル・ミルケンら五人。このときドレクセルは、敵対的買収のための資金として、格付けの低い高利回りの約束手形、いわゆるジャンクボンドを使ってターゲットとなる会社の資産を担保とすることに決めていた。[*6] いわゆるレバレッジド・バイアウト（ＬＢＯ）だ。

当時、敵対的買収はまだめずらしく、今までよりずっと繊細に扱われていた。先方の経営陣の意に逆らって買収するのは恐ろしく攻撃的な行為だった。当然、要塞資本主義の時代には多くの敵をつくったし、実行に対する障壁も相応に高かった。たいていの図式は、大企業が攻撃者で、保守的なエリートたちが経営する投資銀行からの貸付金を使って小さな会社を買収した。

ドレクセルのアイデアは、このモデルを覆すことにあった。彼らのプランでは、標的会社の資産を、資金調達のために売る高利回り債券の担保にすれば、規模の大小にかかわらず、企業や信用のおける投資家が、自身よりずっと大きな会社をどんどん買収できるようになるはずだった。

そして、この新しい手法は一九八四年初頭に発表された。その結果、企業努力の構造は劇的に、かつ永遠に変わった。長年かけて、健全な価値観のもとに確固たる地位を築きあげてきた老舗企業が、突然、買収の憂き目に遭うようになった。企業の価値観はもはや何の役割も果たさず、短期的な株価こそが会社をはかる物差しになった。今日のビジネス界に行きわたっている考え方の多く、そして企業破綻の多くは、このひとつの決定的な手法に端を発している。

ジャンクボンドを使えば莫大な額の手数料を稼げることを知った、主要証券会社の大半や大小さまざまな企業は、われ先にとばかりにこのゲームに参加した。そのようななかで目を引いたのが、ふたつの例外だった。ひとつは投資銀行ゴールドマン・サックス。同行は敵対的買収に出資しないと発表した。[*7] もうひとつはジョンソン&ジョンソン。同社も、敵対的買収は一切行なわないと決定した。両社の決定の理由？　評判だ。
ジョンソン&ジョンソンのロジャー・ファインはある日、私に「わが社のCEO兼社長であるジム・バークは、敵対的買収をしないと決定した」と言った。ファインは人望の厚いリーダーで、私はLRNの草創期から彼とともに働く栄誉にあずかっている。彼はこう続けた。「バークは、『ジョンソン&ジョンソンは誰にもベアハッグ〔訳注：逃れようのない買収提案。羽交い絞め〕はしない、相手方の経営陣が望まない買収はしない』という評判を求めたんだ。もちろん、われわれは臆病者じゃない。どの会社にも劣らず攻撃的で貪欲だ。ただ、強引な買収を実行しないという評判を確立できれば、どこの会社でもわれわれと交渉しようとしてくれるだろう。それがバークのねらいだった」*8

世の中で評判の重要性が急激に増したのは、一九九〇年代半ば以降だ。ジョンソン&ジョンソンとゴールドマン・サックスが当時認識していたことを、今では多くの企業が理解している。よい評判があれば、競争上の優位に立てる。誠実な交渉、そして買収先の企業に対する敬意という評判があれば、交渉相手との確実性のギャップは埋まり、交渉はより速く成立する。摩擦が減り、協調性も高まる。

一九九八年、企業や公共の利益に関する大手調査会社であるハリス・インタラクティブは、「レピュテーション指数（RQ）」なるものを発表した。ニューヨーク大学スターンスクールでレピュテーション・インスティテュートの所長を務める、チャールズ・フォンブランとの共同によるものだった。RQとは企業の評判《コーポレート・レピュテーション》の度合いをはかる調査ツールだ。このとき以来、彼らは評判によって企業をランク付けした、「アメリカでもっとも目を引く企業六〇社」を毎年発表している。

また、GEの会長兼CEOであるジェフリー・イメルトは、同社の二〇〇二年度版「アニュアル・

レポート」に添えた手紙でこう明言した。「私たちは毎年数十億ドルをかけてトレーニングの改善、規範遵守の徹底、価値の増大に取り組んでいます」。そして続けた。「すべては私たちの文化を保ち、もっとも貴重な資産のひとつ——私たちの評判を守るためです」[*9]

ウォーレン・バフェットは、証券法違反で破綻の危機に瀕したソロモンブラザーズを引き継いだ際、連邦議会に出向いて従業員の違法行為を謝罪した。そして、よからぬことをたくらむ者に向けて厳しい警告を発した。「会社の金を失うことには理解を示すこともできるだろうが、会社の評判を少しでも失えば、私は容赦しない」[*10]

残念なことに、近年の企業の関心の多くは、評判を単にブランド認知の延長としてとらえ、管理するにとどまっている。この業務を請け負うのは、もっぱらPRやコーポレート・コミュニケーションの部署、あるいはコンサルタントだ。ためしに先日、「"reputation management"（評判管理）」でネット検索をしたところ、六八〇〇万件がヒットし、一六件の企業広告が表示された。世間には、あらゆる種類のコミュニケーション戦略家、リサーチ会社、法律事務所、コンサルタントがあり、評判の管理と修復を担っている。すぐれた頭脳の持ち主や戦略的思考に長けた人たちが、評判の管理を「六つの次元」「一八の不変の法則」「コミュニケーションギャップ」などに分解してもいる。

いずれにしても、評判の向上と管理が必要なのはまちがいない。会社は、従業員たちの無数の血と汗と涙の副産物である。評判が悪化すれば、その努力と資源の多くが無駄になる。たしかに、ステークホルダーからあらゆる努力の象徴として見られるという意味では、評判はブランドの延長であり、市場で評判を築くことはどんなビジネス戦略にも欠かせない。だが、評判の構築とブランド認知とは同じではない。エクソンモービル、ジョンソン＆ジョンソン、GE、マイクロソフトといった企業が市場で築きあげたブランド認知を考えてほしい。これらの会社は誰もが知っているが、その評判はさまざまだ。

　企業は往々にして評判をサイロとして管理し、物語として紡ごうとする。その考え方はおおむね、つぎのように展開される。企業は押し寄せる情報と透明性とに包囲されている。だから、世論という戦場で戦う覚悟のある専門家の集団と計画とで武装しなければならない。積極的にブランドを拡大すると同時に、PRの面で苦境に立たされたら反撃する。メッセージをコントロールする者が支配できる。

　だがこの考えは、今日では通用しない。ネットワーク化された世界で繁栄するためには、透明性と相互のつながりによって決定づけられる経済活動のなかで機能する方法、こうした状況にもかかわらずではなく、その状況だからこそ成功する方法を見つけなくてはならない。

　マクドナルドのように、透明性以前の時代に世界を股にかける圧倒的ブランドに成長した会社ですら、ステークホルダーたちとの新しい関係を受け入れている。「私たちは透明性を歓迎します」とCEOのジム・スキナーは言う。「透明性とは、人々があなたの行動をはっきり見られることを意味します。人々はいまや、あなたの行動は価値を高めるものなのか、あなたの成功に意義があるものなのか、会社の誠実さや文化に沿ったものなのかを自分で判断しています。ときには、組織としてどう行動するかに関して、矛盾や問題が生じることもあるでしょう。いろいろな理由から、私たちや私たちのブランドとは関わりたくないと思う人だっているでしょう。それでも、マクドナルドが成功したのは、昔は透明性がなかったからだ、などとは思わないでいただきたい。私たちはみなさんに、積極的に私たちのやり方を見ていただきたいと思っています」[*11]

今日の偉大な企業とリーダーは、成功するためには評判が物理的な資本に劣らず貴重な資本になることを承知している。最近、ＬＲＮが行なった購買行動に関する調査では、４０１ｋと関係のない株を所有するアメリカ人の半数は、評判が疑わしい会社の株を購入しないと決めていることが明らかになった。[12] ポジティブな評判こそが、あなたとステークホルダーとの絆を固くする。顧客であれ、従業員であれ、新規の採用者であれ、同じことだ。

アメリカ有数のエグゼクティブ・サーチ会社、ハイドリック＆ストラグルズの副会長であるジョイ・グレガーは、大企業のエグゼクティブ、ＣＥＯ、ＣＯＯ、取締役会のメンバーをスカウトし、グローバルな経営陣《リーダーシップチーム》を構築するエキスパートだ。彼女ももちろん、人材の市場ではクライアント企業そのものよりも、評判のほうが先行することを知っている。「すぐれた採用候補者や最高の才能の持ち主は、会社を見て『ここはいい会社だろうか？』と考えます」と彼女は言う。「いい会社とは、数字上の実績だけを指すのではありません。肝心なのは文化です。従業員を大事にせず、違法すれすれのことをしている会社に行こうとする優秀なエクゼクティブに、私は会ったことがありません。彼らはまず評判を調べる。その結果、共鳴できなかった会社に入ることはありません」[13]

今日のビジネスパーソンたちは、そのほとんどが自分をフリーランスとみなしている。ひとつの仕事や組織にとどまるのは、目標と利益が自分に合致しているあいだだけだ。そうなると、最高の人材を給料や手当といった手段だけで確保するのはむずかしい。もっといい待遇のいい仕事がすぐ先に隠れていることはままある。「アメ」を維持することはますます高くつくようになった。二〇ドル払ってウェーブに参加してもらえたとしても、その人が協力してくれるのは二〇ドルに見合った時間だけだ。グレガーが明言したとおり、最高の人材は、金銭や成功よりも、すぐれた価値観の上に築かれた関係を求めている。

「評判とはすなわち、何者かということです」。そう言ったのはファイザーのCEO、ジェフ・キンドラーだ。「それは性格であり、ブランドであり、アイデンティティなんです。なぜあの会社ではなく、この会社で働くのか？　私の経験上、たくさんの機会に恵まれる本当に優秀な人材は、最終的には給料が多少増えるくらいで動かされることはありません。彼らは二、三のかなりシンプルなことに鼓舞される。たとえば、十分な機会と資源があたえられ、人として成長し、発展しながら意義ある貢献ができる職場、あるいは、組織の信条や自分の志にのっとって事業を極めようとする人々と働ける職場、さらには自分とって大切なことで世界をよりよい場所にしている職場で働くことも、そのひとつでしょう。鼓舞された彼らは当然、一層の努力をする。彼らを仲間にしたいなら、さまざまなモチベーションと響きあう明確な文化、明確な性格、明確な価値観と目的がなければならないのです」[*14]

ポール・ロバートの発言も紹介しておこう。彼は、たたきあげでユナイテッド・テクノロジーズ・コーポレーション（UTC）のアソシエイトゼネラルカウンセル兼、契約・コンプライアンス担当取締役にまでのぼりつめた人物だ。彼のような才能あるエグゼクティブが引く手あまただった時代から二〇年近く、UTCで働いてきた。そんなポールに私は、あなたは何に鼓舞されて毎日仕事に行くのですか？　と尋ねたことがある。そのとき彼はこう答えた。

「毎朝、みんなと同じように、重い身体をベッドから引きずり出して仕事に行ってるよ。寒い日もあれば、まだ暗い日もある。何が私にそうさせるのか？　それはたぶん、摩天楼だって建てられる会社で働いているからだろうね。私の会社は、今も地球上の旅客機の五〇パーセントにエンジンを提供している。感謝祭の時期には一二秒に一回離陸し、四回着陸して、人々をおばあちゃんのもとへ送り届けている。私が働く会社は、一九三二年に企業倫理規範を採用したが、キャリアコーポレーションの会長だったウィリス・キャリアが書いたその規範を見ると、何も新しいものはない。そこにあるのは私たちがこれまでいだいてきたのと同じ価値観なんだ」[*15]

もちろん、評判はトップレベルの採用のときだけ重要なのではない。新人レベルでも事情は同じだ。スタンフォード大学経営大学院のデビッド・B・モンゴメリーと、カリフォルニア大学サンタバーバラ校のキャサリン・A・ラムスは、北米とヨーロッパの主要一一校のMBA取得者八〇〇人以上を調査した。すると驚いたことに、九七パーセント以上が、金銭的な利益を放棄してでも会社のHOWを正している評判の高い組織で働く用意があると答えた。ちなみに、放棄する額を平均すると、予想される収入の一四パーセントだった。

また、MBA取得者がもっとも重視する、将来の雇用主の特質一四のトップは「知的チャレンジ」だったが、「きちんとしている」「従業員を大事にする」といった評判は同率で三位だった。トップと比べても重要度としては約二三パーセント減るだけ、二位の「金銭的な待遇」とは僅差だった。「私たちはこの結果に驚いた」と、セバスチャン・S・クレスゲマーケティング戦略名誉教授で、シンガポール・マネジメント大学ビジネススクール学長でもあるモンゴメリーは述べている。「こうした付加的な職業選択要因の重要性を示す研究は、過去になかった」[*16]

スイスの巨大企業ABBの元CEOヨーラン・リンダールは、もっと端的にこう語っている。「結局のところ、マネジャーは上司や会社には忠実でなくても、彼らが信じる、納得のいく価値観に対しては忠実なのだ」[*17]。すぐれた価値観は、企業活動のあらゆる局面で行動として現れ、さらなる評判を築く建材とモルタルとなる。評判と信頼を、単に要塞の壁の輝く表面と考えてはいけない。それは、目標達成の原動力となる資産なのだ。

一本のホームランより連続ヒットを

レピュテーション・インスティテュートのチャールズ・フォムブランはこう言っている。「評判とは、実際のあなたの姿とあなたに対する人々の考えとを融合したものである」[*18]

キャリアを一新することはたやすくなっても、評判を一新するのはたやすくない。評判は日々の仕事、日々の行動を重ねて築かれる。そして時とともに定着していく。つまり、あなたの評判は人生の集大成である墓碑銘ではなく、むしろ野球選手の打率のようなものだ。シーズン終盤に近づくにつれ、数字を大幅アップさせるのはむずかしくなる。より安定して常にボールをとらえる能力を高めなければ、メジャーリーグで打率をあげることはできない。

評判も、昔より人生の早い段階から築かれるようになっている。かつては評判といえばキャリアの後半に取り沙汰されるもので、たいていの人は成功したあとに、世間からどのような評判を得ているかと心配したものだった。だが今では、新卒採用者のマイスペースのページを雇用主がチェックする。あなたの打率にリトルリーグ時代のものまで含まれるかのように。今では、子どものころにしたことが一生ついてまわる。評判は、一生に一度の交流、一度のジェスチャー、一度の出来事を積みあげてできあがっていくのだ。

大きな成功で名声を築いたラスベガスのホテル王、スティーブ・ウィンのような人物も、評判を築くうえで肝心なのは、一つひとつの交流でシンプルで確かな印象を重ねていくことだと言っている。

評判、評判、また評判

「ホームランじゃない」と彼は言う。「シングルヒットやツーベースを打つこと、一度にひとつずつ意味のある体験をすることだ」

　ドレクセル・バーナムが失墜し、一九八七年のブラックマンデーでそれまでの市場が崩壊したとき、一九八〇年代の企業の欲望と貪欲さを象徴する存在となったのがマイケル・ミルケンだった。この物静かな金融の天才が、報道機関や証券取引委員会（SEC）、あるいは連邦検事たちが主張するような権謀術士だったことを示す証拠はほとんどなかったが（当時の主席検察官だったルドルフ・ジュリアーニ元ニューヨーク市長は、のちにミルケンに大統領恩赦をあたえることを全面的に支持した）[*19]、彼は禁固刑に加え、当時の米国証券法史上最高額となる罰金を科せられ、証券業界からも永久追放された。

　以後、彼は破綻した人生と傷ついた評判を立て直さなくてはならなかった。[*20]あれから何年もたった現在、ミルケン・ファミリー財団を通じたガン研究と学校教育のための慈善活動のおかげで、失われた評判は修復されつつある。ミルケンは今、多くの人々を助けている。[21] どうやら成功へのあくなき追求をする男から、意義を追求する男へと変貌したらしい。彼はこの変化によって、自己から他者へ焦点を移し、確かな贖罪を果たすことができた。

ガラス張りの世界では、第二のチャンスは訪れにくい。かわりに人の足元をすくうのは簡単になり、一度崩れた信頼は回復しづらくなった。信頼の梯子からの転落はしばしば長く、着地の衝撃は大きい。唯一知られている解毒剤、それは評判だ。評判を接種すれば、互いの関係に疑念が生じたときにも「疑わしきは罰せず」という好意的解釈を得られる。

どんなすぐれた登山家もたまにはスリップし、ときには転落する。そんなとき、山から吹き飛ばされるのを防いでくれるのは、しっかり固定されたよいロープだけだ。

一服コラム

ビッグチャンスと信念のはざまで

二〇〇一年、デビッド・グリーンバーグは、クラフトフーズやフィリップモリスの親会社であるアルトリア・グループの上級副社長兼最高コンプライアンス責任者（ＣＣＯ）に就任した。[*22]「今の仕事に就いたとき」とデビッドは先日、笑いながら私に言った。「コンプライアンスと倫理について知っていたことは、ほんの少しだったと思う。アルトリア自体も、コンプライアンスの研修トレーニングといえば、法律家が規則と手続きについて講義するくらいしか思いつかなかった」。[*23]一九万人以上を抱える企業のコンプライアンスと倫理プログラムをつくる責務を負ったデビッドは、そんな状態を脱却すべく、専門会社を探しはじめた。そして、われわれＬＲＮと出会ったのだった。

互いの関係は、非公式な話しあいと情報の共有から始まった。当時のアルトリアは、社会から駆逐されつつあるタバコメーカー（フィリップモリス）の親会社であるということで評判を落としていた。人体に害のあるタバコを売って顧客の信頼を裏切ったというわけだ。だが、デビッドから連絡があったとき、彼は自身のリーダーシップを通じて、アルトリアのＨＯＷを正し、信頼を再建しようと誓っているように見えた。

ほどなく、デビッドは選定委員会を立ちあげ、われわれにも競合他社とともにプレゼンテーションをしてほしいと求めてきた。デビッドは業界リーダーのひとりとして、アルトリアが何を採用し、どんな相手と関係を築くかを決定しようとしていた。LRNは創立七年目にしてすでに業界トップだったが、まだ成長の途上にあった。多数の大企業と仕事をしていたが、その関係の多くはコンペで勝ち取ったものではない。われわれはこのチャンスをものにしたかった。なにしろLRNにとってアルトリアは巨人であり、彼らとの関係を確立することはLRNの成長にまちがいなく大きな意味を持つはずだった。

しかし問題が起こった。われわれには知らされていなかったが、その半年前にデビッドは小さなコンサルタント会社を雇い、今回の選定プロセスにも協力をあおいでいた。そして、ひょんなことから、この会社の首脳陣が、オンライントレーニングでわれわれと競合する一社と大きな利害関係を持つことが判明したのだ。

「コンサルタント会社はその点について、隠し立てなどしなかった」とデビッドは言う。「それに、たとえ多少の利害の衝突があっても、われわれにとっては大きな利点がある会社だった。一〇〇〇億ドル企業であるアルトリアは、常に会社にとって最大の利益となる行動を選択する。このコンサルタント会社は業界に関する知識が豊富で、おかげでさまざまな業界事情を得ることができた。もちろん私は選定プロセスも抜かりなくチェックしたが、形式も構造も、安心感をあたえるものだった。われわれには委員会があり、きわめて綿密なプロセスがあり、基準と尺度があった。意思決定に関わる人間は、このコンサルタント会社とはビジネス上の利害関係は一切なかった」

だがLRNにとって、このコンサルタント会社の存在は明らかに利益に反した。どう対応すべきか？　われわれは苦悶した。競合する以上、こちらのビジネス上の秘密は明かしたくない。LRNの財産や機密事項が他社の手に渡るはめにならないよう用心もせねばならない。もしも、例の競合他社がパスワードとIDを入手してオンラインでLRNの提供する研修コースを見たら、われわれの資料や成人学習と教育設計に対するアプローチがすべて知られてしまう。アルトリア側からはコンサルタント会社の存在は知らされず、われわれが自ら発見したという経緯も、大きな不安材料となっていた。

いろいろ悩んだ末、デビッドに敬意をいだいていた私は、彼にこちらの懸念を率直に伝えることにした。デビッドの説明では、これはいわば、地域的な相談役を選ぶために、全国規模の法律事務所を雇って協力してもらうようなものだったらしいが、私の理解では、タバコを誰から仕入れるかを決めるために、特定のタバコ栽培業者を雇って手伝わせるようなものだった。やがて、デビッドが妥協案として、価格設定の協議の際やパスワードの開示が必要な場合は、このコンサルタント会社をはずすことを申し出た。私は同意した。

ところがその後、パスワードを必要とするeメールが、件《くだん》の会社の人にも同送されていたことが判明した。デビッドが約束してくれたこととアルトリアの行動との不一致。それは大きな衝撃だった。たとえ管理上のミスだとしても、絶対に秘密が漏れないと信用することができなくなったからだ。

「きちんと関門を設けたと思っていたが、そうではなかった」とデビッドは言う。「おそらく誰かがあるeメールで『全員に返信』を押したせいで、情報が別の人間に届き、やがて合意内容を知らない誰かの手に渡って、その人物が罪の意識なく転送したのだろう」。原因はどうあれ、われわれが競合他社に対する懸念を強めたことに変わりはなかった。心をかき乱されたわれわれは、熱意をもって前進することができなくなった。アルトリアに対する不安も生じた。この人たちは本当に信頼できるのか？

それからしばらくのあいだ、私は眠れない日々をすごした。懸念はあっても、相手はフォーチュン10クラスの企業だ。〝こっちから願い下げだ〟とは言いづらい。このチャンスはやはりものにしたいし、まちがっても競合他社には取られたくない。われわれはリーディングカンパニーであり、同じくリーディングカンパニーであるアルトリアが求めるソリューションを持っている。勝算はあるはずだ。その大きなチャンスを、ひとつの原則のために犠牲にしていいのか？

しかし一方ではなお、私の信念をひどく蝕むものがくすぶっていた。デビッドも彼のチームも、われわれがこのコンサルタント会社と対立している事実を尊重していないように思われた。

結局、私はつぎのような結論に到った。やはり、これは完全にまちがっている。あのコンサルタント会社は関わるべきではない。ここには明らかに対立がある。私たちが前に進むためには、彼らが去る必要がある。

私はデビッドに電話をかけ、自分の考えを伝えた。アルトリアはこの状況を差しさわりのある対立とは見ていないかもしれないが、ＬＲＮは相当な支障を感じている。このままでは会議に出てもオープンな姿勢を保つことができない。われわれの強み、弱み、将来の計画を率直に語ることも、アルトリアに必要な情報のすべてを伝えてＬＲＮという組織を理解してもらうこともできない、と。

デビッドは私の話を真剣に受け止めてくれた。だが、この件についてはすでにほかのメンバーと相談ずみで、適切な方法で対応していると考えている、したがって今後も同じやり方でいくと譲らなかった。

当時を振り返ったデビッドは、こう説明する。「私はリーダーとしてメリットに基づいて決断をくだし、メリットに基づいてチームを率いると固く心に決めていた。ダヴが言っていたことはすべて正しかったが、ＬＲＮにしろ競合社にしろ、わが社にとってのメリットという観点でベストの者が勝つと考えていたんだ。この件での教訓のひとつは、お互いがまったく異なる現実を見ていたということだと思う。私の現実では――たぶん横柄だったのだが――われわれとの取引の争奪戦から撤退する者が出てくるとは思えなかった。あまりにも魅力的な提案だったし、クオリティとパフォーマンスに関するわれわれの評判をもってすれば、アルトリアは誰と誰が知りあいだとか、誰が何を所有しているなど関係なく、自社にとって最善のものを選択するということを、一点の曇りもなく信じてもらえるはずだった」

デビッドとの電話を終えた私は、ＬＲＮのチームと相談した。私の決断には、会社にも社員一人ひとりの生活にも多くのことがかかっていたが、私はみんなに、手を引くことを正式に通知すると伝えた。大変な苦痛を伴う決断だった。私はデビッドに手紙を送った。デビッドの誠実さに疑いを呈したり、彼やアルトリアに批判的にならないよう慎重を期しながら……。私はただこんなふうに書いた。ここには支障をきたす対立があり、それについてじっくり検討したが、われわれの価値観、信念、会社の定款をもとに、撤退するのが正しいことだと感じている――。

「あのときはショックを受けたね」とデビッドは回想する。「正直なところ、理解できなかった。

私は自分の公正さ、そして公正なプロセスで会社にとって正しいことをする能力を強く信じていた。だから、手紙の言葉が文字どおりのことを意味しているとはとうてい認められなかった。不合理にさえ感じられたよ。なんといってもLRNは全力で取り組んでいて、私は彼らが勝つのではないかと思っていたからね。そのあと、ふと、これは作戦かもしれないと思いついた。この問題に目を向けさせることで、LRNは選定過程をコントロールしようとしているのではないか、われわれをやや守勢にまわらせ、優位に立とうとしているのではないか、ひょっとしたらLRNは賢さで差別化をはかろうとしているのではないか、とね。いずれにせよ、これがあくまで原則に基づいた行動だとは思ってもみなかった」

手紙を読んだデビッドは、私に連絡してきた。「質の高い会社を選択肢から除外させないことが、アルトリアに対する私の義務だと思ったからね」とデビッドは振り返る。電話をもらった私は感銘を受けた。手紙では返事を求めなかったし、彼も電話などする必要はなかったからだ。私が伝えたのは、「手を引く」であって、「話しあいがしたければ、電話をください」ではなかった。

ところが、電話で話しているうちにデビッドは怒りだし、自分の誠実さを疑っているのかと問い質しはじめた。われわれの態度を侮辱的だと感じたようだった。私は懸命に、この状況をあなたのせいだなどとは考えてはいない、あくまでもLRNの信念の問題で、あなたの誠実さの問題ではないと説明した。デビッドはそのときのことをこう振り返る。「私は、最高倫理責任者の私が、こう指摘されていると感じた。『あなたがやっていることは、少なくとも一部の人間にとっては深刻な利害の対立を生じさせている』とね。だから不愉快になったし、身構えた。そして自己弁護しようとした」

今から振り返ると、当時の私たちはお互いを人間としてうまくとらえていなかった。ビジネスではありがちなことだが、人は互いを、その存在そのものではなく行動で判断してしまう。あのころの私はデビッドを、ひとりの人間としてではなく、電話を切ったらすぐつぎのタスクに向かうタイプのビジネスマンとして見ていた。傷ついたり、侮辱に敏感な男とは認識していなかったのだ。そして彼もまた、おそらく私のことを原則について悩んで眠れなくなるような男とは見ていなかった。事実、「私はきみのことを歩くバランスシートとして見ていた」とデビッドは言った。「あるいは損益計算書、とね」

最終的に、アルトリアはある会社を選定したが、それはＬＲＮにもアルトリアにも大きな損失をもたらした。選ばれた会社も、われわれといっしょに撤退すべきだったと私は感じていた。白状すれば、機嫌が悪いときには、信念のない者どうしでお似合いだと思ったりもした。

その後二年のあいだに、デビッドは業界のリーダーであるばかりか教祖《グル》のような存在になり、アルトリアの発展について講演を依頼されることも多くなっていた。おかげで、選ばれなかった私の失望はさらに大きくなった。私は彼が会議やミーティングで発言するのを見るたびに気づまりになった。彼がスピーチし、私がスピーチしても、互いに話しかけなかった。

それでも、どちらの評判も高まるにつれ、双方とも慣れてきた。少なくとも私はデビッドの情熱と献身ぶりに感銘を受け、再び好人物だと思うようになっていった。

そんなある日、私はデビッドから、ちょっと打ちあわせをしないかというボイスメールを受け取った。「連絡をした当時」とデビッドは言う。「ＬＲＮは新しくて進歩的で特異な、ほかのどこにもない存在になっていた。私は信念に固執しないし、自分は絶対に正しいとも思わない。現在のポストに慣れるにつれ、以前はわからなかったことも理解できるようになってきた。自分の使命からしても、アルトリアには常に最高のプログラムがなければならない。だから、過去にはこだわらずに連絡した。それが原則にかなうことだと考えたんだ」

あれから何年もたっているのに、傷はまだ疼《うず》いていた。でも私はこう思った。「彼にもう悪意がないのなら、問題はない」。これは新しい一章なのだ。こうしてLRNは、アルトリアのニーズにあった強力なプレゼンテーションをし、話しあいが始まった。デビッドは、われわれのアプローチと具体的なソリューションについて突っこんだ質問をしてきた。こうして再び親密な関係が生まれ、ついにはデビッドから、アルトリアの国際的な幹部会議《リーダーシップ》でスピーチしてほしいという光栄な申し出まで受けた。

そのときのことを、デビッドはこう言う。「あの時点ではもう、互いに過去は水に流して、プロらしくメリットを元に前進していた。わが社にとって、ダヴに話をしてもらうのにはふたつのメリットがあった。ひとつは、勉強の機会になる。これがいちばん肝心だった。もうひとつは、大勢に向かってこうアピールできることだ。私は学ぶことができる人間だ。それに、会社にとって正しいことをするためなら、個人的な原則や過去など一切、主張すべきではないと考える人間でもある――とね。LRNとのあいだには不幸な経験があって傷痕を残したかもしれないが、それは過去のことだ。われわれが何より重んじているのは、正しく賢明な行動だからね」

会議のあとは、双方のチームで長いディナーをともにした。デビッドは自分のリーダーシップ観や、かつてアルトリアの若い執行役員として海外で働いて戻ってきたときのことなどをざっくばらんに語ってくれた。ビッグビジネス、大企業、リーダーシップなどに対する意見交換をしたその夜、私たちはまた少し、お互いを知ることができた。デビッドは仲間の前で無防備になり、内省できる強さと謙虚さを大いに見せてくれた。

その二週間後、今度はデビッドとふたりだけでディナーをとった。食事中、私はわざとブリーフケースを開けた。そしてLRNの核となっている「リーダーシップ・フレームワーク」（これについては12章で詳述）の写しを取り出して、熱く語った。価値観に基づくリーダーシップという考え方、信念に対する誓い、何よりそれらがいかにわれわれの言行のすべての底流を成しているかを語ったのだ。すばらしいひとときだった。私たちは掛け値なしに心を開きあった。

「レストランを出るとき、突然、悟ったんだ」とデビッドは言う。「だから私は、ダヴを通りで立ち止まらせて言った。『ふと思ったんだが、きみは自分が言うことを本気で信じているし、あのころも本当に原則に従って行動していた。でも私は、今の今まで本気にしていなかったと思う』」。その瞬間、これでようやく決着がついた、と私は感じた。デビッドと私は互いを、行動ではなく存在として見て、信じはじめた。この瞬間、アルトリアとLRNはウェーブを起こしはじめたのだ。

それからの数か月間で、デビッドと私は広範囲にわたるイノベーションの協力関係を育んだ。ちょうどそのころ、アルトリアは選定した会社との契約が満了となり、新たな選定に入った。デビッドは言う。「私にもはっきりわかってきた。その自社認識と経営方針からいっても、LRNには価値観に基づいたビジネス、正しい行動についての深い見識があるはずだと」。私にも、はっきりしたことがあった。再度のつながりを通じて、デビッドと私は気づかないうちに、ある空気をつくり出していた。それは、それぞれのチームが信頼と相互理解とで強力にコラボレートし、アルトリアの世界的事業に必ずや価値観に基づいたソリューションをもたらす――という空気だ。

デビッドと私は、ひとつずつ交流を重ね、時間をかけて関係を築いた。その過程で、互いのことをもっと知り、両者を隔てていたビジネスの垣根を越えて通じあう方法を見つけた。途中、どちらもCの谷でもがき、何より大事にしている原則や誠実さ、評判や正直さが過酷な試練にさらされることになった。それでも、私たちはいちばん強く信じている道は踏みはずさなかった。自分たちのHOWを正しつづけたのだ。

数年後に再びつながることができたのは、私たちのシナプスが完全には断ち切れていなかったからだろう。どちらも相手に本物の何かを感じた。だからこそ再びつながり、そのつながりをより強くより長く続くものにすることができた。

三回の裏に起こそうとしたウェーブは立ち消えたが、七回裏には全員が腕を振りあげ、ともに歓声をあげたのだ。

第 IV 部

統治のHOW

ビジネスとは、努力の成果をおさめて表現する容れ物のようなものだ。そのなかには、私たちの求めるものがたくさん詰まっている。意味、成功、意義、卓越性、大きな善への貢献……。もちろんそこには、貪欲、利己主義、強欲、消費、搾取など、あまり好ましくない特性も大量に入ってくる。

企業が存在するのは、個人では達成できない目標を成し遂げるためだ。だが、その企業が最高のパフォーマンスをし、より高い目標を達成するためには、成員一人ひとりの実力が存分に発揮される体制や自己統治の気風がなければならない。最高の人材を集め、最高の業績をあげられるよう鼓舞し、その努力に報いる十分な報酬を、金銭面でもその他の面でも生み出さなくてはならない。

第I部で私は、ビジネスを根本的に変えてきたさまざまな要因について述べ、「どのようにやるか」＝HOWに焦点をあてた。続く第II部と第III部では、このHOWをさらに詳しく検討し、現実にあった考え方や行動を、個人や集団として身につける方法を探った。日々直面する難題を見通し、対応するための新しいレンズを手にする方法と言ってもいい。

その結果、つぎの問題が残った。人とのつながりやよりよい業績のエネルギー源であるHOWを、ではどうやって組織全体に浸透させればよいのだろうか？

二〇世紀のビジネスに変革をもたらしたコンセプトは、品質管理とプロセス管理だった。私はこれを「WHATのHOW」と言っている。

とくに注目に値するのは、一九八〇年代半ばあたり、グローバルビジネスが設計品質《デザインドイン・クオリティ》とプロセスの再設計《リエンジニアリング》というコンセプトを徹底的に採り入れるようになったころだ。この変化にはずみをつけたのは、日本の製造技術である。日本が製造立国として躍進するまで、各国は生産トライアングルの苦境から逃れられずにいた。

左図の三角形の頂点はそれぞれ、速い、安い、よいを表している。従来、製造はこのうちのふたつしか選択できないと考えられていた。つまり、よいと速いを選ぶと、安くならない。よいと安いだと、速くならない。速いと安いだと、よくならない。

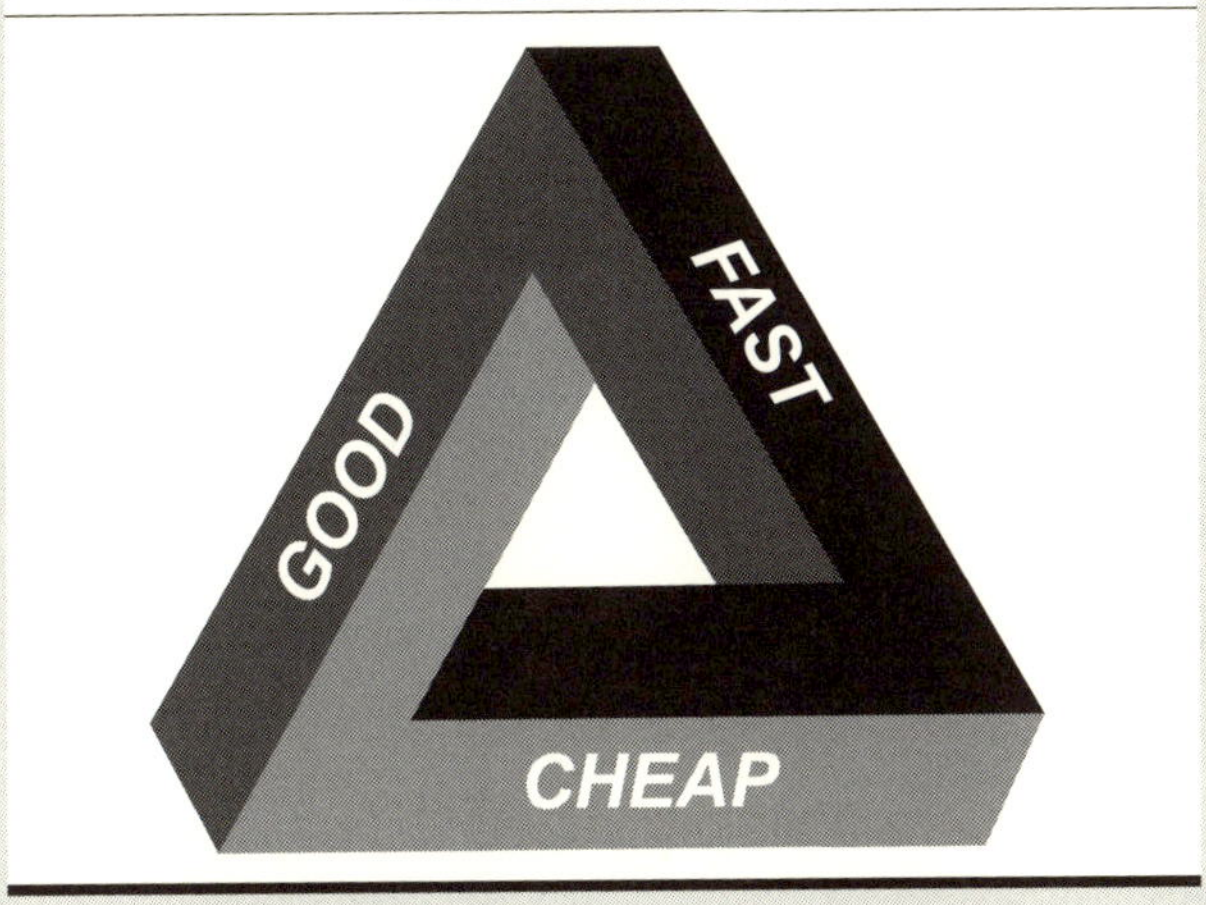

生産のパラドックス

ここでの罠は、品質は生産ラインの最後に検査するものだという常識にあった。すなわち、製品はラインを流れ、最終地点にいる者が品質検査をして不良品を捨てる。製造プロセスに二〇のステップがあるとしたら、品質検査はステップ二一だった。ステップ一から二〇は、品質に関知しない。もちろん質の高い製品を提供することもできたが、その場合はコストが高くなる。ラインの最後に捨てる割合が多くなるからだ。しかも企業は、品質は数量化や測定がしにくいものととらえていた。「よい品質は見ればわかる。ただ、それは主観的なものだ」。品質を表す共通の言葉は存在せず、何が「よい」かは見る人次第だった。

そこへ日本人が現れ、こうした考え方をひっくり返した。彼らは、品質欠陥はかえって非効率だということに気づき、品質のチェックをラインの後方から前方へ移すことで、はるかに効率的かつ経済的に高品質の商品を製造するプロセスを生み出してみせた。どういうことか？　品質の責任を、自動車メーカーで言えばトヨタや三菱などの生産ピラミッドの頂点から、下請けへと分散化させ、下請けには資産も投じて緊密な協力体制を築くことで、品質の向上をはかったのだ。高品質の製品を低コストで迅速に提供できるようになった日本は、一躍、世界の注目を浴びた。日本人は品質を重要な差別化要因にして勝利したのだ。[*1]

この動きに、グローバル企業は急いで追いつこうとした。フォード・モーターは「品質が第一」[*2]を宣言し、ＧＥをはじめとする巨大企業は、総合品質管理（ＴＱＭ）やシックス・シグマを採用して、企業文化を根幹からつくり直した。[*3]

品質はもはや縦型のサイロではなくなった。品質の責任は、ラインの最後にいる品質保証（ＱＡ）や品質管理（ＱＣ）担当者だけでなく、あらゆる職務のあらゆる地位のあらゆる従業員のものになった。権限は階層のトップから基部へと下ろされ、生産プロセスのどの段階の人間でも、品質に問題を見つけたらラインを止めることができるようになった。また、全段階で品質を設計どおりにすることで、システムから非効率を取りのぞき、大幅に生産性を高めることに成功した。

こうした品質運動は、欧米の企業を生産トライアングルの束縛から解放し、コスト／品質／時間の負の相関を克服した。企業はにわかに三拍子そろうようになった。速い、安い、しかもよい。今日の最優良企業が日々これを実行しているのは、いまや競争で勝利するのに不可欠なことだからだ。デルのコンピュータは、より安いだけでなく、かつての高価なＩＢＭ製品と同じくらいよい。サウスウェスト航空は、大手航空会社と同じ路線を飛び、同じ条件でありながら便を増やし、より確実に、より低価格で、高品質のサービスを提供している。

いまや品質は測定可能なプロセスとなった。ビジネス界は品質に賞をあたえ、その成果を国際的に認知させ、収益化した。消費者は信頼性の統計や品質に対する評価に以前より注意を払いはじめた。製品の長期的な性能についての情報がすぐ、しかも大量に手に入るようになると、市場もそれに反応した。勝敗の決め手は品質になった。その後の目覚ましい経済成長は、「ＷＨＡＴのＨＯＷ」という革命に負うところが大きい。

品質に対するこうしたアプローチは、おしなべて人間行動のＨＯＷにも応用できる。きたる世界で繁栄するには、品質と同じように、人々のあいだに強いシナプスを築き、全員を連帯させ、さらなるウェーブを起こせる環境をつくり出さなければならない。そのためには、組織のすみずみにまで価値観を伝えることが不可欠だ。そして、価値観を周知徹底させるには、組織がどのように機能しているのかを体系的に理解する、つまり「文化」を理解しなければならない。

ひとくちに企業文化といっても、中身はさまざまだ。取締役会にも文化があり、各部署にも文化があり、あらゆるチームにも文化がある。これまでは、文化はかたちにできないもので、それについて考え、語ることは、組織図のトップに位置する少数の人たちの領分とされてきたが、ＨＯＷの世界では違う。企業文化はかたちにできる。少数のエリートの領分でもない。誰もがＨＯＷの革新を起こすときがやってきたのだ。

私たちがめざすＨＯＷとは、やるべきことをどうやるかである。第Ⅳ部では、何が集団を前進させるかが明らかにされていく。真に成功するには、ともに働く人々に対する考え方を変え、よりよい統治《ガバナンス》と文化とを紡がなくてはならない。

10章　企業文化の基本を理解する

IBMにいたころに、私は知った。文化はゲームのただの一面ではない。ゲームそのものである。
——ルイス・ガースナー（IBM元会長兼CEO）

ノースカロライナ州ダーラムにある、ゼネラル・エレクトリック・エアクラフト・エンジンズの組み立て工場では、世界でも指折りの、強力で複雑な航空エンジンが生産されている。

外から見ると、工場にはこれといって特徴はない。ノースカロライナのなだらかな田園地帯に、格納庫サイズの建物が二棟、二平方キロメートルの土地を支配するように建っているだけだ。それぞれの床面積は一万二〇〇〇平方メートル以上、中にはキャットウォークが張りめぐらされている。GEが移転してくる前は、蒸気タービン機関の製造工場だったが、波形の金属壁とコンクリートの床を見るかぎり、生まれ変わったこの建物が何をするところかはまったくわからない。オフィスも、レクリエーション施設も、洒落た食堂もない。

だが、その扉からは毎年、世界最大級のエンジンが四〇〇基以上も出ていく。これらは主に、ボーイング777、エアバスA320といった大型民間航空機の動力源となる。米国大統領が搭乗するエアフォースワンもこのエンジンだ。GEダーラム工場で製造されるエンジンは、どれも重量八・五トン以上、部品の数は一万個を超える。[*1] それぞれの部品が、きわめて厳密な仕様書どおりに組み立てられていく。三〇グラムほどの軽いナットは、トルクレンチを使って特定の硬さで締める。直径九〇センチのガスケットは、人毛の半分以内の誤差しか許されないほぼ完全な円になっている。そこまでしないと、誤作動で大惨事を引き起こすおそれがある。何しろこのエンジンの完全性に、何百人もの安全がかかっているのだ。

GEダーラム工場の特性は、WHATではなくHOWにある。このことは、ファスト・カンパニー誌でも紹介された。[*2] 巨大コングロマリットの一部であるこの工場で働くのは、二〇〇人あまり。十数人のサポート要員を除いて、ほぼ全員が連邦航空局（FAA）に格付けされる技術者だ。彼らは二〇人以下のチームを組んで働いているが、経営陣からの指示はエンジンの出荷予定日のみで、それ以外は、部品の梱包を解くことから、フォークリフトで完成品のエンジンを出荷する瞬間まで、すべてチームで決定する。人事管理、資材、訓練などの問題は、各チームからひとりずつ選ばれた委員で構成される九つの委員会で検討する。委員は定期的に交代し、各委員会は工場の安全性や品質、従業員、プロセスを推進する原則といった重要な項目に取り組む。

また、この工場には、ないものがいくつもある。タイムレコーダーもそのひとつだ。二交替制をうまく回すための毎日のチームミーティングを別として、従業員は好きな時間に出退勤する。清掃スタッフもいない。全員が作業後に自分で掃除する。工場内はちりひとつ落ちていない。工具類も施錠されていない。従業員を信頼して航空エンジンの組み立てを任せているのなら、トルクレンチを持ち逃げしないことも信頼できるというわけだ。工場のボスは工場長ひとり。誰もが工場長に報告するが、正確に言うなら、誰も工場長に報告しない。

では、上司は何をするのか？　工場が稼働を開始してから四年にわたって指揮を執ったポーラ・シムズは、全体の統括や成長、改善に焦点をあてていたという。もうひとつは信頼することだ。彼女は苦い経験を通じてそれを学んだ。

「赴任してすぐのころ、ある従業員が私のところに来て言ったのです。『ポーラ、われわれのことを追跡調査《フォローアップ》して、同意したことをちゃんとやっているか確かめるにはおよびませんよ。われわれはやると言ったら、やるんです』。その言葉で私は気づいたのです。そうか、私がいつもしているフォローアップは、みんなを信頼していないというメッセージになっていたんだ、とね」

この一見、野放しに思える文化は、歴史が浅いにもかかわらず、見事な実績をあげてきた。一九九〇年代後半の五年間で、エンジンの組み立てコストは五〇パーセント以上削減された。不良品の発生率も七五パーセント以上減少した。出荷されるエンジン四基に一基の割合で欠陥が見つかる計算だが、たいていは表面的な、擦り傷や乱れてしまった配線などで、ほかは完璧である。

一九九九年には、生産ラインに新たなエンジン、CFM56を加えた。これは当時の主力製品で、一〇〇人以上の乗客を運ぶジェット機の四〇パーセントで使われていたが、それまではずっとGEのほかの工場で製造されていた。ダーラム工場は九週間で最初のエンジンを完成させた。何年間も製造実績のあった元の工場より一二～一三パーセントも安価だった。

同じエンジンを組み立てていた、GEイブンデイル工場のゼネラルマネジャー、ボブ・マキューワンは、この数字に驚いた。「ダーラムに行っても、プロセス改善の話は耳にしません」と、彼は一九九九年のファスト・カンパニー誌で語っている。「彼らはいつも目一杯、プロセス改善に努めているからです。たとえば、座金は全部ホルダーに仕分けしてある。ポーカーチップをトレイに仕分けするようにね。だから欲しいときに手に取れる。そんな調子です。誰にも質問しない。さっさとやるだけ。ここでの一年間より、ダーラムの一週間のほうが仕事がはかどるくらいですよ」

ダーラムには同業者に先行している点がもうひとつある。二〇〇二年、イブンデイルでは有毒な化学物質を約九〇〇キログラムも空中に放出したが、[*3]ダーラムでは約四・五キログラムだった。また、二〇〇五年一〇月までの八年間、従業員からの賠償請求は一件もなかった。彼らは賢く働き、清潔に働き、しかも安全に働く。

こうした驚くべき実績を見たら、GEダーラム工場には従業員に大きな励みとなる持ち株制度か、何らかの利益分配措置があって、それがコスト削減と品質改善のモチベーションを高めているのだと思うかもしれない。だが、事実はそうではない。

この工場の給与等級は、技術職一、技術職二、技術職三の三段階しかなく、それぞれが技能と訓練レベルに基づいている。唯一金銭的なインセンティブと言えるのは、さらに高度な教育を受けられることで、これは「マルチスキリング」と呼ばれている。この訓練を修めれば、チームに技術面での連続性が生まれる。技術職三レベルのひとりが不在でも、ほかの者がタービンを組み立てることができるようになるということだ。

ダーラムでは、中間管理職に昇進しようとする者もいない。そもそも中間管理職が存在しないからだ。技術者一人ひとりがすべてのスケジュール、注文、プロセス管理、商品に責任を負う。それでいて、彼らは鼓舞され、意欲に満ちている。「これは大事なことですよ」と技術者のビル・レインは言った。「私には三歳の娘がいますが、自分の手がけたエンジンを搭載するどの飛行機にも、三歳の娘を連れて乗る人がいるんだと思うようにしているんです」

巨大な官僚機構GEの傘下にあって、ダーラム工場は、チーム志向の、合意に基づいた自己統治型の前哨基地として存在する。そこには、共通の価値観と共通の目的に触発された独特の文化がある。「ここにいるのはみんな機械工です」。イブンデイル工場のことをボブ・マキューワンはそう言った。「でもダーラムには、考える人たちがいる。ダーラムの人たちが発見したのは、人間の価値なのです」

すべてのHOWの集大成

GEダーラム工場の成功の秘訣は、互いに協力し、活動を組織化し、自己統治するための独特な流儀――つまり、彼らの文化にある。文化は会社のDNAであり、その歴史や価値観、願望、信念、努力を総合したものだ。規模の大小を問わず、ひとつの集団でともに働く人のあいだに生じるシナプスを規定し左右するオペレーティングシステムといってもいい。ただ、オペレーティングシステムとは異なり、文化はコード（コンプライアンス・プログラムやイノベーションチームなど）をひとつ挿入するだけで変えることはできない。

文化は生きていて、時をかけて進化していく。企業文化は、むしろひとつの生態系《エコシステム》、さまざまな相互関係のなかで進化する生命体たちの、高度に洗練された相互依存の宇宙に近い。もっと具体的に言うなら、文化とは物事の実際のしくみだ。実際に意思決定する方法、実際にeメールを作成する方法、実際に昇進を決める方法、実際に日々、人々に接する際の方法、それがすなわち文化だ。

だから文化は重要なのだ。文化は、企業の固有の性格を表す生命の源だ。企業の業績も、文化と深くかかわっている。従業員はいかにして逆境に対処したか、成長と縮小に対応したか、困難な選択をしたか、大勝利を祝ったか……。性格が人の運命を決めると言われるように、文化は企業の運命を決めていく。あるグループの文化はそのグループに特有のものであり、真似することはできない。他人があなたのHOWのいくつかを真似したとしても、そのHOWを総合した特有の構造と本質は、それを指針とする人たちのなかでのみ息づく。

買収によって成長した大規模な多国籍企業は、それぞれの国で特有のリスクや法律、基準に直面する。そしてそこから、家族経営の建設会社などとは異なる文化が育まれていく。同族会社は基本的に、すべてが共有される。少人数のグループが毎晩テーブルについて食事をともにし、会社の状況について話しあい、チキンやライスを食べながら文化を育てていく。これに対して大企業の文化の育み方はもっと複雑だ。だが、ここを避けることはできない。「適切な企業文化を確立し発展させることは、単にトラブルを回避する以上に意味がある。そのことにビジネスリーダーや金融アナリスト、業界アナリストたちは気づきはじめている」。IBMのルイス・ガースナーはそう述べている。「企業文化は、長期にわたる差別化と市場における勝利のための、推進力の象徴でもある」

豊かな企業文化を育むことは、もはやトップだけの仕事ではない。成功を求めるなら、従業員すべてが文化のしくみや作用を深く理解し、行動に反映しなければならない。

日々のHOWを正しく機能させるには、身近な同僚のみならず、チーム全員のシナプスに影響をあたえる必要がある。四半期で結果を出す、すぐれた製品を売り出す、効果的なプレゼンテーションを企画するといった必要に迫られるときも、ウェーブを起こしやすいスタジアムで働いていたほうがいいに決まっている。密接につながった世界では、経営幹部だけでなく、一人ひとりの従業員がシナプスに影響をあたえることができる。つまりは、あなたも組織を支えることができる。企業文化を深めることができる。そう、文化とはたまたま生じるものでもなければ、無秩序に成長するものでもないのだ。

あなたの会社はどれに近い？

企業文化は無数の要素から成り、互いに影響を受け、管理されている。なかには、その企業に最初から深く根づいていて、変えることができない文化もあるだろう。また、倉庫業務のように全員が面と向かって、あるいはトランシーバー越しに大声でコミュニケーションをとる場合と、パーティションに囲まれたオフィスで会議やeメールのみのコミュニケーションをとる場合とでは、育つ文化が異なるだろう。

事業の内容（何をつくり、売り、サービスを提供するか）によっても、文化は変わる。変速ギアのメーカーと、企業向けの統計研究をする会社とでは文化が異なる。新興業界の若くハングリーな会社は、老舗の市場リーダーとは別の文化を発展させる。従業員の年齢、服装、縁故採用に対する考え方といった要因さえも、文化を大きく左右する。こうした環境的な要因が、意思決定はどうなされるのか、権力はどう行使されるのか、情報はどう流れるのか、ウェーブはどのように起こるのかといった文化の基本的なあり方に影響をおよぼしていくのだ。

企業文化を大別すると、もっとも単純で直接的なものから、もっとも複雑で合理的なものへとおおむね四つのタイプに分けることができる。それぞれは組織の複雑さと成熟度の反映だ。私はこの分類、いわば「企業文化のスペクトル」を、二〇〇四年の米国連邦量刑委員会で初めて披露した。[*4] あなたもこの先を読んでいくうちに、そのどれかが自分の所属する組織にあてはまることがわかってくるはずだ。

話をわかりやすくするために、ある日、四つの工場を視察したと仮定して話を進めよう。

最初に訪れた工場で目についたのは、歯車研削盤やクレーンのアームが回転するなか、多くの人がヘルメットや防護服を着用していないことだった。低い位置にある梁をくぐりながら、何か身につけたほうがいいかと尋ねたが、主任は「お好きなように」と言うだけだ。「ご自分の命ですから」。頭上では火花が散っている。私たちはこの工場で得る情報よりも自分の命が大事だと判断して、早々に引きあげた。

二つめの工場では、入ってすぐに、ほとんどの人がヘルメットをかぶっていることに気がついた。ところが、工場案内が始まっても私たちにはヘルメットが渡されない。余分はないらしい。工場主任は言う。「ええ、ボスからかぶるように言われているんです。私はいやなんですが、かぶってないのが見つかるとクビが飛びますからね。私にはこの仕事が必要でして。名札と青いズボンも着用するように言われています。ボスは人の名前をおぼえられなくて、好きな色が青だからです。困った話ですよ」

三つめの工場は清潔で明るく、きちんと組織化されていた。中に入ると、壁に「来客用」と明記されたヘルメットが並び、その上のほうには安全のための手順や規則を記した貼り紙が何枚もあった。「全員ヘルメットを着用のこと！」とか「担当者以外さわるな！」と書かれている。私たちは早速、明るい黄色のヘルメットをかぶったが、いっしょに視察に来た営業部長だけは工場主任に言った。「失礼ですが、午後に大口の顧客と会う予定なので、ヘルメットで髪を乱したくない。いいですか？」

すると、その女性主任は周囲に目を走らせ、誰にも見られていないのを確認し、一瞬考えた。〈この人は本当にヘルメットをかぶらないといけないだろうか?〉。彼女は自問する。〈大事なお客様のようだし、きっとボスもうれしい報告を聞きたがっている。規則を守らせるのと、ボスを喜ばせるのと、どっちがいいだろう〉。一方で、近ごろは安全管理者が嗅ぎまわっているのも気になる。大いに迷ったが、結局は規則に逆らわないことにした。

「いいですよと言いたいところですが」と彼女は言った。「規則がありますし、私も密告されたくはありません。私が決められるなら大目に見ますが。上の者に確認してみます」。主任は一五分ほどその場から消え、やがて落ち着かない様子で戻ってきた。「許可を出せる人間が見つからなくて」と彼女は言い、私たちを怒らせたくないのか、こう続けた。「ですので、ヘルメットはかぶらなくてもいいのではないかと」

四つめの工場では、作業現場に入るとすぐ、通りかかった従業員が作業を中断して、私たち全員にヘルメットと保護ゴーグルを手渡した。そこへ工場主任がやってきて、温かく迎えてくれる。営業部長はまだ髪型にこだわって同じように訴えたが、主任は迷わずこう言った。「弊社では、安全を第一にしています。適切な装備をしていない方に、ここを通っていただくわけにはいきません」。すると部長はかっとして、ここの工場主とは友だちだからわかってもらえるはずだと文句をつけたが、「申し訳ございません」と主任は答えた。「私にはお客様の無事を保障する個人的責任があります。ご気分を害するつもりはありません。上司か工場主に電話してくださってもかまいません。ただ、私はお客様全員の安全が何よりも大事なのです」

四つの文化

さて、四つの工場を振り返ってみよう。

一つめの工場の文化は、「無秩序と無法」だ。誰もが私利私欲のままに動き、グループの力学や組織の気風を顧みない。その昔、村の市場や砂漠の商人、地方の職人などもこんな状況で働いていた。組織の原則に縛られない独立事業者というわけだ。言うまでもなく、この工場の離職率はかなり高い(工場内での重大事故も多い)。それでも、誰にもそのことを気にしてる様子が見られないのは、どのみち医療保険などいないし、ケガをして仕事をできなくなっても、かわりの労働者はいくらでもいるからだ。

こうした文化は本質的に、企業の繁栄に必要な確実性や予測能力を育めない。誰もがわが道を行くとしたら、もちろんTRIPを始めさせることもできない。今日ではほぼ消え去っている文化ではあるが、あとで見るように、その習慣や行動の名残はまだある。

二つめの工場の文化は、安全を「絶対的服従」の問題として扱っている。工業化時代の多くの企業と同じだ。一九世紀ヨーロッパの製造工場の文化、二〇世紀前半のアメリカの組み立てライン工場の文化、それ以前の封建社会の文化もそうだった。かつては働き手がいくらでもいたが、その大半は単純労働者か肉体労働者で、働き口はごくわずかだった。一方、悪徳資本家や大実業家、独占企業は勢力争いをくりひろげ、人々を冷酷に支配した。

この工場では、誰も上司に質問せず、言われたとおりにする。さもなければ、報いを受けることになるからだ。彼らはヘルメットや青いズボンを着用する理由にかならずしも納得していないが、それほど気にもしない。それぞれが個人的な目標を達成するだけで十分だからだ。だから青いズボンをはき、めったに質問をしない。

三つめの工場はそれなりに整然として効率的だが、「情報に基づく黙従」の文化が染みついている。この文化は規則に基づいている。ここに加わりたい者は規則を学んで、それを守ることに同意しなければならない。規則は全員に明示され、従業員はそれを躊躇なく受け入れるか、うまく立ちまわろうとする。

二〇世紀の資本主義を支配したのは、この情報に基づく黙従の文化だ。そうなったのには、もっともな理由がある。規則に基づく文化は、効率的で測定可能だからだ。トップダウン式の組織では、経営陣が命令を発し、予測可能かつ制御可能な方法で、組織図の下へとおろしていく。事業の規模が大きくなっても、これなら従業員の訓練や統治がしやすい。個人の行動という変数は最小限に抑えられる。組織を区切る枠が明確に定義され、それぞれの枠は適任者によって満たされる。適任者とは、その枠や、枠内のゲームのルール、成功への梯子の登り方を理解している人たちだ。

情報に基づく黙従の文化はその性格上、管理志向になりやすく、確固とした経営階層や官僚機構が存在するが、一面では絶対的服従からの輝かしい革新的前進でもあった。大半の企業は最近までこの原則にのっとってきわめて順調に事業を展開していた。管理されているとはいえ、共有できる情報はより多く、確実性と予測能力は以前よりずっと高く、協力もしやすく、人々はたいがい自分の立場を知っていた。

また、情報に基づく黙従は人間を合理的に行動する者として扱う。つまり、人はアメが好きでムチを嫌う、あるいははっきりした成果につながるモチベーションを好むといったことを前提にする。合理主義は複雑な人間行動に対して、感情を排した非人格的なアプローチをとる。だから、そこには白黒がはっきりした世界が広がる。管理しやすく、コントロールもたやすい。従業員は何を期待されているかを合理的に知らされ、報酬は明確に示される。かわりに規則や期待に黙って従う。つまり、情報に基づく黙従は私たちに目標を持たせて努力させる。何兆ドルもの富や価値がこのシステムを土台に生み出され、大きな会社が築かれ、文明が進歩し、多くの人が生活を向上させた。

だが、もっとも私たちの興味を引くのは四つめの工場だ。ここでは、誰もが個人単位で、安全な労働環境を維持する責任を負っている。安全こそ全員にとって最善の利益だと信じているからだ。ひとことで言えば、ここには厳然とした価値観がある。象徴されるのは、文化の第四のタイプ「価値観に基づく自己統治」だ。

価値観を大切にする従業員と、規則を遵守する従業員のあいだには違いがある。前者は「すべき(should)」に律せられる。「人の安全を守ることは価値がある。だからみんながヘルメットをかぶるべきだ」というように。彼らは価値観や信念に沿って行動し、自己統治する。選択を迫られたときは、堅固な価値観が手引きとなる。一方、情報に基づいて黙って従う従業員は、規則にしか関心がない。「やってもいい(can)」の世界に生きているのだ。だが、規則は彼ら自身の外側に存在するため、規則とのあいだで常にギャップが生じる。ここでは、もしもお偉方が規則に従おうとしなかったら(もしくは規則では処理できないような場面に遭遇したら)、自分の損にならないような決断をするしかない。自分で決められなければ、それができる管理職なり上司なりに判断をあおぐが、誰かが決定するまでは自分の損得勘定が前面に出ることになる。結果として、時間や効率ばかりか、安全そのものも脅かされる。

企業文化、四つの基本

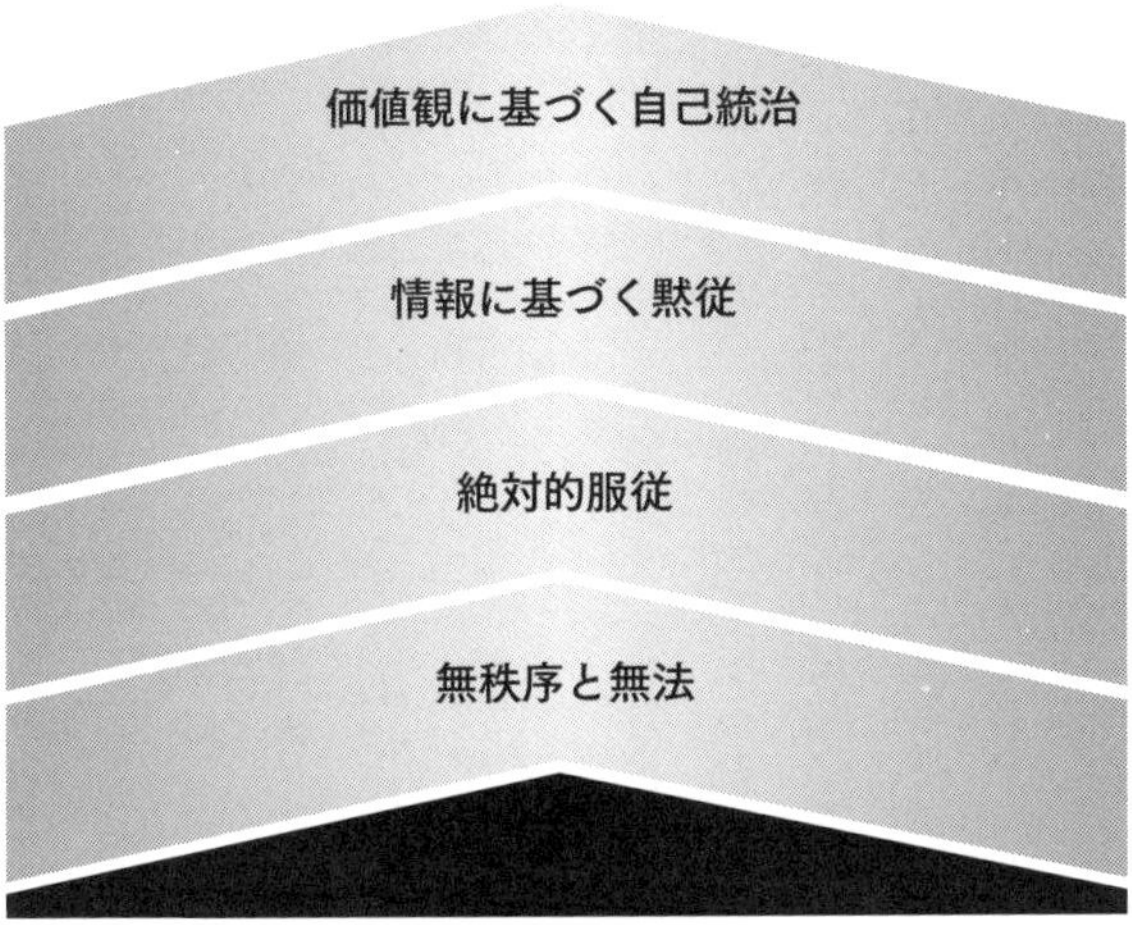

情報に基づく黙従の文化は階層で機能が分断されている。それゆえ個人と規則のギャップはますます強まる。たとえばコンプライアンス部門が、自社製品や競合製品に関する情報開示を制御する規制を発表し、その一方で営業部がセールス方法を指南すれば、現場の販売員はそのギャップを自力で埋めねばならない。「あの情報は言ってはいけない」と彼女は考える。「でも、あの情報は商品のウリになる。ほのめかすのならかまわないのではないか」と。

これに対して、価値観に基づく自己統治の文化では、誰も狭間で引き裂かれたりはしない。狭間などないからだ。ある価値観（この販売員のケースでは正直さ）が、曖昧さのない、はっきりした「すべき」をもたらす。彼女は「どんな対応をしていいのか上司に確認してきます」などと言う必要はない。信念をもとに、即座に、効率的に、迅速に行動できる。個人と最善の行動のあいだにギャップがないのだ。

価値観は、より高次の自己に語りかけてくる。価値観は、ただ動機づけするのではない。そこには鼓舞する力がある。それに、信念も生み出す。価値観に基づいた自己統治は、好ましくない行動を制御し、より気高い行ないをするよう鼓舞することで、見事に二役をこなす。じつのところ価値観は、規則よりもはるかに効率的なのだ。

価値観を受け入れ、それが行動と一体になれば、私たちは自分のすることに自信が持てる。確固とした価値観を感じさせる言葉で定義されたビジネスは、より高い目標へ、より大きな善へとメンバーを鼓舞する。会社の価値観に共鳴した人は、裏切る可能性が低い。裏切れば、会社の方針に背くだけでなく、自分をも裏切ることになるからだ。

職場の安全は、一九九〇年代前半以降、改善されてきた。その最大の要因は、安全確保のあり方を、縦型サイロのＷＨＡＴから、水平なＨＯＷに転換したこと、つまり規則から文化に変えたことにある。それはうまくいった。一九九二〜二〇〇二年にかけて、米国の職場での死亡者数は一一パーセント減少し、民間産業における傷害と疾病は三四パーセントも減った。安全を見張る警備員を増やしたのではない。安全への信念を広めることで達成したのだ。[*5]

無秩序と無法、絶対的服従、情報に基づく黙従、価値に基づく自己統治の四つは、企業文化の基本タイプを表しているが、たいていの企業やチームは、各タイプをさまざまな比率で含んでいる。工場でヘルメット着用をこばんだ例の営業部長が、自分には経費の上限はないと決めこみ、ディナーミーティングで店でいちばん高いワインを注文したら、彼は無秩序に支配されていることになる。「規則は私向きじゃない。好きなようにさせてもらう」、彼はそう言っているのと同じだ。また、ｅメールで「午後四時までに提出しなさい」と命令してくる上司がいたとしたら、その上司は絶対的服従の特徴である独裁的権力と、処罰という脅しを使って強制していることになる。

四つの基本的な文化のあいだに堅牢な壁はない。大半の集団は、四つの文化の要素を採り入れながら組織化され、進化していく。いくつかの絶対的服従の強制（たとえば解雇をちらつかせるとか）、いくつかの規則とそれへの黙従、場合によっては無秩序を少々加えて鍋をかきまぜ、そこにある程度の自己統治を加えるといった具合だ。大組織であれば、複数の文化が別々に機能していることもあるだろう。取締役会には経営チームとは別の文化があり、経営チームは独自の文化でチームを監督するというように。ＧＥダーラム工場は、ＧＥという巨大組織における独自ユニットだった。

企業文化の五つのＨＯＷ

さて、ここまではビジネスを支配する文化の基本的なタイプを概観したが、今度は、文化という一見つかみどころのないものを、対処可能で把握できるものに変える方法を探ってみよう。

文化は、人々が交流する場所、言い換えればシナプスで輝く。ご存じのとおりシナプスは、同時にいくつもの発信源からシグナルを受け取ることができる。それは、ダイヤモンドがさまざまな角度から受けた光を多方向に屈折させるのに似ている。光がダイヤモンドの切子面《ファセット》に反射してきらめくがごとく、文化がシナプスによってきらめく様を想像してほしい。どの光が通り抜け、どの方向に進むかは、石の性質と特徴、つまり文化によって決定される。

文化の成長と機能の仕方には多くの事柄が関与するが、とくに影響力が大きいものを二二項目ピックアップし、次ページの表のように、それを五つのＨＯＷに分類してみた。この表は、人間のエネルギーが流れこむ面《ファセット》を明らかにしたものとも言える。各項目の特徴は、ここまで述べてきた四つの基

情報に基づく黙従	自己統治
必要な情報のみ伝える	透明
専門知識と機能の区分	強い信頼と一体化
規則	価値観と原則
個人の自己利益によるモチベーション	より大きな善に対する鼓舞
別個の組織単位	全員による自警
権力者：規則との一致	個人：価値観に基づく
トップダウン式意思決定	権限付与と個人の責任
内外の規則を自発的に厳守	共通の信念に基づいた行動
マネジャー	リーダー
訓練	教育
抑制と均衡、契約	高い信頼と検証
要件の遵守	「何が正しい行動か」が先導
名誉ある仕事（給与と報酬）	社会契約（成長への献身）
公正な価格設定と支払いの受け取り	期待以上の付加価値
契約関係：公正かつ公平に継続	相互協力：互いに改善
組織の成功への貢献に対する報酬	ミッションと意義の達成による満足感
確立された構造と手順	自己の罪悪感と仲間からの圧力や制裁
短期と長期の目標が混在	事業の遺産と耐久性で判断
成功志向：業績に対する報酬	ミッション、約束、意義
成功の旅	意義の旅
報酬と処罰によって制御	能動性と予防
敏感にして事後的	市場をリードし、超越する

企業文化の五つのHOW

	文化の類型	無秩序	絶対的服従
知識のHOW	●情報の扱い方		秘蔵
行動のHOW	●組織構造		サイロと領地
	●行動の源		専制的リーダーシップ
	●行動の理由		強制
	●自分や他者の行動のチェック		中央警察当局
	●権威の源（決定権者）		有力者：独断的
	●権威のあり方		独立した権威
	●規制の源		外部から強制
関係のHOW	●自分の役割		部下／従業員
	●自己開発法		暗記学習
	●信頼のあり方		入念な調査と限定委任
	●規則と価値観		最小限の遵守：抜け穴あり
	●関係の特性（従業員）		疑念と処罰
	●関係の特性（顧客）		疑念と徹底的な監視
	●関係の特性（サプライヤー／第三者）		一定の距離：取引関係
評価のHOW	●報酬と表彰		順応および服従
	●処罰と規律		管理者が決定する：恐れ
追求のHOW	●時間に関する志向		短期
	●ミッション&存在の目的		存続：参加を強制
	●仕事の目的		意義は重要ではない、言われたことをやるだけ
	●規制および法的要件に対する対応		施行を強調
	●市場と公的なダイナミクスへの反応		表面的。システムを悪用

本文化ごとに示してある。ただし、「無秩序と無法」は現在の私たちにはほとんど関係ないので空欄になっている。以下、五つのＨＯＷをくわしく見ていこう。

知識のＨＯＷ

文化を区別する最初のＨＯＷは、知識のＨＯＷだ。知識のＨＯＷとは、どのように情報をつくり出し、伝え、使うかを意味する。五つのなかでも重要で影響力が大きい。これだけでグループの特徴が決まるほどだ。

- 絶対的服従の文化では、情報は少数のエリートによって囲いこまれ、労働者は職務を優先するよう求められる。上司は何の説明もせずに命令する。部下に秘密を教えても、戦略的に得るところは何もないからだ。
- 情報に基づく黙従の文化では、組織が複雑になるにつれ、効率的で秩序立った情報伝達が必要になってくる。企業は、効率のためになる情報なら共有する労を惜しまない。だから従業員はよく訓練されていて、すぐに行動基準を参照できるようになっている。だが、ほかの情報は依然として経営陣が厳しく管理し、必要なことしか通達しない。水面下には、「生兵法は大怪我のもと」という格言が潜んでいる。
- 自己統治の文化では透明性が求められる。価値観に鼓舞された人を信頼し、彼らに自己統治をまかせるためには、妥当な判断をくだすのに必要な情報に自由にアクセスできることが前提となる。たとえば、高級百貨店のノードストロームでは新規採用者に、きわめてシンプルな、それでいて会社の文化について知るべきことがほぼ網羅されている声明文が渡される。それはまず、ノードストロームの誓約《コミットメント》から始まる。「お客様に格別のサービスを提供すること」。つぎに規則が続く。「的確な判断力を発揮すること。規則はただひとつ、どんな状況でも的確な判断力を発揮することです」[*6]。たぶん、これより見事な自己統治の声明文はない。だが、ノードストロームの文化のカギは最後の一文にある。「何か質問があったら、あなたの部署のマネジャー、店舗マネジャー、地域のゼネラルマネジャーにいつでも遠慮なく訊いてください」。ノードストロームの自己統治の文化に深く埋めこまれているのは、年齢や地位に関係なく、全従業員がすべての情報にアクセスできるという考え方だ。

行動のＨＯＷ

人が誰かに行動を促す方法は、基本的に三つある。一つめは「強制」する。痛めつけたり脅したりして意志に反したことをさせる方法だ。二つめは「動機づけ」をする。報酬を約束する、あるいはしっぺ返しを受ける恐れをあおったりして、言われた行動をするのが最善の策だと納得させるやり方だ。そして三つめは「鼓舞」する。相手とつながりを築き、共通の目標に行動が伴うようにする方法だ。行動のＨＯＷとは、人がどういう理由でその行動をとるのかを意味する。何が原因でＡではなく、Ｂをするのか？

●絶対的服従の文化では、独裁的リーダーが人々を強制的に従わせ、足並みをそろえさせる。人々は無条件に従う。「青いズボンをはけ。さもなければクビだ」という命令は、リーダーと部下の強制的な関係を明確に示している。内側からの行動統制と外部からの行動統制を両極とすると、絶対的服従は後者の極に近い。ここでは権力者が一方的に決定をくだし、誰にも相談せずにその権力を部下に行使できる。こうした権力構造に対応して生まれる経営構造は極端な縦型で、権力はたいてい少数に集中する。上司はそれぞれ、自分のチームを独立した領地のように支配し、部下を整列させ、何が正しくて何がまちがっているかを決め、前進命令を出す。

まるで軍隊のようだと思う人もいるかもしれない。事実、近代以降の軍隊の文化では、中央権力への絶対的服従は、確固たる組織基盤、予測能力、そして集団の結束という、兵士が命を預けるために不可欠なものを築くと考えられてきた。でも、職場の文化としては魅力的に思えない？　そうともかぎらない。意外なことに、映画業界はまさにこのモデルで成長した。草創期の映画産業が軌道に乗ったのは、第一次世界大戦の直後だった。そのころ、帰国した退役軍人たちが急成長するこの業界で職を得ようと西海岸に押し寄せた。撮影クルーはまさに軍隊のような機動性を求められる集団だ。あらゆる要求の変化に応じて、人と機械をロケ地からロケ地へと移動させなければならない。このクルーが、元軍人たちによって、自分たちがもっともよく知る方法で組織化されたのは自然のなりゆきだった。こうして、音響、撮影、照明、セット、製作など各部門が、厳格な指揮統制構造による自治的な領地を築いていった。その後は進化したものの、基本的には今でも世界中で、撮影クルーはほぼ同じやり方で運営されている。

●情報に基づく黙従の文化では、規則がすべての行動の目的と指針を提供し、誰もがそれに従う。また、この文化は専門の知識や機能を基盤とした組織階層を築くことが多い。そのなかで最適な人材を首脳陣に昇進させ、彼らがトップダウン式で経営を行なう。成員が規則に忠実かどうかを監視するのは、たいてい法律顧問や法令遵守《コンプライアンス》責任者の役割だ。ここでは、報酬と処罰（アメとムチ）が人々を動機づける。すなわち、人々が従うのは、コンプライアンスが自分にとって最善の利益になるからだ。自己利益が重要な要因になるという意味で、この文化での行動統制は、内側からと外部からの中間に位置する。

●自己統治の文化では、価値観と原則が行動の原動力となる。それを指針とし、そのために行動すると、自分のしていることは正しいと確信でき、意義も見出せる。ここでは個人の内側から大きな力が得られる。集団の核となる価値観に同調する個人一人ひとりに権威と権限と責任が生じる。そして、アメとムチのような気まぐれな条件つきの絆とは違う、無条件の強固な絆が築かれる。この文化は結束力が強く、よりフラットで、個人やチーム間のシナプスには信頼が行きわたる。自分と他者の行動の責任はチーム全員で果たす（米国憲法の起草者のひとりで、個人の自由の概念に精通していたトマス・ジェファソンはかつてこう言った。「自由の対価は永遠の警戒である」[*7]）。同じ信念に基づいて行動すると、誰もが外部からの統制を自主規制するようになる。たとえばGEダーラム工場には、ボスがいない。全員がボスだ。「私には一五人のボスがいる」と、ここで働く技術者のキース・マッキーは言った。「チームメイト全員が私のボスなのです」。全員がチームの成功に責任を負うため、手抜きを許す者はひとりもいない。

関係のＨＯＷとは、メンバー間のシナプスを管理し、影響をあたえることを意味する。平たく言えば、どのようにつきあうか、だ。たとえば、個人のスキルとその役割、スキルの開発に対するグループの取り組み方、意思決定における信頼のレベル、正しい行動に対するグループの姿勢、従業員や顧客、サプライヤーとの関係のあり方などが関わってくる。

●絶対的服従の文化では、ピラミッドの下方には権限を委譲しない。部下や従業員は、上司に仕事ぶりを念入りにチェックされていると感じている。厳しい罰則のもと、従業員は窮屈な行進を続けるしかない。同僚どうしで疑念が満ちていることもしばしばだ。専制的リーダーシップは気まぐれだから、自分の地位は安泰だと感じる人はほとんどいない。疑念は、組織の外の顧客やサプライヤーにも向けられる。顧客は疑いの目で綿密に監視され、サプライヤーも一定の距離を置かれる。外部とのパートナーシップを嫌がり、短期的思考になりやすい。

●情報に基づく黙従の文化では、階層制に沿って管理職を育てる。個人の自己開発は各種のトレーニングによってなされるが、重視されるのは業績《パフォーマンス》とその管理なので、自己開発でも、『〇〇〇への一四のステップ』とか『偉大な△△△の五〇のルール』といった本を進んで読むことになる。管理職は従業員から信頼を勝ち取ることもできるが、部下を抑制と均衡《チェック・アンド・バランス》システム、いわゆるアメとムチで管理するので、信頼関係は限定的になりやすい。この文化では、会社の指示に従う者に報酬をあたえる。まさに資本主義システムの典型である。顧客とサプライヤーはパートナーというより、単なる取引相手とみなされるほうが多い。外部との関係は契約に縛られ、サプライヤーと実績のある関係が築かれていても、サービスに関して多くの提案依頼（ＲＦＰｓ）と多数の入札が行なわれる。

公正と公平性は、たいてい統制された枠組みのなかで実現される。

●自己統治の文化では、一人ひとりが応用のきくリーダーになることが求められる。誰もが価値観に基づいた意思決定をくださなければならない。問題に取り組んで自ら結論を出すことも不可欠だ。そのために教育をする。暗記学習法や各種のトレーニングでは、自発的な行動に必要な学びは得られない。本書も、多くの点でHOWへの教育的アプローチをしている。めざすのは、経験則や知識を授ける演習よりも、取り組むべき問題を広く見渡し、エピソードを紹介して、応用のきくHOWの考え方が身につくことだ。読者にすれば、手っ取り早い答えが見つかりにくくてもどかしいかもしれないが、この本で提供する視点と知識があれば、自分で物事を判断する力がつく。自己統治できるようになるとは、それぞれが個人や集団ならではの絶え間ない進化をしていくことだ。あなたも自分の力で山々を越えていけるようになるはずだ。

自己統治の文化は信頼の文化だ。GEダーラム工場のポーラ・シムズが体験したように、不信のシグナルを送ってしまったら、いくら個人に権限を付与しても台なしになる。信頼は信頼を生むが、その逆もまたしかりであることを忘れてはならない。信頼と自立が確立されれば、従業員はみな、返礼として暗黙の社会契約を受け入れ、より大きな善を引き受ける。顧客とサプライヤーもよきパートナーとなる。誰もが顧客に付加価値をあたえることをめざすようになり、サプライヤーとは相互の協力と改善が習慣となる。確固とした価値観は、契約と合意を超える行動を触発し、顧客を喜ばせ、あらゆる関係を期待以上のものに変えていくのだ。

評価のHOW

評価のHOWとは、どのように業績に報酬をあたえ、違反を罰するかを意味する。

●絶対的服従の文化では、順応および服従に報酬をあたえる。上司の気まぐれな罰によって、組織内には恐怖が生まれ、メンバーはその恐怖のせいで列を乱すまいとする。

●情報に基づく黙従の文化では、もっと合理的に規則と基準をつくって、それをもとに報酬をあたえ、統制する。報酬は、組織にとっての成功をおさめた者にもたらされる。

●自己統治の文化では、企業のミッションを推進して意義を高める者に報酬があたえられる。たとえ、短期的には財務上の損失を招いたとしてもである。長い目で見れば、こうした文化を繁栄させる個人間の連帯のほうが、短期的な好機よりずっと価値が高いからだ。この連帯を保つことで、この文化ではおおむね、自らを取り締まることができるようになる。共通の価値観から逸脱した者は、仲間から不名誉とされ、前述したように自分を裏切ったような感覚に陥る。

誰が表彰されるか、誰が社内報で特集されるか、誰が例年の研修旅行でチームから祝福されるのかといった称賛のHOWは、組織文化のなかでも見過ごされることが多い。だがこれは、文化の本質に関わるきわめて重要な視点だ。企業は、従業員Aに期待しながら、従業員Bに報酬をあたえていることがしばしばある。GEとゴールドマン・サックスで最高人材育成責任者（CLO）を務めたスティーブ・カーは、すでに三〇年以上も前に、アカデミー・オブ・マネジメント・ジャーナル誌で「報酬はAに、期待はBにの愚行」と題して文章を寄せている。[*8]「報奨システムが組織文化にあたえる影響を説明するために、ちょっとしたモデルをつくってみたんだ」。ある日、彼は説明してくれた。「できるかぎりのことを調べ、情報を集め、それをもとに賭けに出て結果的に正しかった場合は、小さな褒美がもらえる。同じようにして、それがまちがいだった場合は、中ぐらいの罰を受ける。まったく危険を冒さず、上司や多数派に従っているだけの場合は、小さな褒美がもらえる。さて、きみだったらどうする？[*9]」

　私は一瞬迷ったが、よく考えれば答えは明らかだった。賭けに出て、それが結果的に正しかった場合と、危険を冒さなかった場合の褒美は同じだ。危険を冒さなければ、まちがえる可能性もない。スティーブは話をこう結んだ。「こういうシステムだと、結局、極端にリスクを回避するようになる。自覚の足りないリーダーは、自分がそう仕向けていることに気づかない。それでいて、危険を冒さない『ガッツのない同僚』の愚痴をこぼす。本当は自分の賞罰の制度がそうさせているのにね」

　また、最近グランツ・ワイリー・リサーチが行なった「ワークトレンド」調査からは、つぎのような結果が明らかになった。「自社の上級経営幹部は高水準の道義的行為を支援し、実践している」と感じている従業員は六割を占めていたが、「自社では、会社の価値観を行動ではっきり示さなければ出世しない」と感じている人はわずか三割だった。[*10] さらに、「ワークプレイス2000従業員意識調査」によると、仕事で変化をもたらしたいと思ってい従業員の七五パーセントは、会社のミッションステートメントが事業の進め方に反映されていないと考えていた。[*11]

　世界各国で企業文化に関する仕事をしているチャールズ・ハムデン－ターナーは、HPの話を聞かせてくれた。ご存じのように、同社の取締役会のスキャンダルが発生するまで、その企業文化はHOWを正しているることでつとに有名だった。「HPにいる友人のカール・ホッジズは、反抗的な態度のおかげで社長のデイビッド・パッカードから金メダルを授与されたくらいだからね」と彼は言った。どういうことか？　「当時、HPはアポロの月面着陸船用の研究開発をしていたんだが、パッカードはやめたがっていた。カールには、『二度と見たくない』と言ったそうだ。それでカールは研究を中断したけれど、結局は製品化された。パッカードは相当腹を立てたが、のちに折れてそのプロジェクトを支援することにした。そしてそれが人類の月面着陸を実現させ、HPに巨額の収入をもたらした。だから、パッカードはその反骨心を称えてカール・ホッジズに金メダルをあたえたというわけだ。それもみんなの前で。社長がまちがっていて、カールが正しかったとみんなにわかるようにね」[*12]

追求のHOW

五つめの追求のHOWは、おそらくもっとも重要だ。これは、行動する理由、私たちが努力する目的に関わる。例として真っ先に挙げられるのは、視野の長短だろう。

●絶対的服従の文化では、従業員は短期的な成功に向けて努力する。タスク中心で、将来のことや自分の活動がもたらす長期的な結果についてはめったに考えない。ここでは、市場をできるだけ早く征服し、支配することをひたすらめざし、そのやり方が物理的資源や精神にもたらす長期的影響はほとんど考慮しない。人々はリーダーに従い、言われたところに行く。リーダーの大半は、権力と成功は支配によってもたらされると考えている。だから、その努力を阻む政府の規制や世論は障害物とみなし、征服するか避ける。それが、ひいては裏取引や競合他社への敵対的姿勢につながる。

企業文化の基本を理解する

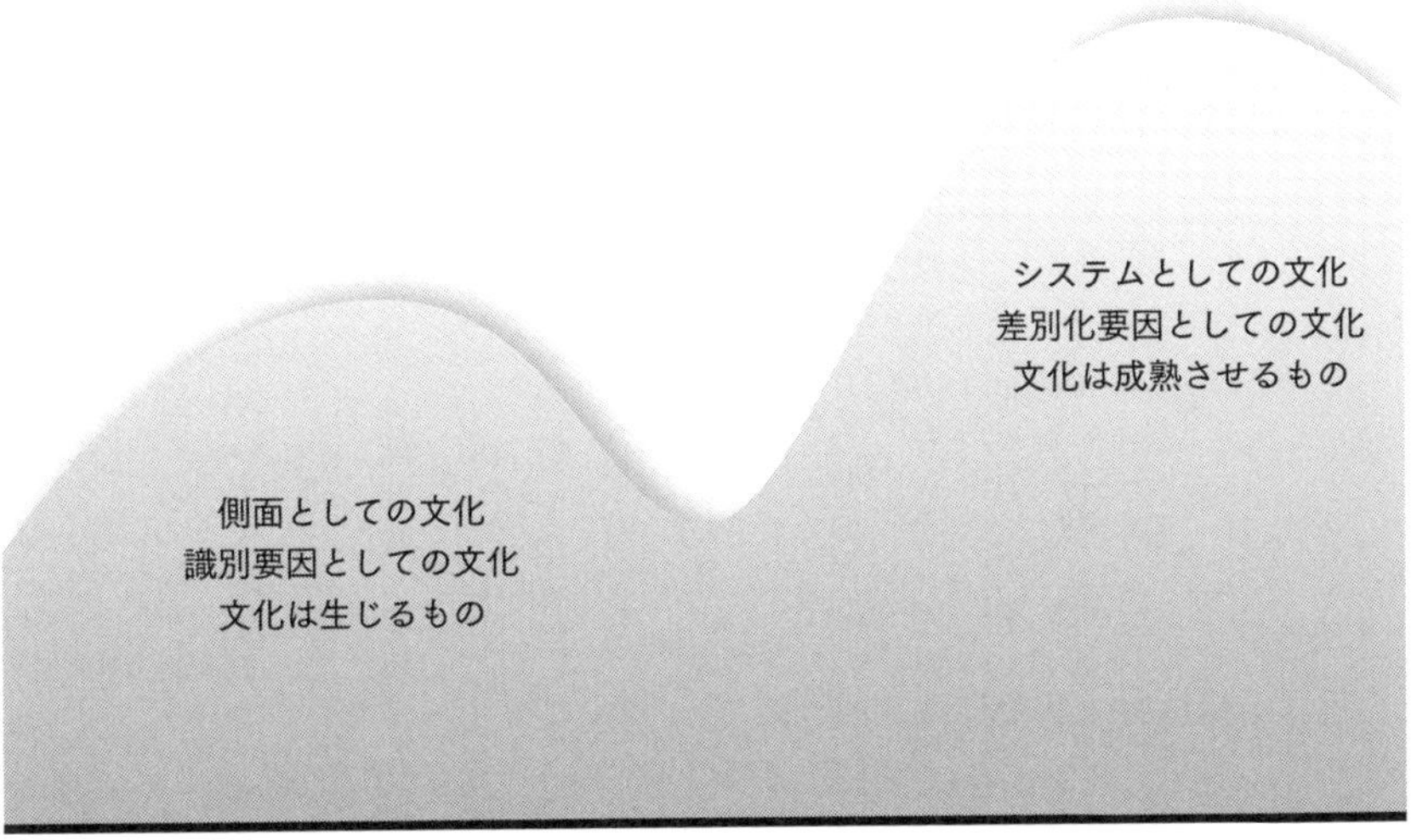

この文化のミッションと目的は「存続」であり、メンバーはその旅を強制される。日々の活動で「意義」を追求することはめったにない。その行為はあくまで「遂行」であって「追求」ではない。短期的な志向は、工業化時代にかぎらない。IT関連の新興企業や新事業も、急速に変化する世界で足場を得ようともがくあまり、同様の状態に陥っている。金融市場の歓心を買っての資金調達競争は、この傾向に拍車をかけている。今やるということが優先になり、長期的な影響を無視させるのだ。だが、より長期的な目標に向けて努力することを視野に入れなければ、絶対的服従の力が善意にあふれた文化にまで入りこむ危険がある。

- 情報に基づく黙従の文化は、短期的な視野と長期的な視野が混在している。長期的な視野は市場や社会に対して素早く反応することをめざすため、市場のニーズには敏感で、変化や新しい需要への対応も速い。その一方、アメとムチ方式によって人々を動機づけるだけでなく、法律とうまくダンスして最大限のアメを得ることをめざす。この文化はコンプライアンスの文化であり、専門の責任者が報酬と処罰で行動の規制に努める。つまり、目標の追求は常に外部からの厳しいチェックと規則とで制限される。ここでは、業績に対して報酬をあたえ、努力がもたらす収益によって成功を測る。

●自己統治の文化では、本物の団結に必要な価値観への共感を求める。そのため必然的に長期的視野で考える。この文化を促進し、定義するのは、企業の遺産と持久力、そして意義のある目標の追求でなければならない。ここでは、片足は常に未来に踏みこみ、信頼しあう人々が力をあわせて、目標を追求できるように互いに鼓舞しあう。その未来志向が、市場をリードする。価値観は「すべき」努力を推進するため、規制や法律の要件のさらに先を見越して行動できる。この文化における連帯の軸は、ミッション、約束、そして意義の追求である。

ここまでで、繁栄にとっての文化の重要性、そして文化とは積極的に行動してつくりあげていくものだということがおわかりいただけたと思う。文化は、日々、人と人のあいだを行き来する些細なHOWから生じる。それらの小さなHOWが、全体として有機的な生態系《エコシステム》を形成し、その生態系は、種をまいて水や肥料をやり、雑草を取り除き、たくさんの刺激をあたえることで成長する。

文化とは何かがわかったあなたは、行動によって文化を正し、その文化によって競合他社を圧倒することができるだろう。

11章 自己統治できる人、そして組織へ

法律無視の姿勢や気まぐれから、あるいは愚かさや身勝手さから、われわれが自己統治を拒めば、しまいにはきっと誰かに統治されるはめになるだろう。

——セオドア・ルーズベルト

企業文化は、組織の個々のグループのあいだのシナプスに存在する。脳の神経細胞《ニューロン》も、大小のグループも、コングロマリットの部署も、シナプスが肝心という点では同じだ。企業文化について理解を深めたあなたは、ウェーブをつくり、TRIPに乗り出し、二一世紀の新たな世界で繁栄しつづけるために、その知識を役立てねばならない。

すでに述べたとおり、絶対的服従、情報に基づく黙従、価値観に基づく自己統治は、統治に対するアプローチも表していた。絶対的服従と情報に基づく黙従の文化は、ほとんどの統治を上司や規則に委ねる。その支配のあり方は、ボウリングのレーンにガードレールを設け、子どものボールがガーターにならないようにするようなものだ。投げたボールはガードレールのおかげでレーン上にとどまり、正しい方向へ進んでいく。だが、透明性とつながりに満ちた今日では、ボールがピンに届けば何をやってもいいというわけにはいかなくなった。衆人環視のもとでは、自力でストライクをとらなければならない。そしてそのためには、コミュニケーションと情報開示、それにあらゆる地位の人への

権限付与が不可欠だ。

では現実はどうか。一九九〇年代半ば以降、テクノロジーの急激な変化によって新しいタイプの労働者が生み出されたにもかかわらず、組織の基本構造はほとんど変わっていない。まだガードレールが残っているのだ。企業は一刻も早く、統治を通じて文化を生じさせるのではなく、文化を通じて統治することを学ばなければならない。

文化を通じた統治とは、すなわちHOWを通じた統治であり、絶対的服従と伝達的服従という、長年の統治システムからの大転換を意味する。これからは権力や規則で統治するのではなく、組織そのものの内側から統治する時代だ。そのときには、規則ではなく価値観がものをいう。動機《モチベーション》づけは人々を団結させないが、信念は団結させる。自己統治は外部からの統制よりずっと効果がある。

「文化で統治する」を本気でめざす

文化を通じた統治という考えを受け入れるべきなのは、私たちはそれが「できる」からであり、「やらなければならない」からであり、「すべき」だからだ。

できる

透明性とコミュニケーション手法の進化、要塞の崩壊など、ここまで述べてきた二一世紀の新しい状況下では、私たちはあらゆる角度から文化に影響をおよぼすことができる。また、その文化を数量化し、体系化することができる。文化の力を解き放つ、またとないチャンスなのだ。

やらなければならない

私は以前、連邦量刑ガイドラインの改正案を検討していた米国連邦量刑委員会から証言を依頼された。そのとき私が語ったのが、企業統治《コーポレート・ガバナンス》における文化の重要性だった。[*1] 委員会はほかの専門家からも話を聞き、それを企業の不正行為を扱う判事への提案に盛りこんだ。[*2] 最新のガイドラインは、判事が不法行為に対する企業の有責性を裁定する際に、その企業が「倫理的行動と法遵守の誓約を奨励する企業文化の促進」を誓った場合は評価するよう命じている。[*3] また米国司法省は、委員会の結論をふまえ、こう明言した。「企業は経営陣によって運営され、経営陣は企業文化に責任を負っている。犯罪行為はその文化のなかで阻止され、あるいは暗黙のうちに助長される」[*4]

ルーベン・カスティリョ判事は、シカゴにある彼の執務室を訪れた私に、「委員会でのわれわれの仕事は、企業で働く人たちの魂がかかった戦いでした」と話してくれた。[*5] カスティリョ判事は委員会の副会長で、一九九四年からイリノイ州北地区の連邦地裁判事を務めている。「ガイドラインはもはや、単に罰金や刑罰を減らすためのものではありません。よりすぐれた価値観を引き出し、ビジネス界の行動の水準を高めることをめざしているのです」

すべき

文化は真似ができない。すべての集団的体験が、それぞれ独自のストーリーを紡ぎ出す。そしてそれは、その企業の廊下やオフィス、工場で息づく伝説となる。人々がつながりあい、刺激しあいながら、いかに新しいアイデアを生み出し、古いアイデアを洗練させ、問題を解決し、逆境を克服するか。そのＨＯＷが組織の盛衰を左右する。企業文化は、ふたつとない集団的ＨＯＷの表現である。だからこそ、差別化の大きな要因となる。

私が話をした多くの人も同じ意見だった。「企業文化は競争上の強みであり、真似をするのはきわめてむずかしい」。そう話してくれたのは、先にも紹介したチャールズ・ハムデン－ターナーだ。「あなたの会社に特有の文化があれば、たとえ別の会社が特許をとってあなたの会社の製品を真似しようとしても、あなたには文化面で大きなアドバンテージがある。文化を理解できる人たちはあなたのことを本物だとわかってくれる。文化は、よく言われるような『拡大』などしない。それは『プロセス』なのです[*6]」

家族の複製をつくることはできないように、別の会社の文化を複製することはできない――そう言ったのは、フェラガモＵＳＡの会長マッシモ・フェラガモだ。[*7]同社はサルバトーレ・フェラガモ・イタリアの子会社で、高級ファッションブランドであるフェラガモの北米における販売と流通を管理している。マッシモは、サルバトーレ・フェラガモとワンダのあいだに生まれた六人きょうだいの末っ子だ。[*8]

サルバトーレ・フェラガモがイタリアで家族経営の靴製造業を始めたのは一五歳のときだった。マッシモは父と同じ道を歩み、一二歳で靴を箱に入れる仕事を手伝うようになった。今日では、マッシモ、母、きょうだい、その子どもたち、そして多くの親類たちとで、世界各国に二〇〇店舗以上を擁する高級ファッションの一大帝国を統括している。

上場をめざして旅に乗り出したマッシモは、ファミリー企業を新しい世紀でいかに持続させるつもりなのか？　彼によれば、つまるところカギは文化だという。「複製できないのは文化です。価値観のように深く根づいたものは、真似るのがとてもむずかしい。価値観は会社での日々の活動のなかで自然に、たいていは知らないうちに確立される。そして、その価値観と文化を受け入れる人たちに連綿と受け継がれていくのです。たぶん、われわれのアメリカと日本の支社、そしてイタリアの本社は、フィレンツェの同じビルに入っているふたつの無関係の会社よりも、似た文化を持っている可能性が高いでしょうね」

企業は、その文化を通じて勝利をおさめることができる。HOWを正し、従業員全体に創造性と目標達成のウェーブを起こせばいいのだ。今日の世界で抜きん出るためには、単に契約を履行するだけではなく、契約以上のことをしなければならない。勝利する企業は、競合他社に行動で勝る。「つまり、ほかではできない体験を提供するのです」とマッシモは言った。「それは、きわめて困難だがやりがいがある。とてつもなくすばらしいことです」

では、競合他社に行動で勝るために、たとえばどうすればよいのか？　マッシモは、「当社で働く、ひとりの素敵な女性と話したのですが」と語りはじめた。「彼女は休日に当社のある店舗の前を通りかかったそうです。するとものすごく忙しそうだった。彼女は店舗勤務ではないが、思わずその店に入って言った。『手伝わせてください』。それが午前一〇時半のことで、結局、夕方の五時半まで店にいたそうです。休日だというのに。あるお客様が来店して、おっしゃいました。『クリスマスの買い物をしなければならないんだが、どうしたらいいかわからない。おまけに急いでいてね』。彼女が『買い物のリストはございますか？』と尋ねると、リストを渡してくれたそうです。そこで、お客様にドリンクをお出しして座っていただき、そこへ商品を持っていった。お客様は六、七〇〇〇ドルほどお買い上げになって帰られました。彼女がそのお客様を喜ばせたのはまちがいない。私にとっての課題は、こうした献身を単なる偶然で終わらせず、どうやって標準にするか、です。たとえば、圧倒的なゲーム運びで得点しつづけ、みんながずっとそのゲームに夢中でいられる――そんな文化を築きたいのです」

情報に基づく黙従の文化では、アメとムチで働き、規則に従えば何をやってもかまわない。誰も喜ばさないでいい。だが自己統治で肝心なのは、個人として創造的に行動する自由、人々を驚かせ、喜ばせる能力を発揮する自由を人々にあたえることだ。

自立なき自由に希望はない

抽象的なレベルなら、誰もが自己統治はよいことだと言う。ところが話が具体的になると、恐怖が忍び寄ってくる。彼らは疑問をいだく。従業員がやりたいことを自由にできるようになったら、組織は果たして機能するのだろうか？

では自由とは何か？　ある人たちは、制約がないことだと考える。「もし、やりたいようにやっていいなら」とその人たちは思う。「すごいことを成し遂げてみせるだろう」。だが、デンマークの哲学者キルケゴールは、「不安は自由のめまいである」と述べている。[*9]

ドイツのエアフルト大学では、人間にとっての自由とは何かを探るべく、研究者たちが投資ゲームを実施した。基本ルールは以下のとおりだ。八四人のプレーヤーを集め、ゲーム用に設定された架空の世界で投資をしてもらう。ただし、それぞれに二〇枚ずつ渡すチップは、投資して増やしてもいいし、自分の懐に入れてもいい。ゲームをおもしろくし、かつ本当に利益が出ることで本気になってもらうために、プレーヤーにはゲーム終了後にチップをドルに換金できると説明する。プレーヤーは、チップをいくら投資するか、あるいはまったく投資しないかを一ゲームごとに決める。なお、投資をすれば必ず収益があるよう保証されており、その収益は各ゲームの後にグループ全体に均等分配される。分配される人には、投資しないことを選んだ、ただ乗りのプレーヤーも含まれる。[*10] 収益は投資された金額に応じて増減するから、ただ乗りのプレーヤーが多いと、当然収益は減る。ゲームは完全にオープンで、全員がほかの全員の行動を見ることができる。

つぎに（ここからがおもしろいところだ）、研究者たちは二種類のグループをつくった。メンバーどうしで罰をあたえあうことが許されるグループ（自己統治できるグループ）と、何の罰も課されないグループ（好き勝手に行動するグループ）だ。プレーヤーはどちらかのグループに所属する。一ゲームごとに変わってもいい。

世の大半の人は、自由とは制約がないことだと誤解している。だからこのゲームでも、プレーヤーの約六五パーセントは、まず罰のないグループを選んだ。ところが、五ゲームめから状況が変わりはじめた。プレーヤーの約半数が、自己統治のグループに乗り換えたのだ。逆方向に移動したメンバーはわずかだった。二〇ラウンドめには、ほぼ全員が自己統治に移動し、「自由」なグループのメンバーはいなくなった。こうして、最大の利益は自己統治できるグループにもたらされた。

リスクを冒さずに利益を得たい人たちは、はじめのうちは罰のないグループに引き寄せられたが、やがて気づいた。メンバーどうしで律しあうほうが、協力をいとわない人たちを引き寄せる、と。だから罰のあるグループのほうが投資する人は多くなり、全員の利益も増えた。

ここからわかるように、好きなようにしていい文化と、自己統治の文化がある場合、何かを追求する人は自己統治のほうを選ぶ。この実験の首席執筆者ベティナ・ロッケンバッハは、ニューヨーク・タイムズ紙に語っている。「人々が基準を共有し、他者を非公式に罰する道徳的勇気のある人がいるのならば、その社会はとてもうまくいくということです」[*11]

自由は無秩序を意味するのではない。自己統治における自由は、明確な価値観と共通の目標を達成したいという願望のもとに人々を結びつける。サウスウエスト航空でCEOと取締役会長を務めたハーブ・ケレハーは、「金融アナリストからは、組織の統制《コントロール》が失われるのが恐くないかと訊かれたことがある」と書いている。同社は従業員の自主性を重んじているからだ。「私は、統制したことはないし、統制したいと思ったこともないと答えた。誰もが本気で参加できる環境を整えれば、統制など必要ない。彼らは何をなすべきかを知っていて、それを実行する。そうやって誰もが自主的、意欲的に会社に献身すればするほど、階層制や統制は必要がなくなる。われわれは絶対的服従など求めていない。求めているのは、会社の目的を尊いと思い、目的のために率先して行動したいと考える人たちだ。私はつねづね、最高のリーダーとは最高の奉仕者《サーバント》だと考えている。もしあなたがサーバントなら、統制はありえない」[*12]

中央集権によるトップダウン式意思決定の理論的根拠は、統制、指揮、遵守《コンプライアンス》だ。だがこれらは、人々が会社の価値観や目標に歩調をあわせ、自分の行動に責任を負い、自己規制する組織では消えてなくなる。価値観に基づく統治はポジティブな統治だ。それは、禁止事項よりも望ましいもののほうを強調する。絶対的服従の文化における強制や、情報に基づく黙従の文化における規則だらけの解決法とは対照的に、価値観に基づく自己統治の文化は、状況が変わってもそのつど応用できる憲法的な原則を提供する。その結果、人々は積極的に人間らしいよりよい行動をするようになり、企業の価値観が前面に押し出されてくるのだ。

スーウェルのやり方に学ぶ

ジョー・スタラードは、スーウェル・オートモーティブの人事担当副社長だ。この会社が米国有数の家族経営によるカーディーラーに成長できたのは、その文化に原動力がある。スーウェルでは一五〇〇人の従業員が新車と中古車の販売・修理に携わっているが、彼らが成功しているのは、よい製品を供給するだけでなく、顧客と確かな関係を築いているからだ。一九一一年からこのかた、同社は車の販売特約店に対する大方の期待をはるかに上まわる顧客経験価値《カスタマーエクスペリエンス》を生み出すことで繁栄してきた。

「われわれの文化には、たしかに自己統治の要素がありますす」。同社の文化について質問すると、ジョーはそう答えた。「でも、情報に基づく黙従の要素もありますよ。いつも言っているんですが、急いで何かをする必要がある場合は、とにかくやれと強制するほうが効率がいい。ただ、そういうやり方は長つづきしません。物事を成し遂げるには『理由』と『方法』を、時間をかけて理解してもらわなくては。もっと大切なのは、それが正しいと信じてもらうことです。そうすれば、さらに効率的になる」*13

スーウェルには規則がほとんどない。「いくつも規則があるというのは、いろんな意味で信頼していないことを示唆していると思うのです」とジョーは言った。「規則を定めるとか、『あなたがこうしたら、私はあなたにこうする』といったムチを使うのは、人を信頼していないからでしょう。われわれスーウェルには三つの行動理念がある。この三つを正しく行なえば、規則はさほど必要じゃない」

その三つとは、「すべてにおいてプロとしてふるまう」「心から気遣う」「最上の倫理基準を維持する」であり、これこそが、スーウェルの全従業員をひとつにする価値観なのだ。ジョーは言った。

「みんなが確かな指針を採り入れれば、創造的になり、革新的になり、柔軟になれる。殻を破って新しいやり方ができるようになるのです」

スーウェルでは、この三つの価値基準が、すみずみにまでに行きわたっている。たとえば、スーウェルの修理店に車を持っていくと、訓練を積んだ複数の技術者チームが徹底的に点検してくれる。チームには仕事の流れを管理するリーダーがひとりいるが、それを別にするとほぼ完全に自己統治で、現場の技術者たちが三つの価値基準を満たすのに必要な決定をくだす。

「たとえば、あなたがレクサスを持ちこんだとしましょう。保証期限が切れているが、パワーウインドウが効かなくなっているのは、こちらの点検漏れだと思っている」とジョーは話しはじめた。「こういうとき、ふつうの技術者はサービスマネジャーに報告しなければならない。マネジャーは記録を調べて、さらに上司に相談するかもしれません。でも、わが販売店では、最初に応対した者が修理するかどうかを決めることができます。それで大丈夫なのか、とあなたは疑問に思うかもしれない。無駄なお金まで請求されるんじゃないのか？　と。そんなことはありません。むしろあなたが思っているより安くすむはずです」

会社の損益（P&L）に責任がなく、出来高制でもない現場の人間が、どんどん自由に会社のお金や備品を使っていいようなシステムで、なぜ安くすむのだろうか？

「考えてみてください。もし一般の従業員に自由にお金を使える権限をあたえたら、責任を負った彼らは、どんなことを心配するでしょう？　『できれば、あまり使いすぎないようにしたい。金遣いが荒いとは思われたくないからな』という人がほとんどでしょう。だから、彼らはわれわれが期待する以上に無駄な費用を使わないよう気をつけるのです。新人ならアシスタントサービスマネジャーに、こんな質問をしたりします。『車のテールランプが切れているのに気づいたのですが、勝手に修理したらお客さんが怒るでしょうか』。そんなときわれわれは、その新人に尋ねます。『相手がきみのお母さんだったら、われわれにどうしてほしい？　私たちがすべきことは何だと思う？』。初めのうちは相談してきますが、やがて自分で適切な決定をくだすようになる。彼らには小切手帳を渡したほうがいい。取りあげるよりよっぽど節約しますよ」

ジョーはまた、規則が少ないことは弱みにならないかという質問にこう答えた。「そうかもしれません。でも、ひとつ例を挙げてみましょう。われわれは、すべての店員に車とガソリン、保険を提供しています。さて、これが弱みになるでしょうか？　レクサスを売る店で働く人は、配属された初日に、従業員の誰かが外出先で酔っ払い、車をだめにするか人を死なせるかして、われわれの販売店はとてつもない負債をかかえることになるのか？　そうなることもあるかもしれませんが、なったためしはない。ほかのディーラーからはよくこう言われます。『おたくはどうかしてる。なぜそんなことをするんです？　高い車を自由に使わせるなんて』。それで、われわれは言うのです。『みな、優秀な人材ですから』。社員はその信頼に応えてくれるのです」

スーウェルの文化はすべて、三つの理念を強化する役割を果たしている。彼らはことあるごとにこの三つを称える。「わが社にはたくさんのストーリーがあります」とジョーは言った。彼のお気に入りのひとつは、最近ある競合他社から転職してきた技術者の話だ。

「その技術者がある日、やってもいない修理費用を顧客に請求した。それを先輩の技術者が見た。彼は新入りの技術者に言いました。『おい、何をしている？　ここではそんなことは許されないぞ』。すると新入りは答えました。『そうですか。前のところでは、こうやって小遣いを稼いでいたんで』。先輩がここでは絶対しないようにと釘を刺すと、新入りは謝りました。『知らなかっただけだから』と。それからは、チームで新入りの行動を注意して見ることにしましたが、つぎの日、その新入りはまた同じことをした。今度は数人で彼のところに行きました。『おい、ここではそういうことはするなと言ったはずだ』。彼は答えました。『ああ、ごめん。わかったよ。悪い癖でね』。グループはさらに彼を監視するようになりました。そして三日め。また現場をとらえた彼らはどうしたか？　新入りを車の後ろに押さえつけて言ったのです。『工具をまとめろ。トラックに乗れ』。続いてひとこと。『消え失せろ』。そこには上司もマネジャーもいませんでした。彼らはただこう言った。『あんな男におれたちの仕事を台なしにされてたまるか』。こうして、彼らが新入りをクビにしたのです」

仕切りのあるオフィスで働いている人には、少々荒っぽいと思えるかもしれないが、修理工場の文化なら容認される。ジョーによれば、クビになった技術者が騒ぎを起こしてもおかしくなかったが、黙って去っていったという。自分の居場所ではないと気づいたのだろう。

「心から気遣う」と、ときには荒っぽくなることもある。だがそれは、感動をもたらすこともある。スーウェルの従業員たちは、誰かが病気で仕事を続けられなくなったり、一か月休まないと保険がおりないと判明すると、チーム全員で自分の有給休暇をその人に寄付して支えた。また、ハリケーン・カトリーナによって、ニューオーリンズの従業員一一四人のうち四〇人以上が家と家財道具を失ったとき、ダラスとフォートワースの同僚たちは、恒例のパーティや賞金を中止し、すぐに一六万八〇〇〇ドル以上の寄付を集めた。被災した家族を個人的に知らなかったにもかかわらずである。彼らは、別荘やキャビンを無償で貸し、アパートや住居を見つけ、被災者が生活を立て直せるような支援もした。面識がなくても、みんなスーウェル・ファミリーの仲間だからだ。

自己統治の文化は連帯をもたらし、順応しない分子ははじき出す。年間離職率が一八四パーセントの業界にあって、スーウェルではわずか二〇パーセントなのも、これが理由のひとつだ。「われわれは互いのストーリーを称えあうことで、よりよい行動を促しています」とジョーは言った。「それだけではありません。報奨もあたえています。自動車業界で大きな意味を持つ値《あたい》に、顧客満足度指数（ＣＳＩ）がありますが、われわれは販売店で働くすべての人に、ええ、床にモップをかける人にも、電話応対する人にも、車を販売する人にも、店舗のＣＳＩに応じて報奨金を出しています。全従業員が顧客の満足に影響をおよぼしていると考えているからです。部署ごとのＣＳＩが貼り出されるので、中古車部門の顧客満足度が低いのを全員が知り、経理の人間がこう言ったりします。『数字をあげるのにどう支援したらいい？』」

価値観に基づいた自己統治は、目的ではない。それは二一世紀に勝利する組織文化をつくるための強力な手段だ。自己統治の文化を通じて、企業はさらに成長する機会を得、共通の目的に向けてより緊密に連帯していく。文化に壁はない。それは、絶えず成長しながら変化する。

スーウェルの文化も、純粋な自己統治型ではない。スタラードが認めたように、強制の要素もあれば、規則が最善策となる場合もある。だが自己統治を基盤とすることで、外部からの統制は最小限にとどめ、かわりに価値観によって全社員を鼓舞し、前進を続けているのだ。

自己統治の威力とは

自己統治のもとで、現場にもっとも近い人々に情報と意思決定を委ねると、チームは機敏にして敏感になる。機敏さも敏感さも、めまぐるしく変化する市場で繁栄するのに欠かせないものだ。さらに重要なのは、自己統治が企業の効率面で大躍進のカギを握っていることだ。自己統治は個人と会社のギャップを埋めるからだ。

企業は、期待される成果、平均的な成果、そして競合他社の成果にギャップがあるかどうかを知るために、絶えず戦略を分析する。そこで、ためしにここで、企業の行動を規制する米国政府が最近試みている、サーベンス・オクスリー法（企業改革法）を遵守するのにかかるコストを見てみたい。「きわめて費用のかかるサーベンス・オクスリー法の施行前にもかかわらず、会計監査と会計基準の厳格化のために、今年は会計監査の費用が三〇パーセント以上増している」とウォールストリート・ジャーナルは報じている。「企業は新設された会計監視委員会に法外な額の資金も提供している――一部の大企業では年間二〇〇万ドルにもおよぶ」[*14]。財務役員国際組織（ＦＥＩ）の調査では、新しいコンプライアンスのために費やされる時間は、収益が二五〇〇万ドル未満の中小企業でほぼ二〇〇〇時間、五〇億ドル規模の会社では四万一〇〇〇時間だった[*15]。

では、この新しい投資で何が達成されたのか？　巨大会計事務所プライスウォーターハウスクーパースによると、多国籍企業の八五パーセントは新たにコンプライアンスの統括部門を設置したが、行動に著しい変化があったと答えたのは四パーセントにすぎなかった[*16]。企業は必死になって規則と行動のギャップを埋めるために資金を投じ、新しいプログラムやトレーニングを導入してコンプライアンスのレベルを上げようとしているものの、そのすさまじい努力にもかかわらず、規制執行措置と起訴はほとんど減っていないのだ。[*17]

この点について、製薬会社ファイザーの最高コンプライアンス責任者にして上級副社長、副法務部長であるダグラス・ランクラーは「われわれにはすばらしいトレーニング、すばらしいシステム、すばらしい方針と統制があります」と言い、こう続けた。「それでも結局は、コンプライアンスが問題になるのです」。[*18] ランクラーは地方検事補の息子だ。子どものころに父親から悪人を刑務所に送る話を聞いて、憧れをいだいていたという。それが高じてやがて連邦検事補となり、同じ道を歩むようになった。

ファイザーは医療分野における世界有数の大企業で、コンプライアンスに対しても最善かつ最高水準の取り組みをしている。ところが、そのファイザーのランクラーでさえ、規則に基づいたコンプライアンスには限界があることを認める。「コンプライアンスの問題に関して、二〇〇七年は二〇〇一年よりずっと多くの注意が払われ、その重要性とリスクが理解されているにもかかわらず、ホットラインは依然として二〇〇一年と同じペースで鳴っています。なぜか？　ひとつには従業員がコンプライアンスについて発言することに慣れてきたからでしょうが、一方では、まだまだやり残していることがあるからでもあります。どの会社も同じにちがいありません。ファイザーだけが特別ではないのです」

人は精神に異常をきたすと、同じことを何度もくり返して違う結果を期待することがあるというが、ビジネス界もコンプライアンスに関してこれと同じ症状に陥っているのかもしれない。管理志向の官僚機構が規制を求めることによって、意思決定や取り組みをめぐって、どれだけの時間と混乱が生じているだろう？　多くの企業が、コンプライアンス違反を犯した二パーセントの従業員のために、多大な時間と労力を費やしている。それでも違反は大して減っていない。

　ここには、情報に基づく黙従の文化の本質的な欠陥がある。人と人のあいだの期待、人と規則、さらには人と上司のあいだの期待にはギャップがある。そのギャップは、外部からの統治による必然だ。「軍備拡張競争のようなものです」とランクラーは言った「厳しく管理しつづけることもできるでしょうが、そうすれば企業はさらに積極的に抜け道を探すようになるでしょう。するともっと管理を厳しくして、もっと大勢雇って法を強制することになる。企業はさらに抜け道を探す。きりがない」

　これに対して自己統治は、そのギャップを埋める。資産の一〇〇パーセントを組織の九八パーセントの従業員に注ぎ、鼓舞と信頼、最高レベルの成果をあげる機会をもたらす。前述したように、自己統治の文化で従業員が正しいことをするのは、正しいことをしなければ会社を裏切るだけでなく、自分の価値観をも裏切ることになるからだ。規則は行動を統制すると同時に制限する。行動を統制しつつ、さらなる行動を触発するのは、価値観に基づく自己統治だけだ。

　企業と従業員の価値観が一致すれば、従業員は自分の信念に基づいて行動するようになる。これほど強いものはない。自分を裏切れば心が乱れ、頭のなかでいくつもの声が騒ぎだし、摩擦が生じ、生産性と効率が低下してしまう。

　企業統治《コーポレートガバナンス》における不協和を取り除き、協和の文化を創出できたら、どれだけのものが得られるか想像してほしい。それまで個人と企業のギャップを埋めるために投じられていた時間、エネルギー、費用がいらなくなる。「私の場合」とランクラーは言った。「販売部門にこう言いたい。『もはやわれわれは、規則、方針、手続き、制限には関心がない。きみたちに何ができて、何ができないかにも興味がない。きみたちは自覚ある立派な大人だ。誠実さだってある。正しいことをするだろうと期待されているのもわかっている。わざわざ制限をつくるまでもない。きみたちを信頼している』。もし自分たちが文化を正し、その文化を推進することがもっとも評価され、報酬にもつながれば、誰もがもっとのびのび活動し、もっと積極的になれるでしょう。私にとってはそれこそが聖杯、究極の目標なのです」

自己統治を実現すれば、規則も手続きも方針も減る。コンプライアンスを促進させるためのアメとムチも減る（これでまた効率がよくなる。アメとムチは高くつくから）。かわりに誰もが価値観に共鳴し、より一層鼓舞され、人と規則のギャップという迷宮に消える時間と労力が減少する。自己統治は、全員が組織の価値観と目標に向けて足並みをそろえ、正しい行動によってそれらを実現するためのもっとも効率的な方法なのだ。コンプライアンスは生き残るためのもの、自己統治は繁栄するためのものだ。

ユナイテッド・テクノロジーズ（ＵＴＣ）で商慣行担当副社長を務めるマイケル・モンツも、コンプライアンスの限界を見極めたひとりだ。彼は思慮深く人望の厚い軍需産業界のリーダーで、ＵＴＣが価値観に基づく自己統治の文化を築くのに貢献した。マイケルは言った。「規則やコンプライアンス・プログラムをつくれば、たしかに改善はされるでしょう。しかし、いずれ頭打ちになる。つぎのレベルに進むには価値観に基づくプログラムが必要なのです。価値観に基づけば、まず抜け道探しをやめさせられます。さらに、リーダーシップの観点から見ると、偉業を成し遂げるよう人々を鼓舞できる。人を動かすのは恐怖ではありません。すばらしいことを達成しようとする強い願いです。ビジョン、価値観、ミッション、リーダーシップを結びつければ、従業員の心をとらえ、彼らのパワーを共通のゴールに向かって活かすことができる。それこそまさしく、私も彼らも求めるものでしょう。肝心なのは費用対効果ではありません。彼らは、大きなビジョンに参加していると実感したいのです」[*19]

大企業での成功例

価値観に基づく自己統治は、言うまでもなく価値観がなければ始まらない。ここで言う価値観とは、組織の本質と目的を、人間の観点から定義する原則だ。GEダーラム工場には、彼らが憲法と考える、「行動指針」と題する文書がある。[*20] そこで明言されている価値観は、多様性と敬意、学び教える文化の構築、約束履行への献身、環境に対する責任、そして受け入れがたい行動を罰するのではなく正す姿勢だ。スーウェル・オートモーティブにも、三つの行動理念があった。こうした価値観が文化全体の土台となる。

だが、GEダーラム工場とスーウェルは比較的小さな企業だ。だから、当然こう問わなくてはならない。「これは大企業でも有効だろうか?」。幸い、身近なところに実例がある。ジョンソン&ジョンソンは、価値観に基づく企業文化を長年にわたって培ってきた。創業者の息子ロバート・ウッド・ジョンソン(第二次世界大戦で准将として兵役を終えてからは、ジョンソン将軍と呼ばれるようになった)は、一九三二年に会社の経営を引き継ぎ、その一〇年後に「我が信条」として知られる文書を記した。それは、社会的責任を伴う経営のあり方を成文化したものだった。[*21]

「我が信条」には、会社の責任の第一は、製品とサービスを使用する人々に対する責任だとある。責任の第二は従業員に対する責任、第三は地域社会に対する責任、そして第四は株主に対する責任だ。責任の第一は株主に対するものだという従来の考えをひっくり返したという意味で、これは革命的だった。ジョンソン将軍、それに後を継いだ経営者たちは、最初の三つの責任を果たせば、おのずと株主の利益になるはずだと信じてきた。

以来、「我が信条」はジョンソン&ジョンソンのあらゆる活動に息づいている。どのオフィスの壁にも飾られているだけでなく、全従業員の日々の議論で尊重されている。「会議のたびに信条について五分間話す、などということはありません」。ジョンソン&ジョンソンのロジャー・ファインはそう語った。「そんな決まりはありません。私が初めて信条について聞いたのは一九七四年、入社してまもなくです。一〇人ほどの幹部との会議で、いきなり誰かが『それは信条にかかわる問題だ』と言い出したのです。わが社では『信条』は一種の決まり文句で、切り札のような役割を果たします。誰かが『それは信条にかかわる問題だ』と言うと、議題が何であれ話は中断され、議論全体がこんなふうに変わる。『では、信条に照らして考えよう。どこが問題なのか？　よい点と悪い点は？　もしジレンマがあるとしたら、そのジレンマは何か？　それを解決しよう』」[*22]

ロジャーからこれを聞いたとき私は、その信条は負担ではないのかと尋ねた。ビジネスの動きは速い。会議を中断して余計なことを話しあう面倒など誰も望まないのではないか、と。すると彼は、「私は毎年世界中を飛びまわって、何十ものグループに信条について話しています」と答えた。「そういうときは、たいてい信条をめぐる四つか五つの誤解について話すのですが、いちばん誤解されているのは、成功と信条の関係です。われわれは手強い競争相手でありたいし、実際、競争して勝利しなければならない。信条の最後の文章は、全体のなかでももっとも重要です。『これらすべての原則が実行されて初めて、株主は正当な報酬を享受することができるものと確信する』。つまり、信条は成功のブレーキにはならない。成功のエンジンだということです。ジョンソン&ジョンソンの歴史のすべてが、将軍の正しさを証明しています」

もっと最近の例としては、ゼロックスがある。同社は「価値観の実践」を五つの主な業績目標のひとつに掲げており、これが自社のめざましい復興の一端を担ったと確信している。二〇〇四年、企業の社会的責任に関する企業会員組織であるBSRの総会で、会長兼CEOのアン・マルケイヒーは、これが自社のめざましい復興の一端を担ったと確信している。彼女は「企業の価値観が、創業以来最大の危機にあったゼロックスを救ってくれました」と語っている。ゼロックスは組織全体に重要な価値観を行きわたらせている。「紙切れ一枚の文言どころか」とマイケルヒーは言っている。「(われわれの価値観は)具体的な目的と確かな手段を伴っているのです」[*23]

まず、自分が最初の一歩を

文化を通じて自己統治を進めていった例ということでは、ヒューストンにあるメソジスト病院システムも紹介しておきたい。一九九八年、この病院の理事会は、本来、非営利であるはずのわがグループが営利目的の企業に近づきすぎて、価値観に基づくというルーツを見失っているという結論に達した。そしてこれを修正するために、行動のHOWを根本的に変革する大々的な取り組みに着手した。新しい規則や方針を取り決めるのでもなく、壁にスローガンを掲げるのでもなく、文化によって統治することを選んだのだ。
ワークフォース・マネジメント誌が二〇〇五年二月号で報じているように、[24] この病院はまず、八六〇〇人の職員とともに定期的に講習会を開き、ビジョン、信念、そして新たなミッションステートメントを明文化した。彼らの掲げた価値観からは、病院にふさわしい略語も生まれた。誠実(integrity)、思いやり(compassion)、責任(accountability)、経緯(respect)、卓越性(excellence)を略したICARE《アイケア》だ。

つぎに行なったのは、職員の意識調査を実施し、明確な基準に照らして価値観の共有がどれだけ進んでいるかを測ることだった。この基準はのちに、人材育成の強力なツールとしても活用された。

価値観に基づく自己統治を強めるうえで何より重要なのは、職員がグループごとに、ICAREを日々の行動や意思決定に反映することだった。価値観を行動に移すことこそ、この病院の文化の核となる。そこで理事会は、グループごとにメソジストの価値観を自分たちの仕事にあてはめるよう求めた。思いやりをどうかたちにするか？　日々どのように敬意を表すか？

どのグループからも個性あふれる答えが返ってきた。たとえば看護師たちは、責任の実践をこう表現した。「『なぜ』とは問わず、『なぜやらないのか』と問う。最後までやりとおし、誤りを正す」。IT部門はこれを「わからない場合は質問する」とした。また薬剤部の職員は、誠実さへの取り組みとして、「上司がいようがいまいが、常に最善をつくす」ことを誓い、五つの系列病院のCEOたちは「敬意をもって切磋琢磨する」ことを謳った。

文化を通じて統治するというやり方は、結果が数量化しにくいように見える。だからメソジスト病院の取り組みも、根拠のない思いこみだと言う向きもあるだろう。この変革を指揮したトム・ドーアティでさえ、疑問をいだいたことを認めた。「文化の変革と業務実績の向上は、常にセットとはかぎりません」と彼は言った。だが、結果は両者の深い関係を示していた。職員の離職率は、二年足らずで二四パーセントから一五パーセントへと、三八パーセントも減少した。欠員率は半減した。患者、医師、スタッフの満足度は過去最高を記録した。また、USニューズ・アンド・ワールド・レポート誌では国内の病院トップ一〇〇に選ばれ、二〇〇七年のフォーチュン誌の「働きたい職場ベスト一〇〇」でも第九位にランクされた。[*25]

このような試みは、メソジストよりずっと規模の大きな組織でも通用する。ファイザーのダグラス・ランクラーも、多国籍企業であっても自己統治を追求するのは簡単だと言った。「徐々に導入していけばいいのです。たとえば、ある地域の営業部門が、講演会の謝礼として医師に支払う金額の上限を一〇万ドルにしたとしましょう。そうする義務はありませんが、上限がなければ秩序がなくなり、どんどん金をつぎみかねない。そうなると、金を払って薬を使ってもらうのと変わりません。まるで賄賂のようでは困ります。われわれは、医師や患者に必要な医療情報を伝えるために講演会を計画している。医師にお金を渡すのは、あくまでも講演の謝礼としてです。そこで、その地域の営業にこう言います。『上限を二〇万ドルに引きあげよう。ただし、その資金の正しい使い方がわかるようにみなで協力しあうこと。われわれの価値観と一致した使い方をしてくれるものと信じている』と。自己統治するように仕向けるわけです。それができれば売上げもあがる。地域、医者、患者に伝わる医療情報が増えるからです。もちろんコンプライアンスも強まる。営業担当者は自分が信頼されていると承知しているからです。彼らがそれを果たしたら、報奨をあたえることも大事です」

このときカギをにぎるのはリーダーシップだ。「われわれには、状況を好転させたリーダーが大勢います」とランクラーは言った。「たとえば、不正行為に苦しんでいたアジア地域の社長は、二〇〇〇年から二〇〇三年にかけて、年間九〇件以上あったコンプライアンスの問題を、一、二件にまで減らしてみせた。彼は、価値観と誠実さがいかに大切かを、そして率先して状況を正してほしいという願いを強く訴えたのです。その社長は『われわれに明日はない。そのつもりで売れば、売上げはきっと伸びる』と従業員に言ったあと、こう続けました。『ただし、倫理に背いたり違法なやり方で達成したのでは意味がない』。彼自身が誠実な姿勢を貫くことで、従業員の共感を勝ち取ったのです」

自己統治を強めるためには、まずあなた自身が、価値観こそが企業を先導しているのだということを態度で示さなければならない。いかに報酬をあたえ、称賛し、共感し、追求するか——この挑戦をあなたから始めるのだ。

ビジネスを好転させるいくつもの理由

価値観に基づく自己統治を根づかせるべき理由は、ほかにもたくさんある。

水平の世界は水平の統治構造を求める

価値観に基づく自己統治は、組織内の階層を最小限にする。GEダーラム工場での意思決定が中間管理職を経由しないのは、中間管理職が存在しないからだったが、ここでは縦割りのサイロや職務の分離もほとんどない。すべての統治機能は各個人の中にそなわっていて、全員に意見提供の機会をあたえないまま話が進められることはまずない。それゆえ、ほぼすべての取り組みがグループ全体の表現となる。スーウェルでも、自己統治された各チームが車のすべてに責任を負っている。だから、より効率よく敏感に、顧客にすぐれた体験を提供できるのだ。

情報開示を促進する

絶対的服従の文化や情報に基づく黙従の文化は、情報をかかえこむか必要な情報しかあたえない。それとは異なり、価値観に基づく自己統治では、情報は誰でも必要に応じてすぐ入手できる。人々の能力と創造性を開花させるには、彼らが成功するのに必要な情報を開示しなければならない。情報が自由に流れることによって互いの信頼が高まれば、自己統治はさらに深まる。そして、その文化はより強く、より効果的に働く。

リーディングカンパニーは「リーダーたちのカンパニー」から生まれる

創造性とイノベーションを推進するには、従業員に日々、限界に挑ませる必要がある。規則に基づく文化では、既成の枠を破る発想と、枠にとらわれたコンプライアンスのあいだに緊張があるが、自己統治の文化では、各個人が自発的に先頭に立ち、自分の仕事と他者のパフォーマンスの両方に責任を負う。この文化のもとで働く人は、進んで枠をはみ出す。そもそも彼らをおさめる枠がなく、価値観だけが彼らを導くからだ。GEダーラム工場では、一人ひとりが自分のチームに責任を負うと同時に、工場全体の委員会に交代制で参加し、もっと大きな問題にも取り組んでいた。自己統治の文化は、全従業員に個人的な責任とグループの責任を両方とも持たせることで、リーダーシップ志向を促進する。

従業員の成長を促進する

絶対的服従の文化と情報に基づく黙従の文化は、暗記学習や訓練プログラムを通じて従業員の技術を高めようとする。知識を学ばせるこうしたアプローチは、数量化しやすい情報（最大汚染度や安全性能指標など）を広めるには効果的だ。だがその反面、日々の仕事で直面する白でも黒でもない無数の課題に取り組むにはあまり役に立たない。現実におけるCの谷での奮闘を助ける役にも立たない。私たちができるのは、奮闘する力を育むことだけだ。犬は訓練するが、リーダーは育てるのだ。

ダウ・ケミカルの国際経営倫理担当取締役であるトーマス・R・マコーミックは、価値観と企業の業績との関係に詳しい真のソート・リーダーだ。その彼が、同社のチーム教育について話してくれた。「われわれは二〇〇〇人ほどいる管理職全員に、従業員と顔を突きあわせて教育をするよう求めています。自分たちの部署やチームに関係する厄介なグレーゾーンの問題について、利害の衝突など三つか四つのシナリオを用意して話しあってもらうのです。事業のこと、機能のこと、地域のことなど、どんな問題でもかまいません。ねらいは、はっきりした正解がないことがらについてとことん話し、どう対処するかを集団で模索することにあります。教育ではありますが、同時に基本姿勢を共有する場でもあるのです。加えて従業員は、リーダーがグレーゾーンに関することを話すのを見て、リーダーに期待されるものは何かをはっきりと把握するでしょう」[*26]

ネットワーク化された世界で得られる大量の情報は、教育に活かさなければならない。DEダーラム工場における「マルチスキリング」、スーウェルにおける豊富なストーリーのような教育システムがぜひとも必要なのだ。

自警の精神を築く

情報に基づく黙従の組織では、レーダーをかいくぐり、システムの足を引っ張る人が必ず出てくる。価値観に基づく自己統治が行きわたっている組織でも、そういう人はいないとは言わないが、全員が組織文化にのっとって行動するため、足を引っ張ろうとしてもすぐに特定され、居心地の悪い思いをすることになる。自己統治が徹底したグループでは、グループの価値観に共鳴しない者は心休まらず、はじき出される。九八パーセントの人が二パーセントに目を向け、彼らがコンプライアンス違反を犯して会社に災いをもたらす前に、はじき出すのだ。スーウェルで過剰請求をしていた技術者は、そのことを身をもって思い知らされた。

さらにすばらしいことに、自己統治の組織では、全員が問題の解決に取り組むので連帯が長く保たれる。もしも業績のふるわない者がいたら、その問題をチームとして解決することが全員の義務となる。目的は、責任の所在を明らかにすることではない。集中して問題を改善することだ。全員がチームの成功に責任を負っているから、怠慢は許されない。

マクドナルドも、生態系《エコシステム》に近い組織体制をとっている。CEOのジム・スキナーは自社の文化を、フランチャイズ、サプライヤー、そして厖大な数の従業員が支える三本脚のスツールにたとえる。これらすべての人々を共通の目的のもとに連帯させているのは、言うまでもなく価値観への強い共感であり忠誠だ。そこから育まれる文化では、組織のあらゆる階層で自己統治が進んでいる。「人からは『組織の拒絶反応』とよく言われます」とスキナーは話してくれた。「この拒絶反応は、外からやってきて高いポストに就いた人が、われわれの文化を理解する責任を果たさないようなときに起こります。

ビジネスではなく、われわれの文化が拒絶するのです。それは、みんながこう言っているに等しい。『あなたがどんなに優秀だろうが、どんなに能力があろうが関係ない。われわれが尊重するものはすべて理解しなければならない[*27]』」

こうした自警の機能がある文化は、外部からの管理をさほど必要としない。組織の集団的知性で文化全体を規制できるのだ。

実利主義から原則主義へ変わる

評判、一貫性、約束の履行などは、実利よりも原則をもとに意思決定することで生まれる。価値観に基づく自己統治の文化は、ミッションに鼓舞され、価値観に導かれ、短期的な思考ではなく、長期的な原則が重視され、あらゆる行動で原則を満たしているかが問われる。確固とした原則に基づいた意思決定は、荒れた海でもぐらつかない舵となる。

より大きく、深い、私になる

価値観に基づく自己統治は、高次の自己に語りかける。これは、原則と価値観の名のもとに行動した者だけが得られる感覚だ。自分が立法機関だと思うと、人はますます鼓舞される。権力者に黙って従うより、自己統治するほうが鼓舞されるのだ。

元来、人はみな自分の信念のもとに行動したいと思っているが、価値観に基づく自己統治はまさに、誰もが「やってもいい」ではなく、「すべき」にのっとって語りかける。信念から生まれる言葉

自己統治できる人、そして組織へ

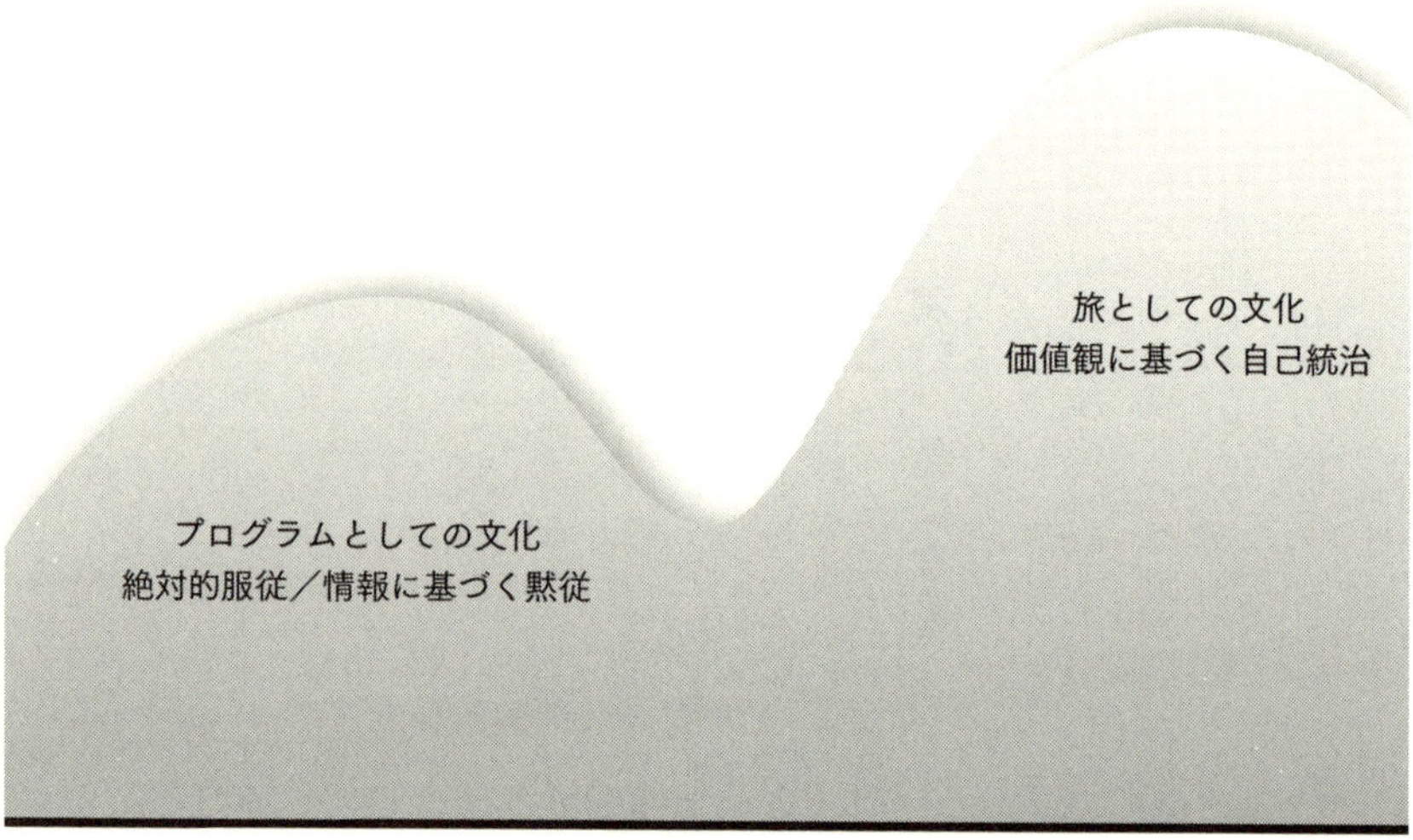

は人々の意欲をかきたてる。価値観に基づく自己統治は私たちを、目標や志を日々の行動に反映させるよう奮い立たせる。

価値観が企業文化のエンジンだとしたら、自己統治はすべての階層の人にその価値観を反映させる足場だ。これからのビジネスは水平に広がり、舞台裏を開放し、新しいパートナーを受け入れて協力しあい、多様化し、ミッションのもとに結集していく。

フリーランサー、コンサルタント、常勤の従業員、在宅勤務者など、今日の労働力を構成する人々は概して結びつきが弱いが、共通の価値観があれば、それを中心に連帯することができる。価値観は、規則やマニュアルより強力で順応性のあるナビゲーションシステムだ。価値観に基づいた自己統治ができれば、その組織はミッションを見失うことも、選んだ道から大きくはずれることもなく、市場で成長し、適応し、変異し、進化することができる。

健全な企業文化は、今の自分よりも大きな目的や気高い使命を追求し、それに忠実でありつづけることで育まれ、保たれていく。文化は旅だ。文化は生き物だ。それはチャレンジを歓迎し、成功を称えながら変化し、成長する。その旅の最初の一歩は、あなたが自己統治の重要性を受け入れ、行動のHOWを正すことから始まる。

自分たちの文化を変えるのに、会社がわざわざ「われわれはいまや自己統治型の企業である」などと記した文書をつくる必要はない。あなた自身が率先して信頼を拡大し、もっとオープンになり、もっと組織の価値観に歩調をあわせればいい。何をするにも価値観をもとに判断し、あなたの旅を単なる任務の遂行よりずっと大きな、ミッションのある旅にするのだ。

その旅はあなたを、規則から価値観へ、防御から攻勢へ、黙従から自己統治へ、ブランド認知からブランドの約束へ、そして成功をめざす道から意義を求める道へと誘《いざな》うだろう。

12章 全員がリーダーだ

われわれはくり返す行為そのものである。卓越性とはそれゆえ、行為ではなく習慣のなかにある。
——アリストテレス

これまで私たちは、思考のHOW、行動のHOW、自己統治のHOWを見てきた。読者の中には、今までとは違うレンズで世の中を見ることで、周囲のHOWに敏感になった人もいるかもしれない。ある人は、心が乱れたきっかけが上司の発言にあることを自覚したかもしれない。職場に潜む不協和のメッセージに気づいたかもしれない。過去のeメールを見直し、そのメールが自分と相手にどんな影響をおよぼしたかをじっくり考えたかもしれない。店の接客ひとつで気分が豊かになったり貧しくなったりするのはなぜかと思い、応対の仕方について考えはじめたかもしれない。

こうした感覚はすべて、Aの山を登る旅の第一歩になる。その旅でめざすのは、HOWについての深い理解であり、その理解でこの世界の人と人とをシナプスでつなぐことだ。

だが、どのようにHOWをする**の**かという疑問はまだ残っているだろう。どのようにする**か**についてはほとんど述べていないのだから当然だ。本書ではeメールを上手に書く方法も、挨拶の仕方も、会話のマナーも説明していない。

なぜか？　できないからだ。ＨＯＷの本質からして、マニュアルを提示することは不可能だ。ただし、あなたの努力、時間、思考、情熱を、さまざまな行動や取り組みにそそぎ、周囲にウェーブを起こす方法なら示すことができる。ＬＲＮではこれを「リーダーシップ・フレームワーク」と呼び、会社を立ちあげて間もないころからずっと改良を続けてきた。[*1]

なぜリーダーシップなのか？　自己統治できる人間になるには、リーダーの視点で自分を導かなければならないからだ。肩書きやポジションがどうあれ、あなたはリーダーとしてｅメールを書き、会議に出席し、レポートを作成しなければならない。日々どのように行動を選び、他者に接し、世界を見るか、自分で自分をリードしていかなければならない。リーダーシップの精神を手にすれば、あなたは周囲と積極的な関係を築けるようになる。まわりの人たちに働きかけ、強いシナプスをつくり出し、みんなを鼓舞できるようにもなる。

リーダーとして考え、ふるまう

一九六一年五月二五日、米国大統領ジョン・Ｆ・ケネディは、「国家の急務」に取り組むための特別歳出予算を求め、両院合同会議で四五分にわたって演説した。今、その演説の大部分は忘れ去られているが、約八分間、人類が月面に着陸するというビジョンを語ったことは、世界中の人々の記憶に刻まれている。ケネディはその後一〇年以上をかけ、一〇〇万もの人を巻きこんでその夢を実現させたが、すでに演説した日の夜からの数日間で、じつに多くの人がこの夢のために結束した。

大統領は、実現するのは簡単だなどとは言わなかった。「それは重い負担となる」と言った。「宇宙空間における合衆国の積極姿勢を、よしとしたり望んだりするだけでは意味はない。われわれは月面着陸を成功させるための準備をし、その重責を果たさなくてはならない……そのためには、国家として必要な科学技術をバックアップする人材、物資、施設を大々的に投入することが不可欠であり、場合によっては、ほかの活動から資源を流用することも考えなければならない。つまり、ここで求められる献身、組織、規律は、通常のわが国の研究開発努力にはとどまらないということだ」

ケネディはこれを、科学者や関係企業や機関、あるいは宇宙飛行士に向けて話したのではなかった。彼は国民に向かって話していた。「月に行くのはひとりの人間ではありません――もしわれわれが賛成すれば、月に行くのはわれわれ全員です。すべての国民が努力しなければ、この計画は実現しないのです」[*2]

わずか八分間で、ケネディは世界を変えた。それがリーダーシップというものだ。ビジョンをいだくだけでなく、このビジョンに結集したおよそ一〇〇万人が共通の意識を持ち、同じ言葉を話し、ミッションを追求するよう手をつくす――それがリーダーだ。もし、誰もが宇宙船に乗りたがり、ケープ・カナベラルの宇宙センターで仕事をしようという人がひとりもいなかったら、われわれは月どころかニュージャージーにもたどり着けなかっただろう。

すでに述べたように、組織とは個人よりも大きなことを達成するために集まった人々の集団だ。だからリーダーシップとは「リーダー」という肩書きのついた人だけのものではない。リーダーシップとは姿勢であり、取り組み方である。

このあと、フレームワークを各項目ごとに説明し、複数のリーダーの話を紹介するが、その前におぼえておいてほしいことがある。偉大なリーダーが偉大だったのは、意識的に、もしくは生まれながらにして、まわりの人たちを動かしてウェーブをつくり、偉業に向けて行動するよう強く働きかけたからだ。ここにこそ、リーダーシップの真髄がある。

相互にネットワーク化されたビジネス界で繁栄するには、小さくてもいいからいくつものウェーブを毎日つくらなければならない。対話集会《タウンホールミーティング》をより実りあるものにする質問でもいい。目標に向けてみんなを鼓舞するｅメールでもいい。スタジアムの応援のように、ウェーブは誰もが、いつでも、つくることができる。

リーダーとして考え、ふるまうことで、あなたのＨＯＷは正されていく。ここで紹介するリーダーシップ・フレームワークは、おぼえたり従ったりする必要のある規則や命令ではない。やってもいいことやいけないことでもない。それは、何らかの価値観を人々に浸透させるための意思決定や行動のあり方を示すものだ。どう伝達するか、どう働くか、どう接するか、どう意思決定をするか、どう交流するか、どう一貫させるか……。フレームワークのそれぞれの要素は互いに補強しあう。あたかも、家における間柱、垂木、梁のように。あるいはチェス盤上の駒のように。一つひとつの力は、連携することで何倍もの強さになる。

このリーダーシップ・フレームワークはもともと、情報量が多く、人と人が直接かかわるタイプの活動を想定してＬＲＮのために考案されたものだ。何年もかけて習得し、発展させた多くの考えやコンセプトが融合されている。[*3] 工場の作業場や特殊な環境で働いている人にとっては必要ない部分もあるかもしれないが、どんな仕事であれ、ここで説明する行動や傾向を理解すれば、ＨＯＷを正すとはどういうことかは把握できるはずだ。

リーダーの言葉づかい

5章でも述べたように、言葉は考え方に強い影響をおよぼす。たとえば、「引きこむ（enlist）」という言葉と「売る（sell）」という言葉では、影響の仕方は大きく違う。あなたが「売る」場合、やりとりされるのは製品であり、製品はあなたと買う人双方の外側にある。一方、あなたが「引きこむ」場合、あなたはある関係を生じさせる。その関係においては、同じ製品が未来のイノベーションへとつながっていく。「引きこむ」ことから生まれる行動、考え、意識は、「売る」を採用した場合とはまったく異なるのだ。

では、あなたが相手にするのは「顧客」だろうか？　それとも「パートナー」だろうか？　「パートナー」という言葉を使う場合、「顧客」、「業者」、「サプライヤー」といった言葉が表わすものとどう違うのか？　その違いは交渉の仕方に影響するのだろうか？　また、あなたにとってその交渉の成功とは何なのか？

「やってもいい」と「すべき」のように、言葉には抑制する力もあれば鼓舞する力もある。あなたが用いる言葉しだいで、硬直した関係に閉じこめられもすれば、新たなつながりへと解放されもするのだ。語彙が豊かになれば、それだけ選択肢が広がり、大きな世界へアクセスできるようになる。明日のリーダーとなる人は、言葉を選び、言葉が持つ「変化を生む力」を解き放つ人だ。

リーダーのＨＯＷ：その１

次ページの図は、リーダーシップ・フレームワークの全体像をまとめたものだ。ご覧のように、これは中心を同じくする三つの図で構成されている。中央、すなわちフォーカスがもっとも鮮明な部分にあるのは、組織の核となる価値観だ。図ではＬＲＮの価値観を記しているので、これをあなた自身の価値観に置き換えてほしい。ここに入るのは、たとえば正義や正直さ、誠実、共有《コミュニティ》、名誉といった、高い志や信念でなければならない。それに対して全員が賛成し、受け入れ、照準をあわせ、真の核となれるような価値観だ。そうなると、選択肢はそう多くないはずだ。

その核のまわりにある部分は、リーダーシップの特性だ。つまりは自己統治する人間の行動、態度、志向である。そして、さらにそのまわりにあるのは非リーダーシップの特性、すなわちＨＯＷの追求をやめたときに生じがちな行動だ。

以下、まずはリーダーシップの一六の特性のうちでもっとも基本となる五つの特性（図にある番号の①〜⑤）を見ていこう。

①ビジョンを描く

リーダーシップには五つの基本的な特性があり、その五つの要石《かなめいし》の上に全体が築かれる。五つの特性のひとつめは「ビジョンを描く」だ。自己統治する人、リーダーシップ気質がある人は、自分のためにはもちろん、目の前の仕事やともに働く人たちのためにも、よりよい未来を心に描く。リーダーシップはビジョンから始まる。そのビジョンは大きくても小さくてもいい。ミーティングを改善するビジョンでもいいし、世界に何千人といる従業員を鼓舞するビジョンでもいい。製品の一機能に関するビジョンでもいいし、まったく新しい製品のビジョンでもいい。単にほかの誰かの生活を少しよく

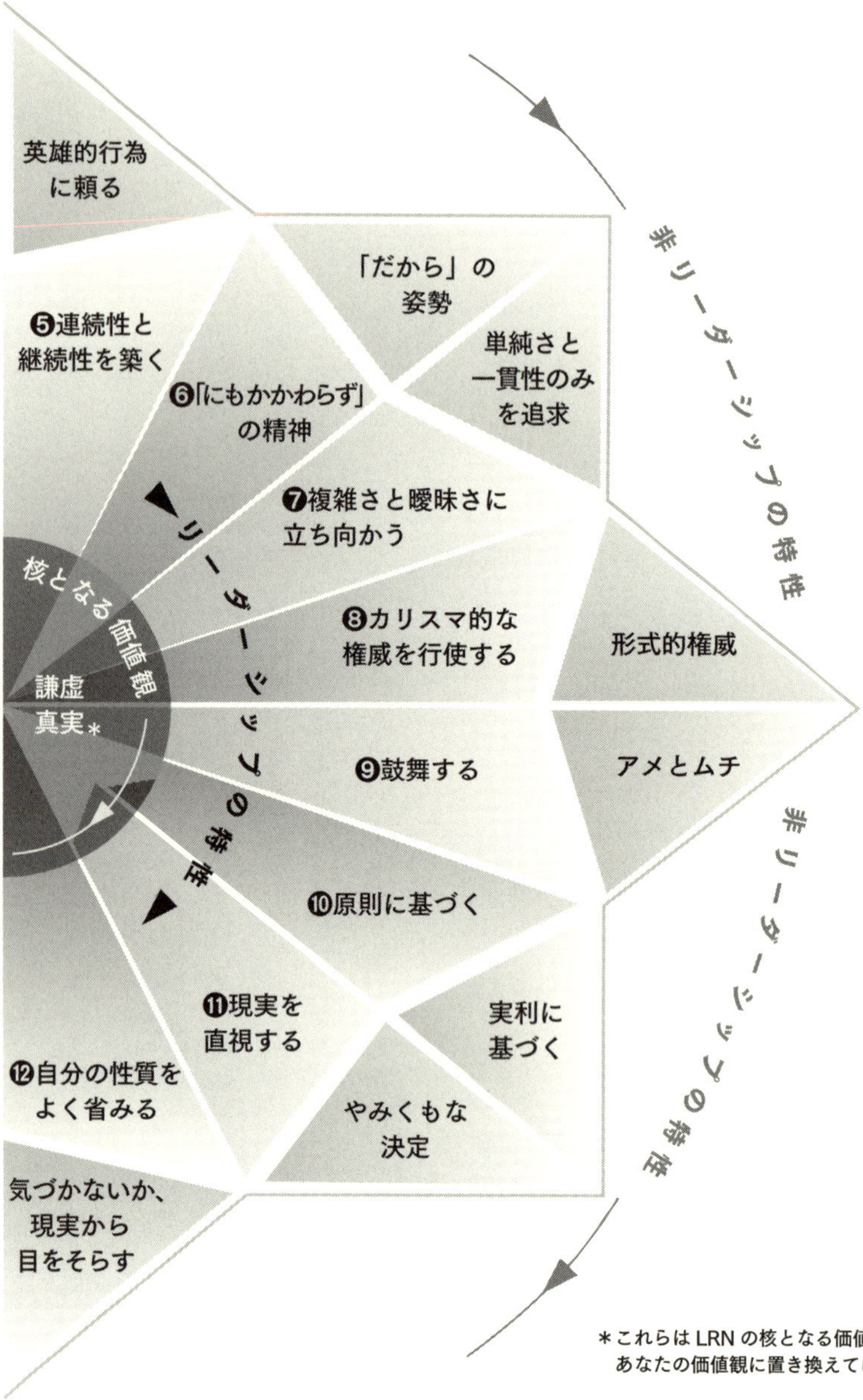

＊これらはLRNの核となる価値観である。
あなたの価値観に置き換えてほしい。

リーダーシップ・フレームワーク

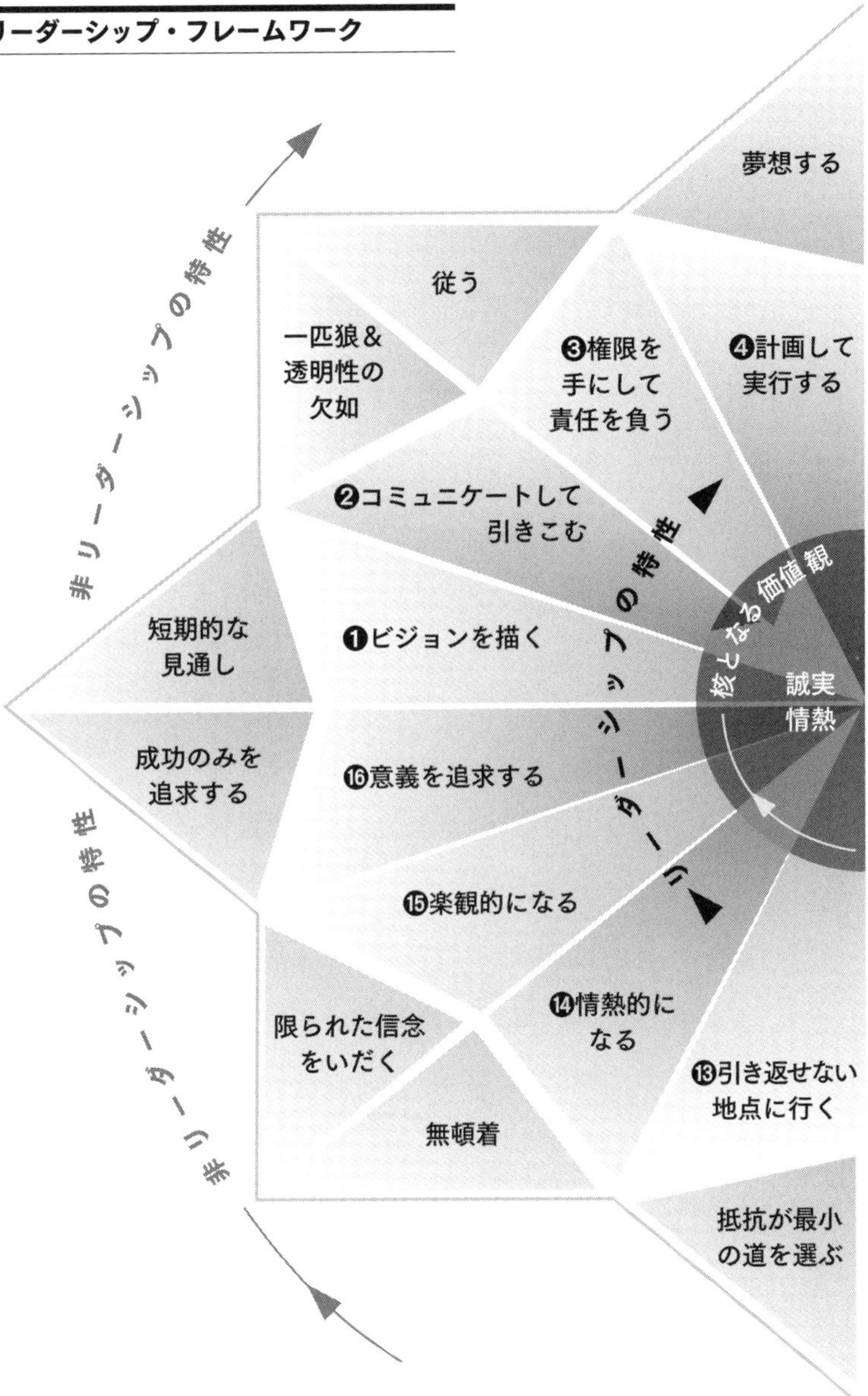
非リーダーシップの特性
夢想する
従う
一匹狼&
透明性の
欠如
❸権限を
手にして
責任を負う
❹計画して
実行する
❷コミュニケートして
引きこむ
リーダーシップの特性
核となる価値観
誠実
情熱
短期的な
見通し
❶ビジョンを描く
成功のみを
追求する
⓰意義を追求する
⓯楽観的になる
⓮情熱的に
なる
限られた信念
をいだく
⓭引き返せない
地点に行く
無頓着
抵抗が最小
の道を選ぶ
非リーダーシップの特性

するビジョンだってかまわない。

ビジョンを描くということは、成果を先読みする姿勢があるということだ。ビジョンがない人は、HOWに無頓着な短期志向の経営者だ。タスク中心で、従順で、目先のことにばかりとらわれている。短期志向の経営者はもともと受け身の傾向が強く、行く手を示す標識灯をつけるよりも消すほうがずっと多い。防御的な姿勢で、人を引きつけることより、自分が譲歩した場合のリスクばかり心配する。だが、HOWを正すには、自分ではなく他者に焦点をあてなくてはならない。ビジョンを描くこと、それは他者に焦点をあわせるために欠かせない資質だ。

②コミュニケートして引きこむ

追求する価値のあるビジョンはたいてい、スケールが大きい。あなたのビジョンも、よりよい未来をもたらすような内容だったらそれなりのスケールのはずで、そうであればビジョンをほかの人と共有することが不可欠になる。相手をおどしたり、一方的に押しつけるのは「共有」とは言わない。共有するとは、自分のビジョンをみんなのビジョンにすること、みんなを引きこんでウェーブをつくることだ。目標に向けて組織を団結させることは、あらゆるリーダーにとって最大の課題だが、うまくいけば最大の成果がもたらされる。

周囲の人を引きこむときに大切なのは、あなたに見えるものを彼らにも見えるようにすることだ。そのためには、心を開いて率直に話しあい、あなたが本心からそう思っていると感じてもらわなければならない。

ためしに、あなたが最近受信した五〇通ほどのｅメールを見てほしい。引きこまれたのはどのメールだろう？　読んだときに「ああ、なるほど。わかる。協力したい」と思えたのはどれ？　逆に、「合意したことと違う。いったいどういうことだ？　どうしてｃｃで上司にも送ったのか。何をたくらんでいるんだろう？」などと思ったのはどれ？　引きこむｅメールはつながりを生み出す。送信者とあなたのあいだに強いシナプスを築く。参加したくなり、仲間になりたい、役に立ちたいと思わせる。

ｅメールでも、インスタントメッセージでも、電話でも、テレビ会議でも、もちろん面と向かっての対話でも、相手を引きこみ、想いを共有することはできる。あなたがｅメールを書くとき、そこに相手が思わず引きこまれるようなビジョンはあるだろうか？　リーダーは、相手が引きこまれ、自分のビジョンがみんなのビジョンになるようなコミュニケーションをはかるものだ。送信ボタンを押す前に、そんなメールになっているかを確認してみてほしい。その時間も手間も無駄ではない。それどころか、ずっとよい結果をもたらすはずだ。

もしあなたが一匹狼のようにふるまっているなら、あなたのビジョンはずっとあなただけのものだ。一匹狼自体は悪いことではない。称賛される人も多い。その行動がもっとも有効な、もしくは適切な行動となることさえある。ただし、それは自己統治型のリーダーがとる行動ではない。自己統治型のリーダーは、つながりと相互関係を重視した行動をとる。

③権限を手にして責任を負う

自己統治型のリーダーは前に出る。会議でも率先して発言する。「考えがあります」「このプロジェクトチームを指揮させてください」「その仕事をまっとうさせてください」「着陸目標は金星ではなく、火星にすべきでしょう」。リーダーは自分が思い描いていることのために立ちあがる。ときには人目を引くことも恐れない。自分を生贄に捧げ、かわりに権限を手にし、責任を負う。信条は「今を《カルペ》つかめ《・ディエム》」だ。前に進まなければ、いつも追随するだけの人生に身を委ねることになる。

リーダーシップとは、いかなる場合も先頭に立つことを意味しない。場合によってはリーダーとしての気質を維持しつつも、ほかのリーダーに従う。実際、どんな組織やチームにも全体の指揮を執る人物はいるが、リーダー的行動を発揮する機会はメンバー全員にある。能力の高い上司がいる場合でも、リーダーシップ気質があれば、何らかの貢献をし、成果のレベルを高めることができる。あなたが進み出て今をつかめば、今があなたをつかむのだ。

④計画して実行する

ウォルト・ディズニーは先見の明《ビジョナリー》がある人だった。擬人化したネズミを創造し、そのネズミを主人公にしたアニメーションをつくり、映画をつくり、グッズを販売し、アミューズメントパークを建設し、ファミリー層の娯楽の様相を一変させた。だが彼は、世界屈指のエンターテインメント企業を自分の夢だけでつくりあげたのではない。「物事をスタートさせる方法は、しゃべるのをやめて、やりはじめることだ」という彼の名言がある。[*4] リーダーシップとは、アイデアを実行に移すことだ。

ビジョンがあり、それを人々と共有したら、つぎのステップは、ビジョンを実現するよう計画を立て、実行することだ。ビジネスの排水溝には、思い描いても実行されなかった名案がたくさんつまっている。夢想家で終わってはいけない。彼らはすばらしいビジョンを語るが、いざ実行する段になると、やり遂げるために必要なものを持っていない。

多くの人は起業の夢や、生活を楽にする計画、あるいは単に目標を達成するよりよい方法を思い描いたことがある。月に着陸する方法を描いた人だって少なくない。だが、ＨＯＷの世界で勝者となるのは、ビジョンを実現するためにチームで協力しあう人たちだ。達成された小さなビジョンは、実行されない立派なビジョンの何倍もの価値がある。

自己統治する人々は前に進み、目の前の機会をとらえ、物事を成し遂げる方法をさぐり、見つける。一見すると、仕事量が増えるように思えるが、事実は逆のことが多い。ビジョンを描き、それを実行しようという情熱は、周囲の人を刺激する。このようなＨＯＷを見た人は、次第に鼓舞され、参加しはじめる。結果として、チーム全体が団結し、少ない努力でより多くのことを成し遂げる。フットボールでも、ランニングバックがいつもより頑張ってラインに押し入ると、味方のタックルはいつも以上に激しくブロックする。クォーターバックもより巧みにハンドオフをする。チーム全員が前に出て、タッチダウンに貢献すべく、より一層努力するようになるのだ。

⑤連続性と継続性を築く

私は機械式腕時計を集めるのが趣味だ。機械式腕時計はとても美しい。それは、世界を秩序立てたいという願望の深遠な表現であり、いくつもの小さくて複雑なパーツを連続体として動かすべく完璧をめざして努力する人々による伝統の技の具現化だ。とはいえ、時間を訊かれたら、たいがいはポケットから携帯電話を引っ張り出す。正確だからだが、本当のところはどっちでもかまわない。もし、ＣＥＯである私が会議に遅れたところで、待っている従業員が時間がわからなくて困るようなことはないのだから。

ジム・コリンズとジェリー・I・ポラスは、著書『ビジョナリー・カンパニー』（日経BP社）でリーダーの使命を見事に説明している。彼らいわく、自分がそこにいようがいまいが、永遠に時を告げる時計をつくるのがリーダーの使命だ。[*5] もし、月面着陸計画がケネディ次第だったら、彼が暗殺されたときどうなっていただろう？　本当のリーダーはスーパーヒーローではない。ひとりの人間が現れて正確な時を告げるのを待つような世界はつくらない。

この考え方はきわめて重要で強力にもかかわらず、軽視されがちだ。たぶん、世界はヒーローを必要としないという説が、大半の人の経験と矛盾するからだろう。ビジネスはしばしば、私たちに英雄的であることを求める。もうひとふん張りしたり、夜遅くまで働いたり、目標を達成するために追加勤務をするよう求める。世界にはたしかにヒーローが必要だ。列車を駅から出発させるには強く押さなければならず、ときには英雄的行為が欠かせない。

だがその一方で、真の繁栄のためには、自立したアプローチも確立しなければならない。何かを達成するために資源を使い果たすのではなく、達成すると同時にエネルギーを生み出すシステムが必要なのだと気づけば、あなたもスーパーヒーローに頼らなくなるはずだ。誰かに頼っているうちは、偉大で、永続的で、意義のある企業を築きあげることはできない。どんなにすごいスーパーヒーローでも、結局は押しつぶされる。何百層も重なるアイデアの摩天楼を建てるには、全員が成長できる連続的な土台が必要なのだ。

一九六四年、ディズニーはフロリダ州オーランド近郊にある、生産に適さないオレンジ畑を買いはじめた。いわゆる「フロリダ・プロジェクト」のためだ。それはウォルトの壮大な構想のひとつだった。ところが、そのプロジェクトの途上でウォルトは肺癌を発症し、まもなく息を引き取る。後を引き継いだのは、兄のロイと、ディズニーが選んだ練達のデザイナーから成るチームだった。

想像しうる最大のテーマパーク、ウォルト・ディズニー・ワールドは、一九七一年に開園した。ウォルトが自分のビジョンに彼らを引きこみ、彼らはそれを自分たちのビジョンにした。ロイは開園の三か月後に亡くなったが、後継者育成計画のもと、ドン・テータムがザ・ウォルト・ディズニー・カンパニー初の、一族でない会長兼CEOとなることで、夢は生きつづけた。[*6]

ここで、きわめて現実的な質問をしたい。もしあなたが、あなたは昇進を望んでいるだろうか？　ひるがえって、今度は上司の立場になってみよう。今、あなたにしかできない仕事をしていたら、上司はあなたを昇進させるだろうか？　あなたの英雄的行為によってその仕事がうまくいっているとしたら、企業としてはあなたを昇進させる意味がない。あなたはその場所に残り、仕事を続けることになる。だが、もし自分がいなくても時を告げることができる時計をつくれたら、つまり、誰でもその仕事ができるようにしていたら？　昇進できる可能性はずっと高くなる。いや、昇進するはずだ。あなたは見事に責任を果たすだけでなく、自分より大きなものを築き、組織に貢献しているからだ。

昨今の大企業や中規模の企業では、販売やサービスの部署にSalesforce.comのようなインターネット上の顧客関係管理システム（CRM）を導入するケースが増えている。取引先、見込み客、進行中の商談などについての詳細情報を記録し、保存するこうしたツールはしかし、仕事のための仕事、勤勉な担当者に課された管理上の負担としてとらえられることが多い。飛行機や電車や車でも携帯電話やスマートフォンを使い、そのうえさらに時間をかけて、すべてのメモをシステムに入力しなければならないからだ。

だが、HOWのレンズを通して見ると、このツールはチーム全員が情報を共有し、彼らを引きこむのに利用できる。たとえば万が一、契約を交わす前日にインフルエンザにかかっても、CRMを導入していればほかのメンバーが後を引き継ぎ、任務を果たすことができるのだ。

自分以外の人間でもできるシステムを見事構築したら、ついでにその人たちがステップアップして、もっと大きな責任を負えるように訓練するといい。そうすれば、上司はこう言う。「この事業は、きみがいなくても目標達成できそうだ。きみには新しいポストで働いてもらいたい」。あなたも組織も、進歩し、前進するカギは土台づくりにある。

円をまわせ！

ビジョンを描く、コミュニートして引きこむ、権限を手にして責任を負う、計画して実行する、継続性と連続性を築く――この五つの行動で自己統治の土台づくりができたら、残る仕事は、これらを拡大し、洗練させ、強化して、リーダーシップの「円」をつくり出すことだ。

ここで言う円とはどういうものか？　ご存じのようにウェーブはまわる。人の配置も、前述したように、誰もが互いを見ることができる円形のスタジアムのほうが、ずっと簡単にウェーブを起こせることが実験で明らかになっている。これがスタジアムの片側だけに観客が並ぶスピードウェイだと、ウェーブを生むのはもっとむずかしい。

リーダーシップ・フレームワークも、スタジアムのウェーブのようにエネルギーが永続する円をつくる。たとえば、ふたりの子どもが手をつないで、互いに手を離さないと信じて身体をのけぞらせ、そのままぐるぐるまわると、ほとんど力をかけなくても、かなりのスピードが出る。手をつないでいるかぎりふたりのあいだのエネルギーは高まりつづける。ところが手を離すと、エネルギーはたちまち分散される。リーダーシップもこれと同じだ。不確実性に満ちた日々のビジネスにあって、私たちはしばしば不案内な領域に入りこみ、道に迷うが、リーダーシップの円にしっかりつかまっていれば、さらなるスピードとエネルギーを生み出すことができる。

だが三三二〜三三三ページの図でもわかるように、リーダーシップの特性の外側には、それと正反対の非リーダーシップの特性が横たわっている。つないだ手を離し、枠組みの外にある非リーダーシップの特性に傾いてしまうと、自己推進力は失われ、あなたは目がまわった子どものように芝生の上に倒れこむことになる。

リーダーのＨＯＷ：その２

さて、ここからは図の⑥〜⑯の特性を見ていこう。

⑥「にもかかわらず」の精神

行なう価値があることは、必ず途中で抵抗に遭う。大きな岩を動かすためには、重力や慣性と戦わなければならない。高い山に登るためには、薄い大気を克服しなければならない。ビジネスも例外ではない。

たとえば、パートナー候補にプレゼンテーションをして席に戻ってきたとしよう。話しあいはうまくいった。たぶん、競合他社ではなく自分たちを選んでくれるだろう。あなたにはそんな感触がある。ところがそのミーティングに出席していた先方のひとりが、今年は予算に余裕がないと言いだした。そのとき、あなたはどんな態度をとるだろう？　障害を前にしたあなたは、どんな反応をしがちだろう？

一九〇五年、マダム・C・J・ウォーカーは、頭皮用薬用コンディショナー「マダム・ウォーカーのワンダフル育毛剤」の訪問販売を始めた。販売エリアはアメリカ南部と南東部の全域、対象はアフリカ系アメリカ人女性だった。ウォーカーは元奴隷の娘で、七歳のときに孤児になり、一四歳で結婚、一九歳で娘ひとりをかかえて未亡人になった。そこから洗濯の仕事をして娘を卒業させ、さらに自分のための新たな人生を思い描いたのだった。

「自分で自分を励ましてスタートしたのです」とウォーカーは言っている。想像をはるかに超える数々の障害に直面したにもかかわらず、彼女は自社を従業員三〇〇〇人をかかえるまでに発展させた。ついには、億万長者になった初のアフリカ系アメリカ人女性として知られるようにもなった。「私は南部の綿畑出身の女性です」。彼女は口癖のようにそう言った。「そこから洗濯係に格上げされました。さらに厨房の調理人に格上げされました。そして、自力でヘアケアの会社の経営者に昇格し、自分の土地に自分の工場を建てたのです」*7

C・J・ウォーカーほど、障害に直面して打ちのめされそうになっても強くビジョンを思い描き、それを実現した人はそうそういない。ウォーカーは障害にもかかわらずビジョンを追い求めた。この姿勢こそ、彼女の成功の中心にあったものだ。ウェーブを起こしたいのに右隣の人が立ちあがろうとしなかったら、そこであきらめる？　そのまま腰をおろす？　すでに見たとおり、ウェーブが起こると、最初は立ちあがろうとしなかった人たちも夢中になっていく。そして大きなウェーブになる。この流れが生じるのは、障害があっても、不屈の精神でやり抜くときだけだ。先のプレゼンの例に話を戻せば、自己統治型のリーダーなら、こんな問いを発するはずだ。「計画に必要な予算の算段をつけるには、われわれが何をどう支援したらいいのだろう?」

すぐれた船乗りに、荒海を航行したことのない人はいない。価値あることを成し遂げた人にも必ず、つらい時期からはいあがったとか、大きな障害を乗り越えたとか、あらゆる妨げにもかかわらず目的を達成したといったエピソードがある。

この先、あなたも障害に直面するだろう。人生には困難がつきものだ。問題は障害そのものではない。その障害をどうとらえ、どう立ち向かい、どう行動するかである。すぐれたリーダーは、抵抗するさまざまな力にもかかわらず、道は見つかると信じる。問題があるからといって逃げたりはしない。ときには、全力を尽くしても成功しないことがあるだろう。だが、にもかかわらずの精神でスタートしなければ、勝利は訪れない。

⑦複雑さと曖昧さに立ち向かう

私たちは対立に満ちた世界に住んでいる。無尽蔵の資源があったら、たぶん何に対してもイエスと言うことができるし、厳しい選択をする必要もないだろう。リーダーシップ・フレームワークさえ、必要ないのではないか。だが、現実の世界は対立に満ち、願望や利益、目的、計画、可能性がせめぎあっている。だから私たちは、にもかかわらずの精神を育てると同時に、複雑さと曖昧さも受け入れなければならない。最高のプランでさえ不首尾に終わることがある。順調な航海と安定した風を期待したのに、逆風に見舞われることもある。人は必ずもがき苦しむことがある。それを認めることが肝心だ。

あるとき、ロサンゼルスで夕食をともにしたベンチャー投資家のアラン・スプーンが、私にこう言った。「よいニュースも悪いニュースも必ずやってくる。よいニュースはほうっておいてもかまわない。手間がかかるのは悪いニュースだ。そこが時間の使いどころだね」[*8]。リーダーは悪いニュースが来ることを知っている。その対立が起こるべくして起こったと理解しているし、対立の真っただなかで指揮を執ることも予期している。

このときポイントとなるのは、つまるところ資質だ。リーダーは、相反するさまざまな要望や個人の利益や予算の限界を直視しなければならない。対立に直面しても原則に基づいた意思決定をし、荒海をいく確実な針路を定めなければならない。一部のドアを開け、一部のドアを閉めなければならないのだ。リーダーは真実を求める。未来を思い描く。だがそれは、当然のことながら現実と対立する。この緊張のなかにこそ繁栄のチャンスがあるのだが、それをつかめるのは、その緊張に向きあうことをいとわない者だけだ。

リーダーはまた、目標に向かうときに特定の要素にのみ目を向けたり、過度の単純化をしたりはしない。目標というのは、収益や生産性、品質といった、ひとつのことにとどまらない。リーダーはどんな目標でも、それを成し遂げるには特有の複雑さがあることを知っている。そのうえで、多くの意見と目標のバランスをとり、大勢のステークホルダーのニーズを満たそうと手をつくす。自己統治できる人なら、多数の選択肢を前にしたとき、まず自分たちの価値観を見据え、そこから考え抜いたうえで、価値観を支える最善の方法を選びとることができるはずだ。

⑧カリスマ的な権威を行使する

権威を持つことは、リーダーの根本的な特性のひとつとしてとらえられている。だが、それはどんな種類の権威なのか？　「立ちあがらなかったら殴る」「これをやれ。なぜなら私はおまえの母親（父親／上司）だから」と服従させる権威だろうか？

第二次世界大戦中、日本軍は航空兵に、「カミカゼ（神風）」の名で知られる「トッコウ（特攻）」を命じた。それは、機体もろとも敵機に突っこむ、死を前提とした任務だった。多くの日本の若者がその命令を遂行して命を落とした。だが、数少ない生存者もいて、彼らが特攻とはどのようなものだったかを語っている。そのひとりが日本海軍の元飛行士、浜園重義《はまぞのしげよし》だった。浜園は戦時の回想録『水平線』で、兵士たちが国のために死ぬ覚悟をする様子を書いているが、そのなかに海中将軍の宇垣纏《うがきまとめ》が登場する。一九四五年四月六日、宇垣海軍中将は浜園ら第一国分海軍航空基地の神風特攻隊員たちを前に、別れの訓示を行なった。そして一人ひとりと握手をして言った。「御国のために死んでくれ」。訓示のあと中将は、質問はないかと尋ねた。浜園が尊敬していた古参の飛行士が、前に進み出て言った。「自分は飛行機に積んだ爆弾だけで、敵の輸送艦二隻を沈没させる自信があります。もし撃沈できたら、戻ってきてもよろしいでしょうか？」。しかし、宇垣中将はこう答えた。「死んでくれ」[*9]

権威には主に二種類がある。形式的権威とカリスマ的権威だ。[*10]このうち形式的権威は、たいていが階層制から生じている。「私は親だ。だからこの家では私が正しい。たとえまちがっているときでも」。これが形式的権威だ（私たちの大半が大人になると家を出るのは、この世界に別れを告げるためだ）。

第二次世界大戦では、両陣営で多くの若者が犠牲になった。宇垣中将は極端な例としても、「私が命令したのだから死んでくれ」といった形式的権威が行使される場面は、今でも日常的に見られる。たとえば、たった一文のeメール。「これを四時までにやるように」。言外の意味は明白だ。「なぜなら私は上司だから」。ここで黙って従う合理的な理由はいくらでもある。自分は新人だから、上司は幹部だから、キャリアの役に立ってくれそうだから……。だが、それは引きこまれたのでもなければ、鼓舞されたのでもない。

形式的権威には、鼓舞して引きこむ力がない。進んで命令に従わせるのがせいぜいだ。また、権威に寄りかかっているリーダーは、力を行使するたびに権威の蓄えが減っていく。銀行の預金口座のようなもので、引き出せば引き出すほど、残りはどんどん少なくなる。従業員たちはそのうち、いやいや服従するようになり、ついには公然と反抗するようになる。そのようなリーダーのもとでは仕事の遅れや心の乱れが着実に積み重なり、生産性も反応性もどんどん低下する。

カリスマ的権威は、これとはまったく違う。もし、先ほどの上司からのeメールが、「四時までにこれをやってもらえたら、うちのチームは三つの点で大いに助かる」という内容だったらどうだろう。それがチームに具体的にどう貢献するかを知ったあなたは、その仕事に引きこまれ、進んで取り組むのではないか。一方的な締め切りに思えたものが、いまやビジョンの実現のための重要な一部になったのだから。[*11]

カリスマ的権威は、他者に対する原則に基づいた行動や、信念に基づいた発言によって生まれる。カリスマ的権威は日々、あらゆるＨＯＷからもたらされる。あなたは他者への行動いかんでカリスマ的権威を築くことができる。権威の銀行口座を空にするどころか、残高を増やすことができるのだ。

そこに到るまでには時間がかかるかもしれないが、その時間は利子がついてくる投資、長期的な利益のための短期的なコストだ。

⑨鼓舞する

効率を崇める合理主義者は、苦しみを避けて楽しみを追い求めるのをよしとする。楽しくて苦しくないこと、金になって非難されないことに動機づけられる。情報に基づく黙従の文化の基礎にあるのも、この単純な考えだ。組織を支配するのは、アメとムチによる動機づけである。だが、「動機づけ《モチベーション》」には限界がある。ウェーブをつくるために参加者に二〇ドルを配っていたら、結局は資金が底をつくか、二〇ドルでは足りないと言われてそっぽを向かれるかのどちらかだろう。動機づけは、動機づける「もの」、行動を駆り立てたり強制したりするアメやムチなどの外部手段を必要とする。もちろんそれが適切な場合もあるが、HOWの世界では十分ではない。HOWをわきまえるリーダーは、ウェーブを起こすために動機づけはしない。鼓舞するのだ。

人は、自分たちの価値観や信念に献身し、ビッグアイデアや意義ある貢献を追求し、その献身と追求を他者に伝えるなかで鼓舞されていく。鼓舞されることと動機づけられることとは明らかに異なる。鼓舞されるきっかけは、映画や本、あるいは何らかの体験であったり、達成したい目標であったりする。他人の行動や努力に鼓舞されることもあれば、価値観や、自分より大きな目標の追求に鼓舞されることもある。いずれにせよ、そのことによって最善の努力をしたいと思い、創造的な思考が呼びさまされる。鼓舞されて月面着陸をめざしたり、ウェーブを起こしたり参加したりする人にとっては、アメとムチなどどうでもよい。その人には使命があるからだ。

鼓舞された人の心には、信念が生まれる。リーダーシップ・フレームワークのほかの要素と同じように、鼓舞されると、それは円を描いてあなたに戻ってくる。ほかの人たちが鼓舞されるのを見ると、今度はあなたが鼓舞されるのだ。リーダーは鼓舞し、鼓舞される。その連鎖をつくるあなたは、かならずしも上司である必要はない。誰がやってもいい。いや、努力が結果に劣らず重要なHOWの世界では、誰もがやるべきだ。

⑩原則に基づく

ハリケーン・カトリーナにニューオーリンズ市が破壊されたとき、あわてた米連邦緊急事態管理庁（FEMA）は、詐欺防止策を考えないまま支援金をばらまいた。その結果、緊急支援のための資金が、ニューオーリンズ・セインツのシーズンチケット、サンアントニオのフーターズでの豪華ディナー、一本二〇〇ドルするドン・ペリニヨンのボトル、諸経費込みの一週間にわたるカリブ海休暇旅行、何本かのアダルトビデオ購入などに使われた。また、何千人もの服役中の犯罪者にも緊急住居手当が支払われた。[*12]「われわれはできるだけ多くの人を支援できることを計算して決定したまでです」

その一年後、FEMAの復興副長官代理ドナ・ダネルズは、議会の監視委員会で発言した。「まちがって支払われたのか、詐取されたのかは、あとで改めて確認するつもりでした」[*13]。超党派の会計検査院の調査で、FEMAが配布した総額の四分の一にあたる一四億ドルもの金が、詐欺や悪用で失われたと判明したのを受けてのことだった。

意思決定は概して、実利主義か原則主義を拠りどころにしている。このうち実利的な決定は、緊急の問題をFEMAのような急場しのぎの方法で解決しようとする。目先の利益を優先して、当面の痛みの軽減を目指すということだ。だが、それは往々にして予期せぬ結果をもたらし、長期にわたって悪影響をおよぼす。たとえばFEMAが民間企業だったら、詐欺による損失以上に、信頼性や評判が大きくそこなわれただろう。アダルトビデオの購入費を補償するような保険会社に投資したい人はいない。

私たちはみな、一日の仕事のなかで無数の決定をくだしている。リーダーシップを発揮すれば、決定の機会はさらに多くなる。どんな宇宙船を造るのか？　どんなデザインにすべきか？　どんな人を雇うべきか？　果ては折り返しの電話で何と言うべきかまで、意思決定は絶え間がない。そんなとき、もし誰もが短期的かつ実利的に判断していたら、先の「アダルトビデオ」のような予期せぬ結果が相次いで発生し、手に負えなくなるだろう。しかもその悪影響は誰もコントロールできない。

仮に、がむしゃらに頑張ってなんとか数字を達成できた四半期が終わり、あなたが顧客全員を集めてそれを報告したとしよう。報告を終えて部屋を出たとたん、顧客たちがこんな会話を始めたらどうするか？

「ほう、おたくは六か月間も試用させてもらえるんですか？　うちにはお試し期間は一切ないと言っていたんですよ」

「そちらは三年契約ですか？　当社は何があろうと五年契約しかしないと言われましたが……」

実際、こうしたことは毎日起こっている。会社の情報だけではない。あなた個人についての情報も飛び交っている。一貫性がなければ生き残れないということだ。

HOWの世界で求められるのは、長期的で、自立して、連続性のある行動だ。その連続性によってあなたと周囲とのあいだには信頼と強い連帯が築かれる。7章でも紹介したマーク・トウェインの名言、「真実を話しなさい。そうすれば何もおぼえる必要などない」を踏まえて、私はこんな提案をしたい。「常に原則に基づいて行動しなさい。そうすれば自分の行動の意図と結果をいちいち考える必要などない」

何もかもが知られてしまう世界では、原則に基づく一貫した意思決定だけが、信頼や評判をもたらす。そしてＨＯＷのレンズを通してものごとを見ていけば、おのずと原則に基づいた意思決定ができるようになる。実利主義よりも原則主義のほうが結局は効率的であり、機敏である。規則に踊らされたり、目先の利益を比較したりする時間を節約でき、より素早く直感的に、明快に行動できる。何より、自分の選択に自信と信頼を持って行動できるようになる。

⑪現実を直視する

二〇〇五年、スティーブ・ウィンは自身の名を冠したリゾート、ウィン・ラスベガスを鳴り物入りでオープンした。だが彼は、まもなくある不正に気がついた。[*14] 彼の経営するカジノのディーラーとフロア係は、業界随一の高給取りでもおかしくない。その収入のほとんどは客からのチップだからだ。通常はいただいたチップを現場のサービススタッフ全員で分配する。

「私は間違っていました」。ウィンは話しはじめた。「残念なことに、ウィン・ラスベガスではディーラーがチップのすべてをせしめ、フロア係やスーパーバイザーは何も受け取っていなかったのです。つまりディーラーは上司であるスーパーバイザーよりも儲けていた。それがフロア係の不満や怒りになった。公正さを欠くというわけです。さらに、こうした逆転した報酬体系のために、ディーラーをスーパーバイザーに昇進させるのがむずかしかった。困ったことになっていました」[*15]

前述したように、リスクを冒せるのは信頼という強い土台があるときだけだ。信頼《トラスト》があれば、リスクを負うことができ、イノベーションが可能になり、進歩《プログレス》がもたらされる。つまりTRIPができる。だが信頼をそこなう過ちを発見してしまったら、リーダーはどうすればいいか？　選択肢はふたつしかない。過ちを放置して、それによる弊害を受け入れるか、面倒なことになろうとも必要な手段をとり、過ちを修正するかだ。ウィンの場合でいえば、逆転した不公正な報酬体系をそのままにするか、ディーラーの意欲をそぐことになっても、不信感をはっきり示して賃金体系を改定するかのどちらかだ。「最悪のシナリオでした」とウィンは言った。「何か月も考えましたが、でも結局、変えざるをえなかった。従業員の収入を減らすはめになったのは初めてで、断腸の思いでした」

どんなにつらくても、厄介でも、本物のリーダーは現実に正面から向きあわなければならない。ウィンは一対一の面談をいくつも重ねて、ディーラーたちに告げた。進んで重い責任を受け入れた人の報酬が増えるように、チップの分配方法を見直している、と。「『私は過ちをおかした。全従業員の待遇を公正にするのが私の務めで、一部の人たちが不利な立場に置かれている以上、改革に着手するしかない』とディーラーたちに話したのです。そしてこう続けました。『私は全従業員、全ディーラーと会ってこの話をするつもりだ。なぜなら今も今後もずっと、私の判断の根拠となる考えを、一人ひとりに説明する義務があるからだ。その人の人生に影響をあたえるような決定であればなおさらだ』」

ウィンが透明性をもって接したにもかかわらず、ディーラーたちは予想どおり憤慨した。何度も話しあいの場が設けられたが、それでも何人かは地方裁判所に訴訟を起こし、労働委員会に届け出た。それらの訴訟は最終的には却下されたが、激しい裁判闘争を繰り広げたことに変わりはない。にもかかわらずウィンは、ディーラーたちに対して驚くべき行動に出た。

「私を訴えた人たちをコーヒーに誘い、正しいと思うことのために立ちあがったあなたたちを尊敬していると伝えたのです。恨んでなどいない。それどころか正しいと思ったことを推し進め、裏で不満を言うだけでなく、勇気を出して立ちあがったことは少しもまちがっていない、と。今は、すべてのディーラーと順に会っているところです。彼らは私のやり方に同意していなくても、お客様のいるカジノのフロアにはけっしてその感情を持ちこまなかった。それをどんなに誇りに思っているか伝えたいのです」

ウィンのような地位にある人なら、問題が見つかっても、自らが措置を講ずるのを避ける方法はいくらでもある。実際、悪いニュースは組織の上層部からのメモやeメール、または代理人から知らされることが多い。だがウィンは、問題に真正面から対処する道を選んだ。彼はその理由をこう述べた。「自社の長期的利益のためにくだした決定でも、まちがうことはあります。それがいきなり発覚したり、恥をかいて屈辱を味わい、大失敗に終わることだってある。しかし、それは断じて長期的視野での決定を避ける理由にはならない。リーダーシップの核心にあるのは、そういう姿勢でしょう」

ウィン・ラスベガスのような高層建築を、もろい土台の上に建てれば大変なことになる。もっと始末が悪いのは、固い気がする土台の上に建てることだ。月の表面が岩なのか粉末なのかを知らなければ、「静かの海」にロケットを着陸させることはできなかった。リーダーは知る必要がある現実を、ありのままに、つぶさに見る必要がある。どれが固くて、どれが固くないか。どれが機能し、どれが機能不全か。厳密であればあるほど、よりよい未来を追求できる。

リーダーは、タマネギの皮をはぐようにして真実にたどり着く。その真実がどんなに厄介だろうが、儚かろうが関係ない。厳しい問いを投げかけ、アイデアを十分検討し、問題が起きたら立ち向かい、真実を突き止める――それが健全なリーダーの姿だ。あなたも悪いニュースを受け止め、何が壊れているか、何がぐらついているかを理解し、砂上の楼閣のように不安定なのはどこか、未来の難題はどこに潜んでいるかを把握しなければならない。ビジョンを実現するためには、見えるものすべてを見る。恐れてはならないのだ。

⑫自分の性質をよく省みる

たいていの人は、調和、シンプル、総合、一貫性といった状態を願うが、それらが常に満たされている場所などどこにもない。山に住む心静かな修道僧でさえ、ときにはまともな食事を確保するのに苦労するように、いくら心が平静でも、欲しいものが手に入らないことはある。この世界は対立に満ち、複雑なことや曖昧なことに満ちている。そのようななかでもHOWを正せるようになるためには、HOWに焦点をあてて行動することを心地よく感じるすべを学ばなければならない。自己統治とは、自分の性質を省みることをも意味するのだ。

美徳は悪徳と紙一重だ。弁護士は議論する訓練を受け、言い負けないようになる。だが議論に勝つような人は、人間関係で問題に直面しやすい。人間関係は勝ち負けではないからだ。人とのシナプスを大切にする弁護士なら、HOWのレンズを通してこう省みてしかるべきだ。自分はしゃべりすぎていないか？　相手の話を聞いているか？　議論をふっかけすぎていないか？　心をこめて主張しているか？　相手の心を引きこめているか？　ウェーブは起きているか？　あの人たちは鼓舞されたから立ちあがっているのか、それとも私が彼らを動機づけしたから立ちあがっているのか？……。私たちはこのように美徳と悪徳についてじっくり考え、自分なりの真実に忠実でなければならない。

「ファイザーのCEOになってまもなくのことです」とジェフ・キンドラーは話してくれた。「一〇万人以上の従業員が見る社内ビデオのためにインタビューを受けた私は、会社の改革について訊かれて、こんなふうに答えました。『ファイザーには大きな改革が必要かもしれない。改革するためには、多くのアクションを起こす必要がある』。そして曖昧な用語《バズワード》や企業用語を連発しては、抽象的な話を続けました。でも、ふと気がついたのです。こんな話じゃだめだ、と。それで話すのを中断して言いました。『ちょっと待ってください。訂正します。もっとはっきり言いましょう。経費節減をしなくてはならない、一時解雇もあるでしょう。仕事を失う人も出てくることになるでしょう』」

これは、キンドラーにとって初めての、従業員との重要なコミュニケーションだった。自分がどんなリーダーになるつもりかを示す最初の一歩でもあった。ビデオとはいえ、一〇万人の前で無防備になったキンドラーは、瞬時に省みた。おかげで、会社の改革の針路を定めることができた。「厳しい言葉でした」と彼は認めた。「しかし、現実に即していたし、業界用語でたわごとを並べているだけではない私を見て、それなりに尊重してくれたと思います。あのとき以来、ファイザーの経営陣は率直に話す人を評価するとか、CEOは直視すべき問題を認識しているといった言葉を聞くようになりました[*16]」

内省は自己変革の旅路を照らし、苦闘のCの谷と楽しいAの山の両方に導いてくれる。自己を統治するとは、日々、自分を磨き、改善しようと努めることだ。内省すれば、修道僧のように完璧ではなくとも、自分自身の向上につながっていく。キンドラーのように、行動しながら正しいHOWを見出す能力も発達していく。

内省が足りない人は、表面的で頑なになりがちだ。それでも多くの議論に勝ち、人々を動機づけし、なにがしかの成功をおさめることはあるかもしれない。だが、そのようなやり方では、いずれリーダーとしての限界を悟ることになるだろう。

⑬引き返せない地点に行く

まだ子どものあなたが、プールの飛びこみ台に上がって、その先端に立ったところを想像してほしい。眼下では、調子づいた友人たちが「飛びこめ！」と大声で騒いでいる。あなたは追い立てられ、さらにじりじりと端まで進み、こわごわ下を見る。そしてその瞬間、たぶん人生で初めて、わざわざ引き返せないところに自分を追いこんだことに気づく。もし飛び降りずにへっぴり腰で戻っていったら、友人たちから嫌なあだ名ではやし立てられるに決まっている。でも、飛びこんだら死んでしまうのではないか。胸が激しくどきどきして人心地もない。

友人のなかには、見事に飛び降りた子もいれば、一度は這いつくばって戻ってきたけれど、日を改めて挑戦して成功した子もいる。そして、まだ飛びこめない子も。いずれにせよ、それは未知の世界への探検だ。新しくリスクを伴う、ひょっとすると恐ろしい場所に行くことを意味する探検。家の裏の丘より遠くに行かない子は、けっして月に着陸することはできない。より輝く未来を実現したいなら、行ったことのない場所、引き返せない地点まで行かなくてはならない。

引き返せない地点まで行くと、人は自分の限界を超え、新しい可能性を切り開く。ひとつ何かにチャレンジするたびに、あなたの能力は向上していく。先週は恥ずかしくて訊けなかったことを、今週は思い切って質問できる。一歩を踏み出せば、Cの谷で苦労することになるのは承知している。だが、進まなければ、ちっぽけな道から離れられないのだ。

⑭情熱的に、⑮楽観的に

ＬＲＮの本社は、ロサンゼルスの太平洋岸から数キロのところにある。私は一九九四年の創立以来、できるかぎり有能な人材をここに迎え入れようと熱心に取り組んできた。あるとき、ほかの街に住んでいる候補者たちとの面接で、彼らの街とロサンゼルスとではどっちがいいかという話になった。結論は、「どっちもいい」だった。「彼らの」街にはすばらしい文化があるが、「私の」街にもすばらしい文化がある。「彼らの」街にはいいレストランがあるが、「私の」街にもいいレストランがある。そこで最後に、私は切り札を出した。「どちらの街もすばらしい。しかし私の街には輝く太陽がある。太陽はあらゆるものを通り抜けて輝き、すべてのものをよりよくする唯一のものだ。そのおかげで私たちはパワーアップできる」

ビジネスにおいて太陽の光にあたるのは、情熱だ。情熱は、太陽のようにすべてを貫いて輝き、すべてをよりよくしていく。情熱があれば、目覚めの一杯がグローバル企業に発展する。スターバックスの会長ハワード・シュルツは、一杯のおいしいコーヒーをいれつつ、従業員、顧客、サプライヤーのために威厳と敬意に満ちた職場を築くことにも情熱を注ぐ。彼の情熱は、会社にも店舗にもコーヒー豆を炒る香りのように漂い、その香りに気づく者全員を鼓舞する。そしてそれが、大きな違いを生み出していく。

シュルツはビジネス・ウィーク誌に、「問題は、自分のすることに大きな愛情や情熱があるのか否かです」と語っている。「私は相手がバリスタであれ、顧客であれ、投資者であれ、わが社とそのミッション、価値観について、自分たちの考えをはっきり伝える。市場での競争力をもたらすもの、それは一丸となった情熱です。ここでは誰もが自分の仕事を愛し、よりよくしようと鼓舞しあっています。共通の目標のもとに情熱を共有する人たちとともにいると、想像を超えたことをも成し遂げられるのです[*17]」

「情熱がすべてです」と言ったのは、スティーブ・ウィンだ。「自分の行動を振り返って深く考え抜いていると、どこからともなく情熱が湧いてきます。その情熱は、驚くべきエネルギーを解き放ち、高い見識や、顧客や従業員への深い理解を可能にする。そして楽しくて豊かで、自己を満足させる和音を奏でます。それが共鳴を呼ぶのです。共鳴したあなたは狩りに出る。もう、疲れを感じることはないし、働いているとも考えない。これをやり遂げるのは意義あるすばらしいこと、という想いでただ夢中になって、いてもたってもいられなくなる。情熱とはそういうものです」

あなたの情熱は、いろいろなかたちで表現できる。情熱をこめてeメールを書くこともできるし、情熱的に話すこともできる。情熱をこめて集計表《スプレッドシート》を作成することだってできる。情熱は、あらゆることをぐっと引き立てるスパイスだ。それは連帯やコミュニケーションを促進する。あなたは情熱のない主張に心を動かされたことがあるだろうか？　情熱は太陽であり、リーダーは情熱的である。

「ふたりのランナーがいるとしましょう」とマッシモ・フェラガモは私に語ってくれた。「ひとりはすばらしい体格のランナーで、もうひとりはたぎる情熱を秘めたランナーです。勝つのはたぶん後者でしょう。彼はきっと、命にかえても勝とうとする。情熱をもって働くと、信じられないほどの力を生みます。やる気や情熱のある人は、ほかの人の三倍は仕事をする。三倍といっても、仕事の量のことではありませんよ。肝心なのは、彼らが人々を引き寄せるということです。彼らには追随者《フォロワー》ができる。ぐいぐい進んでリードし、他の人よりずっと実り多い仕事を成し遂げるのです[*18]」

そしてもうひとつ、情熱とともに忘れてはならないのが楽観性だ。もしアメリカ合衆国がロケットの打ち上げに悲観的だったら、一〇年もかけて月面着陸に挑戦しただろうか？「私は楽観主義者だ」と言ったのは、かのサー・ウィンストン・チャーチルだ。「そうでなかったら、たいして役に立たない男だろうから」[*19]。自己統治できる人は、月に着陸しなかったらなどとは考えない。ただひたすら、どのように着陸するかを思い描く。彼らはいつもポジティブかつ情熱的なエネルギーの持ち主なのだ。

楽観性にはまた、無限の信念というパワーも潜んでいる。悲観主義者は限られた信念しか抱けない。たいていの人は、何か大きなことに立ち向かうたびに、失敗するのではないかと恐れる。その恐れは頭に忍びこみ、こびりついて、摩擦や不協和を生じさせ、信念に満ちていれば解き放つはずの驚異的なパワーを押し殺してしまう。

そんな恐怖を乗り越え、勇気を出して引き返せない地点まで進み、人生の新たなステージに踏みこむ唯一の方法は、楽観的に大きくかまえ、よくない可能性をあれこれ考えないことだ。「常に楽観的であれば、力は何倍にもなる」と、元米国統合参謀本部議長のコリン・パウエルは言った[*20]。ヘレン・ケラーは視力を失っても、視力以上のビジョンを持っていた。「悲観主義者が星の神秘を発見したり、未知の国へ航海したり、人間の心のなかにあるすばらしい一面を見出したりしたことはありません」[*21]

⑯意義を追求する

ビル・ゲイツは高校時代に友人たちと、自分たちの考えている未来がいかにすごいかについてよく語りあったという。「僕たちにわかっていることが、他人にはわからない。それが信じられなかった」。ビル・ゲイツは最近のテレビのインタビューでそう語っている。「パーソナルコンピュータが世界を変える、ということがです」。ゲイツとポール・アレンがＩＢＭと運命的な出会いをし、オペレーティングシステム（ＯＳ）があるだけで世界を変えられると気づくよりずっと前の話だ。

人は、重要な使命がなければ、鼓舞されたり情熱を燃やしたりはしない。リーダーは自分の考えを信じる。リーダーは、月に着陸することが、会社の利益になるだけでなく人類のためにもなると信じている。

リーダーは、自分を煉瓦積み職人ではなく大聖堂の建設者だと考える。個人でも組織でも、そこに重要で価値ある使命があれば、人はその使命に鼓舞され、情熱を注ぐ。ありふれたものを追求しても、永遠のパワーはけっして生まれない。価値ある使命が情熱と楽観性をもたらし、その情熱と楽観性こそが、あなたを卓越した事業に向かわせるのだ。

とはいえ、あなたの意義は、人生の時期によって違ってくるはずだ。たとえば若いときは、生活が安定している年長者に比べて、コミュニティに何かを還元するために費やせる時間も資源も少ない。また、ビジネスで成功した人は、成果を積みあげることだけに人生の意義を感じ、還元には無関心かもしれない。だが、私がここで述べている意義の追求とは、他者に奉仕しようとすることであり、人生のあらゆる段階において生活の質を少しでもよくしようとすることを意味する。事業で大成功している者であっても、常に自身の努力を他者への奉仕というより高い基準に照らして評価しなくてはならない。

そのように自己から他者へと思考を切り換え、よりよい世界のためにつくすことを思い描いていると、あなたは日常を超え、途方もない、並はずれたものへと導かれるようになる。つまり、意義を追

全員がリーダーだ

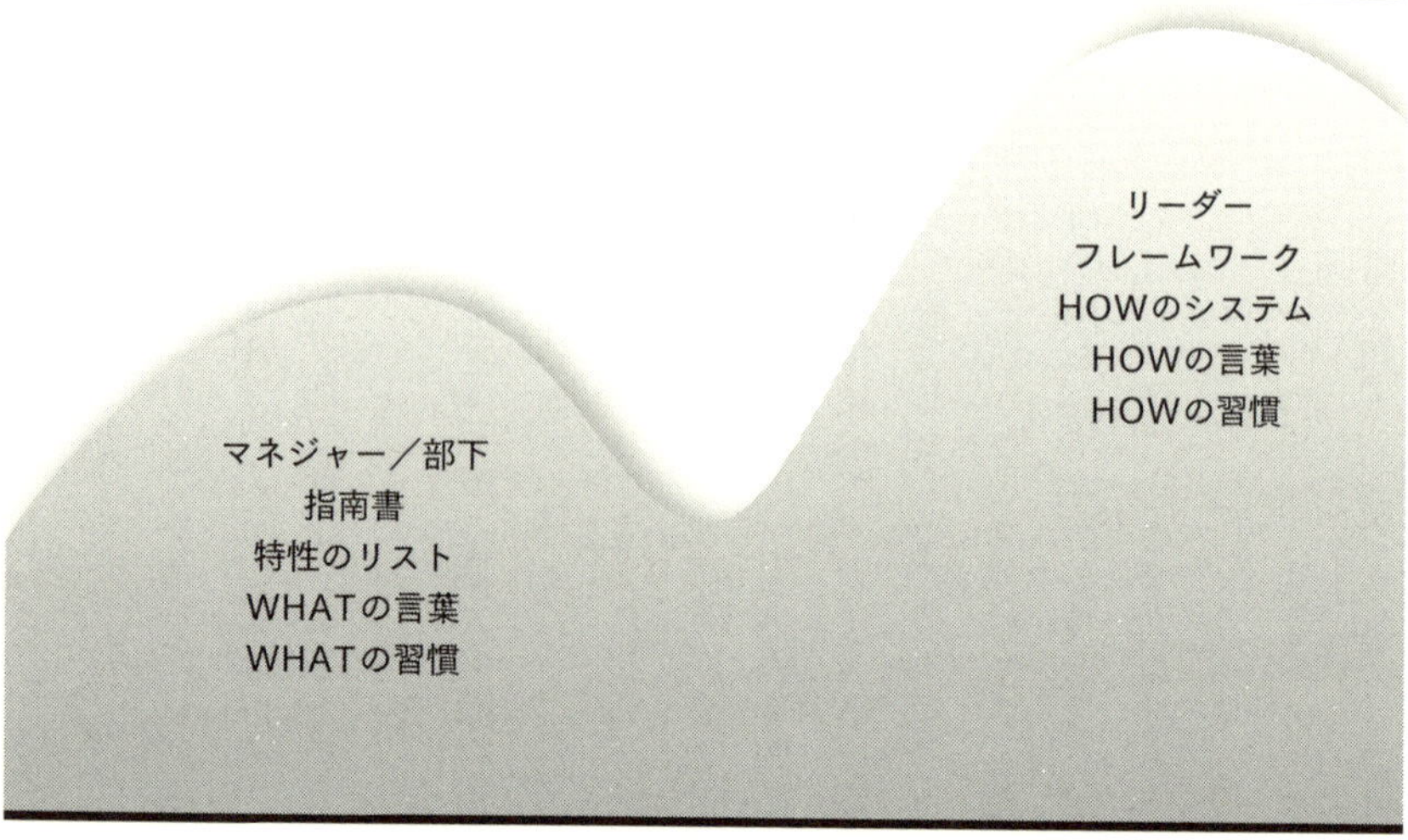

求できて初めて、本当の成功を遂げられるのだ。

新たな一周へ

さて、私たちはＨＯＷのレンズを一周し、スタート地点に戻ってきた。ここからは、意義を追求してよりよい未来を描く新たな一周が始まる。

船の六分儀が星をとらえるように、リーダーシップ・フレームワークはＨＯＷの世界の航行に役に立つ。あなたの努力と視点をここで述べてきた事柄に向ければ、周囲は信頼、連帯、透明性、情熱といったシナプスで満たされるようになる。

あなたの起こすウェーブは、最初は小さいかもしれない。だが、その効果はすぐに現れ、長く続くはずだ。リーダーシップ・フレームワークは、単なるものの見方ではない。それは、物事の理解を深める思考の土台であり、価値観を拠りどころに世界をとらえる力を得るための憲法だ。底流には自己統治の精神が横たわっている。

この本は、クレイジー・ジョージ・ヘンダーソンが起こした最初のウェーブの話から始まった。ページを戻して、ジョージの運命の日を読みなおしてみれば、彼が無意識のうちに、今のあなたと同じくらい、ＨＯＷの世界の考え方やリーダーシップのあり方に気づいていたことがわかるはずだ。ジョージは自分の目標を達成するためのＨＯＷがわかっていた。彼のやり方は強力で、理にかなっていて、自立していて、大きな意義があった。

ここで再びその話をしてもいいが、プロローグに戻ってもう一度読んでもらうほうがよさそうだ。あらゆるものは、どこかで終わる運命だから——。

あとがきにかえて

他人の知識で博識になることはできても、他人の知恵で賢くはなれない。
――ミシェル・ド・モンテーニュ（哲学者）

およそ飲食に関わる経営者なら、サービスというものはわかっているだろう。だが、ニューヨーク市にあるアメリカ有数の人気レストラン、ユニオンスクエア・カフェの創業者ダニー・マイヤーは、さらにその先を行っている。

彼は著書『おもてなしの天才』（ダイヤモンド社）で「私たちはまったく新しいビジネスの時代にいる」と述べる。「今はホスピタリティ経済であって、もはやサービスの時代ではないと私は確信している。製品がすぐれているとか、約束を果たすというだけでは、あなたのビジネスを際立たせるのに十分ではない。あなたと同じくらいうまくできる、あるいはうまくつくれる者は必ず出てくる。あなたを際立たせるのは、あなたの製品を使っている顧客にどう感じてもらうかだ……サービスは独り言であり、その水準は私たちが決める。これに対して、もてなし《ホスピタリティ》は対話であり、顧客のニーズに耳を傾け、それを満たす。すばらしいサービスとホスピタリティがそろって初めて、トップに立つことができるのだ*1」

「ホスピタリティ」「顧客がどう感じるか」、こうした考え方はＨＯＷの世界のあらゆるビジネスにもあてはまる。

対話型の社会では、二度めのベルで電話をとったり笑顔を絶やさずにいるだけではだめだ。世界は、サービスのさらに奥にあるものを、企業が取引相手といかに向きあい、交流するかを見ている。重要なのは体験だ。顧客体験《カスタマーエクスペリエンス》だけではない。サプライヤー、従業員、同僚、ベンダー、競合業者、規制当局、メディア……、つまり日々の仕事で出会うすべての人との体験だ。そのどれもが大きな差別化の要因になっていく。

ジム・コリンズとジェリー・Ｉ・ポラスは『ビジョナリー・カンパニー』で、「ビジョナリー・カンパニーの基本理念《コア・イデオロギー》」なるものを紹介している。*2 ふたりの定義によると、基本理念とは「その企業の内部にあり（傍点原著者）、人々に指針と活力を与えるもの」だ。彼らのリストからいくつかの実例を挙げてみよう。

●３Ｍ：イノベーション。寛容。
●アメリカン・エクスプレス：英雄的な顧客サービス
●シティコープ：拡張主義。最先端に位置すること。積極性。自信
●フィリップモリス：勝利
●Ｐ＆Ｇ：不断の自己改善
●メルク：卓越性

いずれも名の知れた一流企業で、それぞれに成功と実績の長い歴史がある。しかし、世界はその後大きく変化した。コリンズとポラスによるこの本は、当時きわめて革新的だった。私自身、その教えの多くを参考にしてＬＲＮを築いた。今も先見性があり、そのアプローチは基本的に正しい。だが、私たちは成功している企業の核《コア》にあるものを、以前より深く見抜けるようになっているのも事実だ。

ＨＯＷのレンズを通して見ればわかるように、今日ではコリンズとポラスが「基本理念《コア》」とみなしたものだけでは、十分とは言えない。たぶんあなたは、ここにある多くをなすことはできない。指針にもならないし、何より鼓舞されないのではないか。なぜか？　これらはすべて、ＨＯＷの革新によって得られるものだからだ。

自己改善をなすことはできないが、eメールや会話、ミーティングやタスクに対して常にリーダーとして考えて行動すれば、結果として改善されるだろう。寛容をなすことはできなくても、あらゆる交流で相手とのあいだを信頼で埋めるよう努めれば、寛容になるだろうし、多くのものも得られるだろう。卓越性や勝利をなすことはできないが、核となる価値観を信じ、あらゆる活動でその価値観を表現しつづければ、人々に卓越したものを提供し、勝利するようになるだろう。

その実例を、あなたも見たことがあるはずだ。たとえば企業の人事で言えば、従業員の維持《リテンション》をなすことはできないと知られて久しい。従業員が残るか去るかは、その仕事に鼓舞される度合い、報酬、充実感に左右される。また、品質向上をめざす運動で明らかになったように、品質をなすことはできない。品質は、製造過程における非効率の撤廃に取り組むことで得るのだ。

体験も同じだ。人は体験をなすことはできない。最高の体験は最高の交流から生まれ、最高の交流はＨＯＷを正すことから生まれる。そう、周囲のすべての人と強いシナプスを築き、彼らを鼓舞する

さあ、HOWの旅の始まりだ

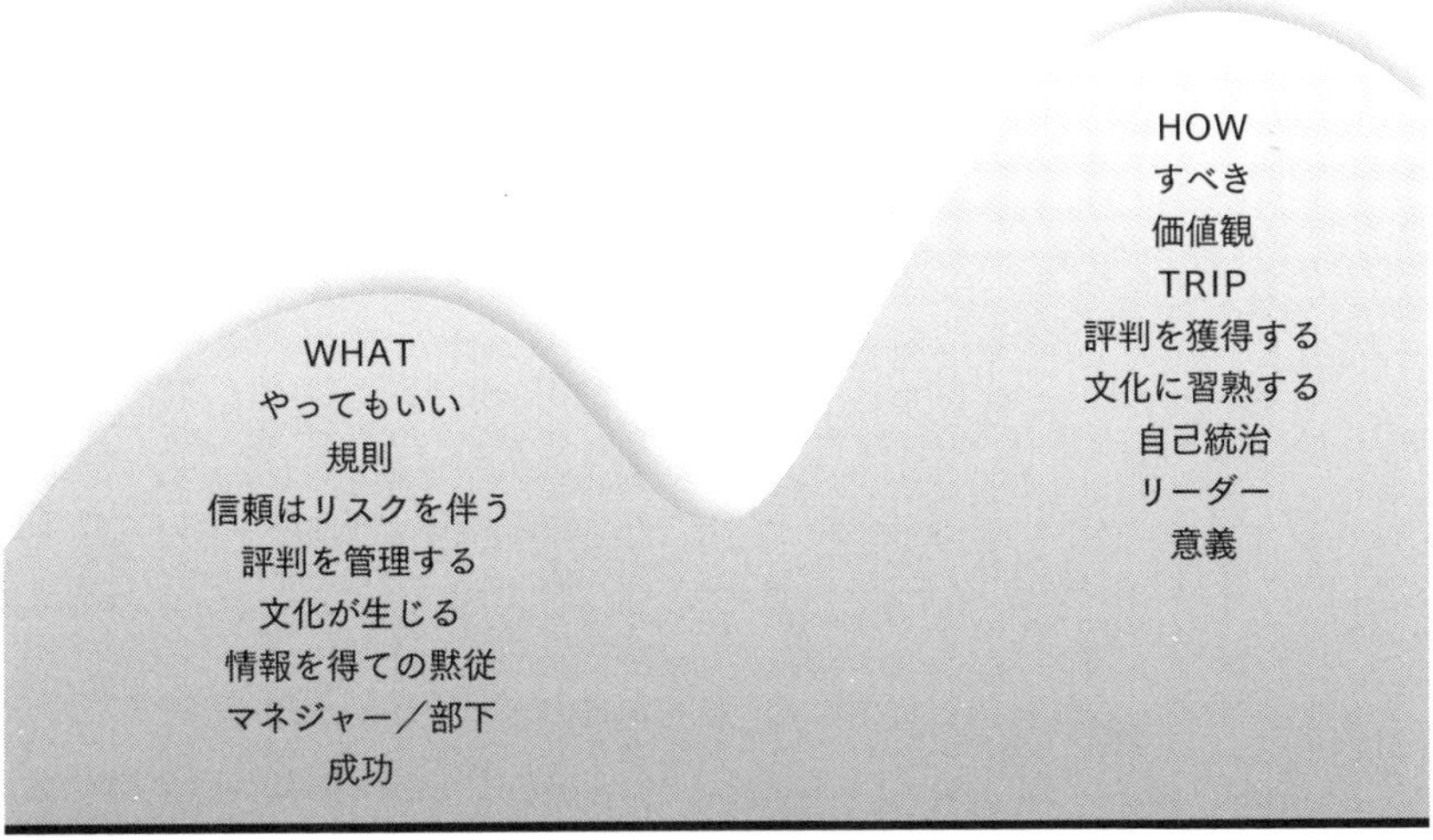

ことから生まれるのだ。
今日、ビジネスは大きな転換点にある。

- ブランド認知からブランドの約束へ
- 顧客サービスから顧客体験《カスタマーエクスペリエンス》へ
- 評判を管理することから、評判を得て企業価値を高めることへ

大きな転換は、HOWを正すときに生じる。イギリスの哲学者ヘンリー・シジウィックは、「幸福は直接追い求めると手に入りにくいが、より高い次元の、より有意義な目的を追求すれば得られる」と言っている。[*3] コリンズとポラスの基本理念は、利益を直接つかむべく、TRIPのうちの「IP」（イノベーションと進歩）だけにねらいを定め、そこに到るために必要なものは捨象している。だが、イノベーションや進歩、勝利を本当に手にしたいなら、幸福と同じように、そこに導いてくれる価値観を追求するのがいちばん確実だ。信頼、正直、誠実、一貫

性、透明性……。こうした価値観は人々を鼓舞する。それは、理念よりも深く、力強い。

ところで、成功とは何を尺度にしてはかられるのだろう？　財産や資産の額？　勝ち取った賞の数？　仲間から受ける敬意の大きさ？　世界への貢献度？　家族や友人の愛の深さ？　所有しているものの数？　救った命の数？　たいていの人は、程度や規模の差はあれ、これらさまざまなものを織り交ぜて尺度にしているが、これをいったいどこまで積みあげれば、成功したと言えるのか？

本書の前半で私は、ＨＯＷの旅のパラドックスについて以下のように述べた。ときには新しい考え方や視点と格闘し、それを自分の内面に取りこんで「巧まざる巧み」にしなければならない。このときの格闘がしばしば、安易な知識と能力を超えるものをもたらすのだと。この本を読み終えたあなたも、きっとそんな経験をするだろう。本書は終わりに近づいても、ＨＯＷの旅は始まったばかりだ。

新たな道を歩きはじめたあなたに、私はつぎの言葉を贈ってこの本を締めくくりたい。

成功は、成功することを願って追い求めても手に入らない。だが、意義を追求していると向こうからやってくる。

367　あとがきにかえて

読み終えたあなたに

世界の動きは書物よりも速い。それゆえ私は本書の第一版を刊行後、あらゆる物事のＨＯＷをオンラインで対話すべく、www.HowsMatter.comを立ちあげた。以来、本書に登場したリーダーたちや、ＨＯＷを通じてウェーブを起こそうとしている多くの人々との対話が続いている。あなたもぜひ、オンラインでご参加いただきたい。

このオンラインでは、本書で紹介したリーダーシップ・フレームワークの図のダウンロード可能なカラーバージョンや、インタラクティブなＨＯＷ講習、本書の説を補完する詳細な研究データ、インタビュー、ビデオ、記事その他を提供していく。そのどれもが、あなたのＨＯＷを深めるのに役立つだろう。

http://www.HowIsTheAnswer.com/でお会いしましょう。

謝辞

本を書くことは、私が過去に経験したどれとも異なる旅だったが、旅の仲間の愛、サポート、励まし、フィードバック、そして飽くなき努力なしには成立しなかったという意味では、どの旅とも同じだった。いずれ一人ひとりに直接お会いし、心からの感謝を伝えるつもりだが、まずはこの場を借りてお礼を申しあげたい。

ジョニ・エバンズ。元ウィリアム・モリス・エージェンシーの私の代理人、現在は大切な友人。あなたは、私に本にするテーマがあり、それが人々の役に立つはずだという信念と自信をもたらしてくれた。あなたの継続的な助言と指導、多大な支援、熱意は、格別の励みとなった。あらゆる面で支えてくれたことに深く感謝する。世界にはあなたのような人物がもっと必要だ。

ジェニファー・ルドルフ・ウォルシュとジェイ・マンデル。本書のために情熱ある献身的姿勢を示してくれ、私がゴールにたどり着くのを見届けてくれた。あなたたちが味方でいてくれて私は幸運だ。

ジョン・ワイリー&サンズの担当編集者、パメラ・バン・ギーセン。あなたは私を信じてくれたのもさることながら、この本について私以上に意義のあるビジョンを描き、作業を進めながらかたちをつくり、私が脱線しないように気を配ってくれた。何より重要なのは、「安易に『倫理』という言葉で片づけたりしたら絶対に校正で手を入れます」と宣言してくれたことだ。おかげで私は倫理的な問題をより深く、より普遍的に考えざるをえなかった。あなたはビジョナリーだった。ジョン・ワイリー&サンズのチーム全員、とくにジェニファー・マクドナルド、ナンシー・ロスチャイルド、アリソン・バンバーガー、そして並はずれたメアリ・ダニエロにも、本書を書店に並べるための配慮と尽力に感謝したい。

ネルソン・ハンデルは終始、編集面でたぐい稀な貢献をしてくれた。おかげで話の進め方やアイデアをずいぶん改善できた。いっしょに頭をしぼって文章を練りあげたぶん、この本はずっとよくなった。あなたのように反論してくれる者はほかにいない。ありがとう。

これほど広い範囲を網羅しようとする書物は、臨機応変で熱心なリサーチャーのチームなくして実現しない。彼らのたゆみない調査によって、多くの宝が見つかり、話が光彩を放つようになった。ライザ・フォアマン、リサ・デリック、モーリーン・ブラッキー、ブライアン・ホン、そしてとりわけ細々と骨折ってくれたダイアン・ライト。全員の貢献に感謝している。編集を補助してくれたキャサリン・フレッドマンとマーク・エブナーにもお礼を申しあげたい。思慮に富む研究とサポートを提供してくれたアダム・タートルトーブにも。キャロライン・ヒールド、配慮の行き届いた力添えをありがとう。デイブ・ランバートセン、イラストレーションをありがとう。

エリック・ピンカートの非凡な知性と学識から恩恵を受けたのも幸運だった。本書がかたちになりはじめたときも、最後にかたちを保つ必要があったときも、あなたはなくてはならない存在だった。マーク・デトリック、ユニークな改善案をありがとう。ロブ・シェイベル、さまざまな協力をしてくれたうえに、本書の副題に結びついた提案もしてくれてありがとう。

アイデアは空白から生じるものではない。私は何年ものあいだ、多くのすぐれた思索家から触発されるという光栄に浴してきた。スティーブ・カー、あなたはその筆頭格だ。われわれは長年にわたる知の旅の仲間であり、私はあなたから強く影響されてきた。何かにゼロを掛けたらゼロになるとしたら、何かにあなたを掛けたら無限大に近くなる。あなたは新しいアイデアを生じさせ、花開かせる稀有な人物のひとりだ。この本を書くことになったとき、あなたは積極的な参加者となり、私の仕事を洗練させると同時に拡大してくれた。あなたを友人と呼べることを誇りに思う。

マーカス・バッキンガムにもお礼を言いたい。執筆しはじめたころに賢明な視点を示してくれ、フィニッシュに近づくと有益なフィードバックをしてくれた。何冊も本を書きあげた経験のあるきみは、この本の焦点がずれないよう手助けし、支援してくれた。

わが友トム・フリードマン、あなたはある日、コロラド州アスペンで私を座らせ、新米の著者が知るべきことを誰にも真似のできない方法で話してくれた。以来続いている対話にははかり知れない価値がある。私はなんという特権に恵まれているのだろう。われわれがゴンドラや斜面ですごす「アリストテレスの日々」にあっては、スキーリゾート、アスペンも様子がちがって見える。

マリー・ハイダリー。親密な友情を、とりわけこの本のテーマを私のなかに見出す旅につきあってくれてありがとう。HOWのレンズを通して見た人生の問題についてきみと会話を重ねることで、たくさんのことが明らかになった。

二〇年来の親友、ベン・シャーウッド。きみは本を執筆しながら本業を続ける模範として、私を鼓舞してくれた。ジョニに紹介してくれたのもきみだ。ひとりの友人にこれ以上を望めるだろうか？　すばらしい感受性と賢明なアドバイス、そして後戻りできないところまで背中を押してくれてありがとう。

偉大な恩師、デビッド・エレンソン先生。先生から学んだ多くの事柄のひとつに、ユダヤ教の律法集「ミシュナ」の一節がある。「自ら師を見つけ、自ら友を得よ」。デビッド、あなたを師《ラビ》と呼べて光栄です。親友と呼べて幸運です。HOWの問題についてあなたと重ねた有意義な話は、私の宝物だ。

本書で述べた考えについて話しあったすべての人に。企業の取締役やソートリーダー、現場のマネジャーや中間管理職、プロのチアリーダーに。原稿を読んで感想を聞かせてくれた人もいれば、インタビューを受けてくれた人もいた。全員がその見識と経験で私が考えをまとめる力になってくれた。たとえば、キブン・ベロウズ、ウィリアムズ・ブロイルズ・ジュニア、ルーベン・カスティリョ判事、ジャック・デイリー、キース・ダーシー、ポーラ・デジオ、デビッド・エレン、パティ・エリス、マッシモ・フェラガモ、ロジャー・ファイン、マイク・フリックラス、パット・ナゾ、デビッド・グリーンバーグ、ジョイ・グレガー、チャールズ・ハムデン－ターナー、パトリシア・ハーンド、ジョージ・ヘンダーソン、マイケル・ホフマン博士、リチャード・ジョイス博士、ジェフ・キンドラー、リッチ・コーン、マッツ・レーダーハウゼン、ダグ・ランクラー、トム・マコーミック、マイケル・モンツ、ポール・ロバート、アダム・ロスマン、ティモシー・シュルツ、ジム・スキナー、ジョー・スタラード、ロバート・スティール、パトリシア・スワン、ケリー・サルコウィッツ博士、デビッド・トムズ、クリス・ワイス、マリアン・ウィリアムソン、リンダ・ウォルフ、スティーブ・ウィン、そしてポール・ザック。全員の名前を思い出し、きちんとお礼を述べるのは不可能だ。何気ない会話や熱い議論を通じて、あるいは美味しいワインを飲みながら私の考えに寄与してくれた方々もいる。もしここであなたの名前が挙げられなかったとしても、力添えをいただいたことに私は感謝している。

哲学にもお礼を言いたい。哲学がなかったら、一冊の本をすみからすみまで読むことも、思想《アイデア》が世界を変えられると学ぶこともなかっただろう。お世話になった教授や恩師、忍耐強く愛情深い人々、言葉の奥にある深い思想を見抜けるようにしてくれたみなさんに感謝する。親愛なる友人、UCLAのハーブ・モリス教授には格別の謝意を。教授には人生を通じて、今なおひとかたならぬ指導と助力をいただいている。

本書で紹介したアイデアは、何よりもLRNの同僚たちとの体験から発展したものだ（わが社の会議室はすべて哲学者にちなんだ名前がついている）。LRNのチームの全員が過去一三年にわたり、ビジネスと人生双方に関する私の考えとアプローチに貢献してくれた。日々の面と向かっての交流なしに、本書が日の目を見ることはなかっただろう。ともに働き、そうすることで成長と学習の機会をあたえてくれた全員にお礼を言いたい。透明性と信頼のもと、アイデアを現実世界のHOWに転換してくれてありがとう。今日の私があるのは、あなたたちとの旅によるところが大きい。LRN取締役会の名高い新旧のメンバーにも感謝を表したい。ビル・ブラッドリー上院議員、レックス・ゴールディング、アラン・シルバーマン、アラン・スプーン、シェリ・ローゼンバーグ、ジョー・マンデル、そしてリー・フェルドマンは、本書と、わが社のミッションの関連性を信じてくれた。

LRNの顧客のみなさんにも心からの感謝を申しあげたい。長年にわたる優秀な人々との交流や協力を通じて、私は倫理、コンプライアンス、リーダーシップ、文化などに関する現実の問題を解決する機会を提供してもらった。その協力の成果が、本書全体にたわわに実っているのがおわかりいただけるだろう。

母、サイデル・シードマンは私の人生に価値観という基礎を築いてくれた。あなたは家という拠点《ホームベース》をあたえてくれた。そして、幾多の冒険を通じて広く危険に挑みつつも家をおろそかにしないという精神を授けてくれた。本能と直感の力を理解できるようにもしてくれた。何より、ほかの人が何を言おうと私のことを信じてくれた。愛しています。

きょうだいのアリとゴールディは、人生のさまざまなときをともにすごしてくれた。その結束と愛にありがとう。ふたりとも愛している。姪と甥のアレックスとギャビー、きみたちの快活さ、気概を見れば、わが一族のつぎの世代もＨＯＷを大切にするはずだとわかる。きみたちのおじでいられてうれしい。

父のアレックス・シードマンは記憶のなかに生きている。私に知識への愛を授け、家族やたくさんの人々の歴史から教訓を得られるように導いてくれた父。あなたがそそいでくれた無私の心は、今も私の生きる力になっています。

妻の両親、ユーリとビッキー・パラドは、もし私が義理の親を選べるとしても指名したくなる人たちだ。家族というものに対するあなたたちの感覚は私にとって大いなる恵みになっている。思いやりのあるサポート、ロシア療法をありがとう。ユーリ、この本を熟読して思考の流れを図にしてくれてありがとう。それから愛らしい義妹ミシェル、「善人が勝つ」模範となってくれてありがとう。

そして最後にわが妻マリア・シードマン。今回の旅のあいだずっと、きみは私の頭のなかのもうひとつの声だった。読んでは思案し、私を後押しし、旅を正す力になってくれた。あふれる愛情で絶えずエネルギーとサポートをもたらしてくれた。本書で述べたことはビジネスにとどまらず人生そのものにも通用することを教えてくれたのもきみだ。これほど真実のパートナーを私は知らない。愛している。

今、ここに座って振り返ってみて、私は断言できる。つらいこと、災いと思えたものも、じつは幸福だった。

かつて私に、哲学でどうやって《ハゥ》生計を立てるつもりなのかと問うた人たちへ。本書がそのＨＯＷだ。

二〇〇七年四月

ダヴ・シードマン

増補版のための謝辞

本書の第一版が出版されたあと、私はここに記した考え方を通じて世界中の人々とつながる旅に乗り出した。当時から私は、この本はこれで終わるのではなく、変化する世界にその原則をあてはめながら、さらに進化していくと考えていたが、たしかにそのとおりになった。それは今も続いている。第一版の「謝辞」で名前を挙げた人たちは、刊行後もずっと応援してくれた。改めて、みなさんにお礼を申しあげたい。ほかにも多くの人、とくに読者、協力者、友人——きちんと個別にお礼を言えないほど多くの方々——が、HOWの哲学を洗練させ、広めようという私の想いを手助けし、支援してくださった。みなさんの一人ひとりに感謝している。

この増補版でも、編集で貢献してくれたエリック・クレルとリチャード・マーフィや、親切に意見を聞かせてくれた方々にお礼を申しあげたい。まずは同僚のケイティ・ブレナンに。ケイティ、きみにはとくに感謝している。HOWのウェーブを広げるべく、じつに熱心に協力してくれた。ありがとう。きみの名前がKで始まっているのは偶然ではない。クレイジー・ジョージ（Krazy George）と同じく、きみもまた〝クレイジー〟だからだ。

LRNの同僚たちとTRIPに乗り出し、ともに意義を追求することは、私に学びと成長、意味をもたらしつづける。「生きたHOW」への真剣な取り組みと、原則に基づくパフォーマンスで世界を鼓舞するという試みに協力してくれる同僚全員に感謝してやまない。LRNの代表として、LRNのパートナーたちにもお礼を申しあげたい。われわれと協力することで、持続可能すぎてつぶれない事業を築けるのだと確信してくださって感謝している。

ビル・クリントン元大統領が、増補版に序文を寄せてくださったのはたいへんな名誉であり、光栄だった。あなたのリーダーシップと数々の手本、とくにクリントン・グローバル・イニシアティブ（ＣＧＩ）の活動は、私のインスピレーションの源であり、「相互依存の世界にあって持続可能な繁栄を創出する」という課題に集団で対応できるという証拠にもなっている。ＣＧＩがＨＯＷの問題に答えることにフォーカスしたおかげで、ＣＧＩの多くのメンバーと特別な絆を築くこともできた。その多様な取り組みに関われて心から感謝している。とくにＣＧＩの誠実な大使であるボブ・ハリソンとクリスティーナ・サスには謝意を表したい。

妻マリア、本書はきみに捧げられている。ＨＯＷの旅への愛情のこもったサポートをありがとう。人生という旅をともに歩んでくれることに何よりも感謝している。ときに人生をほろ苦くするものもいっしょに受け止めてくれるのだからなおさらだ。

第一版の刊行から数か月後、私は愛する母を失った。この本は母にも捧げられている。もっとも、母は今でも愛情に満ちた記憶のなかに生きている。それに数か月後、マリアと私のあいだには息子レブ・トーブが生まれた。

息子の名前は母にちなんでいて私たちはいい名前をつけたと思っているが、いい名前《グッド・ネーム》を持っているだけでは十分ではない。この行動の時代には、名声《グッド・ネーム》を獲得しなくては。息子の行儀については、今のところは強制とモチベーション、そして多少の賄賂がいちばん効果がある。だが成長するにつれ、私たちに触発されて、普遍的な価値観に基づいた生き方をしてくれるようになるのが私にとって最大の願いだ。意義を追求してくれるようになったらもっとうれしい。レブ、きみが名声を獲得できるよう手助けするのが父親の特権だ。きみのおかげで私は、自分のＨＯＷはまず家庭で正し、それからあらゆる行動で正すようになった。ＨＯＷが大事だという確信、世界をもっとよい場所にするという誓いをより深めてくれてありがとう。

二〇一一年七月

ダヴ・シードマン

原注

本書を手にしたみなさんへ

1 Norimitsu Onishi, "Making Honesty a Policy in Indonesia Cafes," *New York Times*, June 15, 2009.
2 Stephen Linaweaver, Michael Keating, and Brad Bate, "Conspicuous, but Not Consuming," *Good*, June 20, 2009.
3 AFP profile of Vicente del Bosque, 2010.（ＡＦＰ通信によるビセンテ・デル・ボスケのプロフィール、２０１０）
4 Michael Eisen, "A New Look: Head Coach Tom Coughlin Has Changed His Ways in 2008," Giants.com, January 30, 2008.

序章　ウェーブを起こした男

1 George M. Henderson, interview, 2005.
2 I. Farkas et al., "Mexican Waves in an Excitable Medium," *Nature* 419 (September 12, 2002).
3 同上。

第Ⅰ部　ＷＨＡＴとＨＯＷはどう違うか

1 J. Madeleine Nash, "Fertile Minds," *Time*, February 3, 1997.
2 Netscape, "Netscape Communications Offers New Network Navigator Free on the Internet," news release, October 13, 1994.

1章

1 "Revision Summaries: The Hundred Years' War—1337–1453," Arnold House School, www.arnoldhouse.co.uk/site/pub/Pupils/history/history_rs_100yearswar.html.
2 "The Queen at 80," CBC News, April 20, 2006.
3 Adam Smith, *The Wealth of Nations* (New York: Bantam Classics, 2003).（アダム・スミス『国富論①〜④』大河内一男監訳、玉野井芳郎、田添京二、大河内暁男訳、中央公論新社、２０１０）
4 Daniel Gross, "In Praise of Bubbles," *Wired*, February 2006.
5 "Google Company Overview," http://www.google.com/about/company/
6 *Thomas L. Friedman, The World Is Flat: A Brief History of the Twenty-First Century* (New York: Farrar Straus and Giroux, 2006).（トーマス・フリードマン『フラット化する世界：経済の大転換と人間の未来（上、中、下）』伏見威蕃訳、日

本経済新聞出版社、２０１０）
7 透明性と全面開示のために、本書に登場する企業の数社と私が長年にわたる協力および取引関係にあることをお知らせすべきだろう。私は各社とその活動の分析について公正かつ公平を期し、要点を説明するための引用やエピソードの選択に際しては事実に即すよう努めた。多くの点で、まさにこうした関係があったからこそ、多種多様なビジネス習慣をさらに深く見通し、そこで得た洞察とアクセスをあなたと、つまり読者と共有することができている。関係のある企業は以下のとおり。３Ｍ、アルトリア・グループ／クラフトフーヅ、シティグループ／シティコープ、コンピュータ・アソシエイツ（ＣＡ）ダウ・ケミカル、ｅＢａｙ、フォード・モーター、フォックス・エンターテイメント・グループ／フォックス・サーチライト・ピクチャーズ／マイスペース、ハリス・インタラクティブ／ワースリン・ワールドワイド、ジョンソン＆ジョンソン、ＪＰモルガン・チェース、ＭＣＩ／ワールドコム、三菱自動車工業、ニューヨーク・タイムズ、パラマウント・モーション・ピクチャーズ・グループ／パラマウント・スタジオ、ファイザー、フィリップモリスＵＳＡ、Ｐ＆Ｇ、東芝アメリカ、トヨタ・モーター・セールス・ＵＳＡ、トリビューン・カンパニー／ロサンゼルス・タイムズ、タイコ・インターナショナル、ユナイテッド・テクノロジーズ、バイアコム・インターナショナル、ウォルト・ディズニー・カンパニー、ウィン・ラスベガス。
8 Matthew Hamblen, "CA's Swainson Outlines Customer Advocate Cuts," *Computerworld*, November 16, 2005.

2章

1 David Hume, *A Treatise of Human Nature*, new ed. (New York: Oxford University Press, 2000; orig. pub. 1739–1740).（ヒューム『人性論』土岐邦夫、小西嘉四郎訳、中央公論新社、２０１０）
2 Terence H. Hull, *People, Population, and Policy in Indonesia* (Jakarta: Equinox Publishing, 2005).
3 Charles Hampden-Turner and Fons Trompenaars, *Building Cross-Culture Competence* (New York: John Wiley & Sons, 2001).
4 Charles Hampden-Turner, interview, 2006.
5 Peg McDonald, "Globalization—Business Opportunity and KM Challenge," *KM World*, February 1, 2001.
6 Jack M. Germain, "Online Consumers Window Shop More Than Impulse Buy," www.ecommercetimes.com/story/42761.html.
7 Lev Grossman and Hannah Beech, "Google under the Gun," *Time*, February 5, 2006.
8 Heather Landy, "RadioShack CEO Admits 'Misstatements,'" *Forth Worth Star-Telegram*, February 16, 2006.
9 "Veritas CFO Resigns over Falsified Resume," TheStreet.com,www.thestreet.com/story/10045724/1/veritas-cfo-resigns-over-falsified-resume.html
10 "Academic, Athletic Irregularities Force Resignation," ESPN, December 14, 2001.
11 Rob Wright, "A Monster.com of a Problem," *VARBusiness*, February 13, 2003.
12 *The New Oxford American Dictionary*, 2nd ed., s.v. "Google."

13 Madlen Read, "Should I Worry about Prospective Employers 'Googling' Me?," *Pittsburgh Post-Gazette*, March 5, 2005.
14 Lizette Alvarez, "(Name Here) Is a Liar and a Cheat," *New York Times*, February 16, 2006.
15 Peter Wallsten and Tom Hamburger, "Two Parties Far Apart in Turnout Tactics Too," *Los Angeles Times*, November 6, 2006.
16 "Anger Over Big Brother 'Racism,' " *BBC News*, January 16, 2007.
17 Landy, "RadioShack CEO."
18 Andrew Ross Sorkin, "An E-Mail Boast to Friends Puts Executive out of Work," *New York Times*, sec. C, May 22, 2001, late edition.
19 "The Wayback Machine," The Internet Archive, www.archive.org/web/web.php.
20 Mark Twain Quotations, Newspaper Collections, & Related Resources" (www.twainquotes.com/Lies.html)によれば、「この引用はマーク・トウェインの言葉とされているが、トウェインが考案したとは証明されていない。最初に述べたのはチャールズ・ハッドン・スパージョン（Charles Haddon Spurgeon, 1834–92）の可能性があり、彼はこれを一八五五年四月一日、日曜日の朝の説教で古いことわざだとしている。スパージョンはイギリスの著名な根本主義的バプテスト派の説教者だった。彼の言葉は以下のとおり。『真実が深靴を履いている間に嘘は世界を一周する』」
21 Eulynn Shiu and Amanda Lenhart, "How Americans Use Instant Mes saging" (Pew Internet & American Life Project, Washington, D.C., 2004).

3章

1 *Jerry Maguire*, DVD, directed by Cameron Crowe (Sony Pictures, 1996). (『ザ・エージェント』)
2 "All-Time Worldwide Boxoffice," Internet Movie Database, www.imdb.com/boxoffice/alltimegross?region=world-wide.
3 Harvey Araton, "Athletes Toe the Nike Line, but Students Apply Pressure," *New York Times*, November 22, 1997; Steven Greenhouse, "Nike Shoe Plant in Vietnam Is Called Unsafe for Workers," *New York Times*,, November 8, 1997.
4 Claudia H. Deutsch, "Take Your Best Shot: New Surveys Show That Big Business Has a P.R. Problem," *New York Times*, December 9, 2005, late edition (East Coast).
5 LRN/Wirthlin Worldwide, "Attitudes toward Ethical Behavior in Corporate America Still Suffer from a Gaping Divide among Executives and Rank-and-File Employees," November 18, 2003.
6 "The Joy of Postal Service Dress Regulations," *Morning Edition*, National Public Radio, November 13, 2006.
7 Jyoti Thottam, "Thank God It's Monday!," *Time*, January 17, 2005.
8 "Occupational Outlook Handbook—Engineers," United States Department of Labor, Bureau of Labor Statistics, August 4, 2006.
9 "The Story of Xerography," Xerox Corporation, www.xerox.com/downloads/usa/en/innovation/innovation_storyofxerography.pdf

10 “Playmakers Part II: Play-Doh,” Parents’ Choice Foundation, parents-choice.org/print_article.cfm?art_id=236&the_page=editorials
11 Henry Petroski, “Painful Design,” *American Scientist* 93, no. 2 (2005): 113.
12 Brad Stone and Robert Stein, “Is TiVo’s Time Up?,” *Newsweek*, March 20, 2006.
13 Steve Kerr, interview, 2005.
14 同右。
15 Mary J. Benner and Michael Tushman, “Process Management and Technological Innovation: A Longitudinal Study of the Photography and Paint Industries,” Johnson Graduate School, Cornell University, Ithaca, New York, 2002.
16 Barbara Ross et al., “The Great Tyco Robbery,” *New York Daily News*, September 12, 2002.
17 Steve Kerr, interview, 2005.
18 “Merriam-Webster’s Words of the Year 2005,” Merriam-Webster, www.merriam-webster.com/info/05words.htm

第II部　思考のＨＯＷ

1 Daisetz T. Suzuki, in *Zen in the Art of Archery* (New York: Vintage Books, 1981).
2 David Crystal and Nuala O’Sullivan, “First Steps on a Journey with Words,” *Guardian Weekly*, May 26, 2006.

４章

1 William Broyles Jr., *Cast Away* (New York: Newmarket Press, 2000).
2 ウィリアム・ブロイルズ・ジュニアから著者へのｅメールメッセージ、二〇〇六年。
3 このテーマに関する参考文献として、つぎのようなテキストを参照されたい。Michael S. Gazzaniga, *The Ethical Brain* (Washington, DC: Dana Press, 2005)（マイケル・S・ガザニガ『脳のなかの倫理：脳倫理学序説』梶山あゆみ訳、紀伊國屋書店、２００６）; Brain Research Bulletin 67 (2005); “Scientists Create ‘Trust Potion,’ ” BBC News, June 2, 2005.
4 Felix Warneken and Michael Tomasello, “Altruistic Helping in Human Infants and Young Chimpanzees,” *Science* 311 (2006): 1301–1303.
5 Erika Tyner Allen, “The Kennedy-Nixon Presidential Debates, 1960,” Museum of Broadcast Communications, www.museum.tv/archives/etv/K/htmlK/kennedy-nixon/kennedy-nixon.htm.
6 Earl Mazzo, “The Great Debates,” *The Great Debate and Beyond: The History of Televised Presidential Debates*¥, www.museum.tv/eotvsection.php?entrycode=kennedy-nixon
7 Peter Kirsch et al., “Oxytocin Modulates Neural Circuitry for Social Cognition and Fear in Humans,” *Journal of Neuroscience* 25, no. 49 (2005): 11489–11493.
8 Joyce Berg et al., “Trust, Reciprocity, and Social History,” *Games and Economic Behavior* 10, no. 1 (1995): 122–142.
9 *A Beautiful Mind*, DVD, directed by Ron Howard (Dreamworks SKG, 2001), based on Sylvia Nasar, *A Beautiful Mind*

(New York: Simon & Schuster, 1998).(『ビューティフル・マインド』/原作シルヴィア・ナサー『ビューティフル・マインド：天才数学者の絶望と奇跡』塩川優訳、新潮社、２００２)
10 "Nash Equilibrium," Wolfram MathWorld, http://mathworld.wolfram.com/NashEquilibrium.html.
11 Paul J. Zak, "Trust," *Journal of Financial Transformation* 7 (April, 2003): 20.
12 Paul J. Zak, interview, 2006.
13 同右。
14 Joseph Shepher, "Mate Selection among Second Generation Kibbutz Adolescents and Adults: Incest Avoidance and Negative Imprinting," *Archives of Sexual Behavior* 1, no. 4 (1971): 293–307.
15 Richard Joyce, The Evolution of Morality (Cambridge, MA: MIT Press, 2006).
16 Richard Joyce, interview, 2006.
17 Matthew D. Lieberman et al., "The Neural Correlates of Placebo Effects: A Disruption Account," *NeuroImage*22 (2004): 447–455.
18 Melanie Thernstrom, "My Pain, My Brain," *New York Times Magazine*, May 14, 2006.

5章

1 Jim Saxton, "Individuals and the Compliance Costs of Taxation: A Joint Economic Committee Study," Joint Economic Committee, United States Congress (November 2005).
2 Daniel Gross, "Hummer vs. Prius," *Slate*, February 26, 2004.
3 "Young Canadians and the Voting Age: Should It Be Lowered?," Canadian Policy Research Networks, www.cprn.org/en/static/EN-diversity-voting.html
4 Jeffrey Hart, The Making of the American Conservative Mind: National Review and Its *Times* (Wilmington, DE: ISI Books, 2005).
5 "Organizational Guidelines," United States Sentencing Commission, www.ussc.gov/orgguide.htm.
6 Laurie Sullivan, "Compliance Spending to Reach $28 Billion by 2007," *Information Week*, March 2, 2006.
7 Michael Parsons and Jo Best, "EU Slaps Record Fine on Microsoft," *ZD-Net*, March 24, 2004.
8 Leo Durocher and Ed Linn, *Nice Guys Finish Last* (New York: Simon & Schuster, 1975).(レオ・ドローチャー、エド・リン『レオ・ドローチャー自伝：お人好しで野球に勝てるか！』宮川毅訳、ベースボール・マガジン社、１９７７)
9 Jim Puzzanghera, "HP's Dunn Details Role in Scandal," *Los Angeles Times*, September 28, 2006.
10 *Harper's Magazine*, sec. Readings, January 2007.
11 "Bhartrihari," *The Internet Encyclopedia of Philosophy*, www.iep.utm.edu/bhartrihari/
12 Michael Janofsky, "Olympics‥Coaches Concede That Steroids Fueled East Germany's Success in Swimming," *New York Times*, December 3, 1991.

13 Craig Lord, "Drug Claim Could Be a Bitter Pill," *Times Online*, March 2, 2005.
14 Daniel Eisenberg, "When Doctors Say, 'We're Sorry,' " *Time*, August 8, 2005.
15 "Drug Company to Pay for E. German Doping," *Science Daily*, December 21, 2006; "East German Doping Victims to Get Money," *MSN Money*, December 13, 2006; "Drug Firm Jenapharm Compensates Doped Athletes," *Deutsche Welle*, December 21, 2006.
16 "Strategic Principles," University of Michigan Hospitals and Health System, www.med.umich.edu/prmc/
17 University of Michigan Hospitals and Health System, "University of Michigan Hospitals and Health Centers Recognized as Top Performer in the 2006 UHC Quality and Accountability Ranking," news release, October 24, 2006.
18 "Levi Strauss & Co," www.levistrauss.com/careers/our-team
19 Boeing Company, "Boeing CEO Harry Stonecipher Resigns," news release, March 7, 2005.
20 Jim Skinner, interview, 2006.

6章

1 Mark Nessmith, "David Toms Bails on British Open," TravelGolf. com,www.travelgolf.com/blogs/mark.nessmith/2005/07/15/david_toms_bails_on_british_open_reeling.
2 David Toms, interview, 2006.
3 "Google Taps into Search Patterns," BBC News, December 22, 2005.
4 "Deja Two: Vinatieri, Patriots Do It Again," www.hoffco-inc.com/sb/gms/38-sum.html, February 1, 2004.
5 "CBS Dealt Record Fine over Janet," CBS News, September 22, 2004.
6 Julie Rawe, "Why Your Boss May Start Sweating the Small Stuff," *Time*, March 20, 2006.
7 P. C. Burns et al., "How Dangerous Is Driving with a Mobile Phone? Benchmarking the Impairment to Alcohol" (Transport Research Laboratory, Crowthorne, Berkshire, UK, September 2002).
8 Chris Weiss, interview, 2006.
9 Em Griffin, "Cognitive Dissonance Theory of Leon Festinger," in *A First Look at Communication Theory* (New York: McGraw-Hill, 1997).
10 "Emory Study Lights Up the Political Brain," Science Daily, January 31, 2006.
11 "Jean Piaget," GSI Teaching & Resource Center, University of California, Berkeley, http://gsi.berkeley.edu/teachingguide/theories/piaget.html
12 "Emory Study Lights Up the Political Brain," *Science Daily*, January 31, 2006.
13 James Atherton, "Resistance to Learning," www.learningandteaching.info/learning/resistan.htm.
14 David Sirota et al., "Why Your Employees Are Losing Motivation," Harvard Management Update, http://hbswk.hbs.edu/archive/5289.html.

15 John K. Borchardt, "Who Puts Bad Apples in the Barrel?," Today's Chemist at Work 10, no. 4 (2001): 33–34, 36.
16 同右。
17 Aaron J. Louis, "The Role of Cognitive Dissonance in Decision Making," www.yetiarts.com/aaron/science/cogdiss.shtml.

第三部　行動のＨＯＷ

1 Adam Rosman, interview, 2006.
2 David Ellen, interview, 2006.

7章

1 "*Bicycling* Magazine's Editor's Choice—New York 3000," Bicycling.com as quoted on Kryptonite.com.
2 Kryptonite, www.kryptonitelock.com.
3 Patricia Swann, "Internet Postings and Blogger Videos: Bic This!" (Association for Education in Journalism and Mass Communication, San Antonio, Texas, August 10, 2005).
4 同右。
5 Patricia Swann, interview, 2006.
6 Kevin Kelly, "Scan This Book!," *New York Times Magazine*, sec. 6, May 14, 2006, late edition.
7 "CNN Live Today," CNN, December 14, 2004.
8 同右。
9 Constance L. Hays, "Jurors Discuss the Verdict against Stewart," *New York Times*, March 7, 2004; Constance L. Hays and David Carr, "Before Facing Judge, Stewart Is Out and About," *New York Times*, July 15, 2004; "Stewart Convicted on All Charges," *CNN Money*, March 10, 2004.
10 "Hotel Queen Gets 4 Years: Judge Tells Leona Helmsley No One Is Above Law," *Orlando Sentinel*, December 13, 1989.
11 Marcy Gordon, "Fannie Mae Fined $400M for Bad Accounting," *Washington Post*, May 24, 2006.
12 Reuters, "US Blames Fannie Management," news release, May 23, 2006.
13 "The Mortgage Giant Fannie Mae Accused of Deception and Mismanagement," PBS, www.pbs.org/newshour/bb/business/jan-june06/fanniemae_05-23.html.
14 "LRN Ethics Study: The Effect of Ethics on Ability to Attract, Retain and Engage Employees," LRN. June 26, 2006.
15 James A. Brickley et al., "Business Ethics and Organizational Architecture" (Working Paper, University of Rochester, William E. Simon Graduate School of Business Administration, 2000).
16 Robin Johnson, "American Food Century, 1900–2000; Non-Food Product Jingles," www.geocities.com/foodedge/jingles6.html.

17 John Horn, "Spreading the Word," Entertainment News, *Los Angeles Times*, August 25, 2006.
18 同右。
19 Chris Gaither, "Where Everyone Is a Critic," *Los Angeles Times*, August 25, 2006.
20 Dave Scott, "Digital Revolution Changes News Business," *Akron Beacon Journal*, April 26, 2006.
21 "Word of Mouth 101: An Introduction to Word of Mouth Marketing," WOMMA, http://www.nick-rice.com/docs/Word_of_Mouth_101_WOMMA.pdf
22 "Types of Word of Mouth Marketing," WOMMA, http://ninedegreesbelowzero.files.wordpress.com/2010/10/word-of-mouth-101.pdf
23 "(Lack of) Trust in Mass Media News," WOMMA, http://ads.womma.org/2005/09/lack_of_trust_i.html.
24 Pete Blackshaw et al., "Measuring Word of Mouth" (lecture, Ad-Tech NY, New York, November 8, 2004).
25 "Wachovia Apologizes for Slavery Ties," *CNN Money*, June 2, 2005.
26 Wachovia Corporation, "Wachovia Completes Research," news release, 2005.
27 David Teather, "Bank Admits It Owned Slaves," *Guardian*, January 22, 2005.
28 "Apple's Special Committee Reports Findings of Stock Option Investigation," news release, October 4, 2006.
29 Chris Penttila, "My Bad!," *Entrepreneur* (March, 2005).
30 "Citigroup CEO Charles Prince Discusses the Future of Global Banking," Japan Society, http://www.japansociety.org/page/multimedia/articles/imported_corporate_notes/citigroup_ceo_charles_prince_discusses_future_global_banking
31 Larry Johnson, interviewed by Alex Witt, MSNBC, August 27, 2004.
32 Keith Darcé, "Media Ethicist Cites Power of Cyberspace," *San Diego Union-Tribune*, May 14, 2006.
33 Dave McIntyre, interviewed by Sean Cole, *Marketplace*, American Public Media, May 11, 2006.
34 同右。
35 Edward C. Tomlinson et al., "The Road to Reconciliation: Antecedents of Victim Willingness to Reconcile Following a Broken Promise," *Journal of Management* 30, no. 2 (2004): 165–187.
36 John K. Borchardt, "Who Puts Bad Apples in the Barrel?," *Today's Chemist at Work* 10, no. 4 (2001): 33–34, 36.
37 "Resume 'Padding,'"HRM Guide USA, http://www.hrmguide.net/usa/recruitment/resume_padding.htm
38 Lisa Takeuchi Cullen, "Getting Wise to Lies," *Time*, April 24, 2006.
39 "Connecting Organizational Communication to Financial Performance—2003/2004 Communication ROI Study™," Watson Wyatt Worldwide (2004).
40 Yvon Chouinard, interviewed by Cheryl Glaser, *Marketplace*, American Public Media, October 31, 2005.
41 Mark Twain, "Mark Twain Quotations, Newspaper Collections, & Related Resources," www.twainquotes.com/Truth.html.

8章

1 Jason Kottke, "Business Lessons from the Donut and Coffee Guy," www.kottke.org/03/07/business-lessons-donut-guy.
2 Warren E. Buffett, e-mail message to Berkshire Hathaway managers ("The All-Stars"), September 27, 2006.
3 Jeffrey H. Dyer and Wujin Chu, "The Role of Trustworthiness in Reducing Transaction Costs and Improving Perform ance: Empirical Evidence from the United States, Japan, and Korea," *Organization Science* 14, no. 1 (2002): 57.
4 Mike Fricklas, interview, 2006.
5 Francis Fukuyama, *Trust: The Social Virtues and the Creation of Prosperity* (New York: Free Press Paperbacks, 1995): 7.（フランシス・フクヤマ『「信」無くば立たず』加藤寛訳、三笠書房、１９９６）
6 Paul J. Zak, "Trust," *Journal of Financial Transformation* 7 (April, 2003): 20.
7 Dr. Peter Kollock, "The Emergence of Exchange Structures: An Experimental Study of Uncertainty, Commitment, and Trust," *American Journal of Sociology* 100 (1994): 313–345.
8 Ana Cristina Costa, "Work Team Trust and Effectiveness," *Personnel Review* 32, no. 5 (October 2003).
9 Roger Fine, interview, 2005.
10 Mike Fricklas, interview, 2006.
11 Zak, "Trust."
12 Jeffrey H. Dyer and Wujin Chu, "The Determinants of Trust in Supplier-Automaker Relationships in the U.S., Japan, and Korea," *Journal of International Business Studies* 31, no. 2 (2000): 259.
13 Jeffrey B. Kindler, interview, 2006.
14 "Tufts Graduate Named CEO of Pfizer," Tufts e-news, http://enews.tufts.edu/stories/240/2006/08/14/TuftsGraduateNamedCEOofPfizer
15 Federal Bureau of Investigation, Los Angeles Division, "James Paul Lewis, Doing Business as Financial Advisory Con sultants in Orange County, California, Arrested by Agents in Houston, Texas, for Operating 20 Year 'Ponzi' Scheme with Losses in Excess of 800 Million Dollars," news release, January 22, 2004.
16 Don Thompson, "Investors Fear They'll Lose Millions in Alleged Ponzi Scam," *Herald-Tribune*, December 27, 2003, http://www.heraldtribune.com/article/20031227/NEWS/312270542
17 Warren E. Buffett, e-mail message, 2006.
18 Steve Kerr, interview, 2005.

9章

1 Dan Bilefsky, "Indians Unseat Antwerp's Jews as the Biggest Diamond Traders," *Wall Street Journal*, May 27, 2003.
2 "Number of Jobs Held, Labor Market Activity, and Earnings Growth among the Youngest Baby Boomers: Results from a Longitudinal Survey" (United States Department of Labor, Bureau of Labor Statistics, Washington, D.C., August

25, 2006).
3 "RentAThing," http://www.d4v3.net/resume/ad2_2.php
4 Cory Doctorow, *Down and Out in the Magic Kingdom* (New York: Tor Books, 2003).（コリイ・ドクトロウ『マジック・キングダムで落ちぶれて』川副智子訳、早川書房、２００５）
5 Chrysanthos Dellarocas and Paul Resnick, "Online Reputation Mechanisms: A Roadmap for Future Research" (lecture, First Interdisciplinary Symposium on Online Reputation Mechanisms, Cambridge, Massachusetts, April 26–27, 2003).
6 James B. Stewart, *Den of Thieves*(New York: Touchstone, 1992).（ジェームズ・B・ステュアート『ウォール街：悪の巣窟』小木曽昭元訳、ダイヤモンド社、１９９２）
7 Roger Fine, interview, 2005.
8 同右。
9 General Electric Company, "GE 2002 Annual Report," news release, 2002.
10 Paul B. Farrell, "Warren Buffett, America's Greatest Story-Teller," *MarketWatch*, March 21, 2006.
11 Jim Skinner, interview, 2006.
12 "LRN Ethics Study: Purchasing Behavior" (Opinion Research Corporation, Princeton, New Jersey, January 30, 2006).
13 Joie Gregor, interview, 2006.
14 Jeff Kindler, interview, 2006.
15 Paul Robert, interview, 2005.
16 Alice LaPlante, "MBAs Seek Caring, Ethical Employers," *Stanford Business* (May 2004).
17 Goran Lindahl as quoted in *Purpose: The Starting Point of Great Companies* by Nikos Mourkogiannis (New York: Palgrave Macmillan, 2006).
18 Scott Westcott, "The Importance of Reputation," ProfitGuide.com (February 24, 2005).
19 Dorothy Rabinowitz, "Mr. Giuliani and Mr. Milken," *Wall Street Journal*, December 26, 2000..
20 Stewart, Den of Thieves.（ステュアート『ウォール街』）
21 "Michael Milken Biography," www.mikemilken.com.
22 "Our Management," Altria, www.altria.com/about_altria/biography/01_03_07_Greenberg.asp.
23 David Greenberg, interview, 2006.

第Ⅳ部　統治のＨＯＷ

1 James M. Hagen and Soonkyoo Choe, "Trust in Japanese Interfirm Relations: Institutional Sanctions Matter," *Academy of Management Review* 23, no. 3 (1998): 589.
2 "Ford Sustainability Report 2004/5: Policy Letters and Directives," Ford Motor Company (December 2005).
3 "Quality," General Electric Company (2006), www.ge.com/en/company/companyinfo/quality/whatis.htm.

10章

1 Chuck Williams, "GE Aircraft Engines, Durham Engine Facility" (lecture, WorldBlu Forum, Washington, D.C., October 2005).
2 Charles Fishman, "Engines of Democracy," *Fast Company* 28 (September, 1999): 174.
3 "The Toxic 100: Top Corporate Air Polluters in the United States," Political Economy Research Institute, University of Massachusetts, Amherst (2002).
4 "Testimony of Dov L. Seidman to the U.S. Sentencing Commission" (public hearing, Washington, D.C., March 17, 2004).
5 "1992–2002 Census of Fatal Occupational Injuries" (U.S. Department of Labor, Bureau of Labor Statistics, January 7, 2005).
6 "Our Culture," Nordstrom, http://about.nordstrom.com/careers/culture.asp
7 United States. 2004. "America after 9/11 freedom preserved or freedom lost?" (hearing before the Committee on the Judiciary, United States Senate, One Hundred Eighth Congress, first session, November 18, 2003). Washington: U.S. G.P.O.
8 Steve Kerr, "On the Folly of Rewarding A, While Hoping for B," *Academy of Management Journal* 18, no. 4 (1975); up dated for *Academy of Management Executive* 9, no. 1 (1995): 7–14.
9 Steve Kerr, interview, 2005.
10 Jonathan Pont, "Doing the Right Thing to Instill Business Ethics," Workforce Management (April 1, 2005).
11 Tom Terez, "Workplace 2000 Employee Insight Survey," MeaningfulWorkplace.com, August 29, 2000.
12 Charles Hampden-Turner, interview, 2006.

11章

1 "Testimony of Dov L. Seidman to the U.S. Sentencing Commission" (public hearing, Washington, D.C., March 17, 2004).
2 Richard Bednar et al., "Report of the Ad Hoc Advisory Group on the Organizational Sentencing Guidelines," United States Sentencing Commission (October 7, 2003).
3 "Chapter Eight—Sentencing of Organizations—Federal Sentencing Guidelines Manual and Appendices (2005)," United States Sentencing Commission (November 1, 2004).
4 Larry D. Thompson, "Principles of Federal Prosecution of Business Organizations," United States Department of Justice (January 20, 2003).
5 Judge Ruben Castillo, interview, 2006.

6 Charles Hampden-Turner, interview, 2006.
7 Massimo Ferragamo, interview, 2006.
8 Joy Sewing, "Style and Feeling Guide Massimo Ferragamo," *Houston Chronicle*, April 29, 2004.
9 Hannay, Alastair, *Kierkegaard: A Biography*, ed. and trans. Reidar Thomte with Albert B. Anderson (Cambridge: Cambridge University Press, 2001).
10 Benedict Carey, "Study Links Punishment to an Ability to Profit," *New York Times*, April 7, 2006.
11 同右。
12 Herb Kelleher, "A Culture of Commitment," *Leader to Leader* 4 (Spring 1997): 20–24.
13 Joe Stallard, interview, 2006.
14 Deborah Solomon and Cassell Bryan-Low, "Companies Complain about Cost of Corporate-Governance Rules," *Wall Street Journal*, February 10, 2004, Eastern edition.
15 "Size Matters: Larger Companies Will Spend More for Sarbanes-Oxley Compliance Requirements" (Financial Executives International, February 10, 2004).
16 "Management Barometer," PricewaterhouseCoopers (March 2003).
17 "Annual Reports and Statistical Sourcebooks," United States Sentencing Commission (2000–2005).
18 Douglas Lankler, interview, 2006.
19 Michael Monts, interview, 2006.
20 Chuck Williams, "GE Aircraft Engines, Durham Engine Facility" (lecture, WorldBlu Forum, Washington, D.C., October 2005).
21 "Our Company: Our Credo Values," Johnson & Johnson, http://www.jnj.com/connect/about-jnj/jnj-credo/
22 Roger Fine, interview, 2005.
23 Reggie Van Lee et al., "The Value of Corporate Values," *Strategy + Business* (Summer 2005).
24 Matthew Gilbert, "True Believers at Methodist Hospital," *Workforce Management* (February 2005): 67–69.
25 "Top 10 Best Companies to Work for," *CNN Money*, 2007.
26 Thomas R. McCormick, interview, 2005.
27 Jim Skinner, interview, 2006.

12章

1 ここに紹介するバージョンのリーダーシップ・フレームワークは、原型となるLRNのリーダーシップ・フレームワークを本書の目的にかなうよう調整したものである。
2 John F. Kennedy, "Special Message to the Congress on Urgent National Needs," John F. Kennedy Presidential Library & Museum, http://www.jfklibrary.org/Asset-Viewer/xzw1gaeeTES6khED14P1Iw.aspx

3 ここに挙げたリーダーシップ気質および特性に関する考えのすべてが独自のものというわけではない。ほかの人やキャリアの過程で読んだものから吸収したものもある。ウェクスナー財団の特別研究員だったころに、たとえば、ラビ・ネイサン・ラウファーからリーダーシップ特性を正と負の両面、つまりリーダー性があるものとないものの双方について説明するのが有効だと学んだ。リーダーシップに関する本を何冊も読んだが、そのなかではヘンドリックスとルードマンの『ハートフル・サクセス：21世紀を生きるビジネスマンの条件』（春秋社）に影響を受け、リーダーシップについてより厳密に考えるようになった。私がすべて発案したわけではないにせよ、ここに挙げた考えをLRNの同僚たちとともに長年をかけ、HOWの世界で成功するのに最適な独自の方法で整理し、そして洗練させたと自負している。

4 Roxy Sass, “Roxy Boldly Takes On ‘The Happiest Place on Earth,’” *Stanford Daily* (August 5, 2004).

5 James C. Collins and Jerry I. Porras, *Built to Last: Successful Habits of Visionary Companies*(New York: HarperCollins, 1994): 88.（ジェームズ・C・コリンズ、ジェリー・I・ポラス『ビジョナリーカンパニー：時代を超える生存の原則』山岡洋一訳、日経BP社、１９９５）

6 “Company History,” Walt Disney Company, http://corporate.disney.go.com/corporate/complete_history_1.html.

7 A’Lelia Bundles, “Madam C. J. Walker—A Short Biography,” Madam C. J. Walker: The Official Website, www. madamecjwalker.com.

8 Alan Spoon, interview, 2006.

9 Bill Gordon, “Kamikaze Images,” http://www.kamikazeimages.net

10 “Max Weber,” Department of Sociology, University of Chicago, http://ssr1.uchicago.edu/PRELIMS/Theory/weber.html.

11 同右。

12 “FEMA Assistance Paid for Saints Tickets, Vacation, Divorce Lawyer,” KTBS, http://etravel.to-reuse.com/Tickets/1069

13 Paula Zahn *Now*, CNN (June 14, 2006).

14 Wynn Resorts, “Steve Wynn’s Newest Resort, Wynn Las Vegas, Now Taking Room Reservations,” news release, January 14, 2005.

15 Steve Wynn, interview, 2006.

16 Jeff Kindler, interview, 2006.

17 Carmine Gallo, “Starbucks’ Secret Ingredient,” *BusinessWeek*, May 4, 2006.

18 Massimo Ferragamo, interview, 2006.

19 Winston S. Churchill, *Never Give In: The Best of Winston Churchill’s Speeches* (New York: Hyperion Books, 2003).

20 Brian Duffy, “The Kid of No Promise,” *U.S. News & World Report*, October 31, 2005.

21 Helen Keller, Helen Keller Foundation for Research & Education, www.helenkellerfoundation.org/research.asp.

1 Lisa McLaughlin, "Money : The Business of Hospitality ," *Time*, September 24, 2006.

2 James C. Collins and Jerry I. Porras, *Built to Last: Successful Habits of Visionary Companies* (New York: HarperCollins, 1994): 88.（コリンズ、ポラス『ビジョナリーカンパニー』）

3 Barton Schultz, "Henry Sidgwick," *Stanford Encyclopedia of Philosophy*, http://plato.stanford.edu/entries/sidgwick/.

人《ひと》として正《ただ》しいことを
2013年3月27日　初版第1刷発行

著者 ダヴ・シードマン

訳者 近藤隆文《こんどうたかふみ》

装幀 重原 隆

編集 藤井久美子

印刷 中央精版印刷株式会社

用紙 中庄株式会社

発行所 有限会社海と月社
〒151-0051　東京都渋谷区千駄ヶ谷2-10-5-203
電話03-6438-9541　FAX03-6438-9542
http://www.umitotsuki.co.jp

定価はカバーに表示してあります。
乱丁本・落丁本はお取り替えいたします。

ISBN978-4-903212-41-8